汉语动词配价理论建构与认知加工研究

周统权　著

科　学　出　版　社

龙　门　书　局

北　京

内 容 简 介

本书遵循理论与实证相结合的学术思路，采用演绎与归纳并行的逻辑路径，研究现代汉语的动词配价问题。本书首先提出理论假设"基于逻辑配价的汉语动词配价理论"，然后通过一系列神经心理学实验验证了理论假设的主要思想，证明提出的"动词配价应二分为典型配价与不典型配价，二价动词是汉语中的典型动词，二价结构是汉语动词的典型配价结构，构式和超词库特征都影响动词配价的建构"等观点都具有心理现实性，能得到不同神经机制的支撑。基于实验结果和前人的研究，本书最后建构了基于动词配价的言语生成模型和语言理解模型，期望对汉语句子的生成和识解过程做出更具科学性的认知解释。

本书适合语言学及相关领域研究的学者和学生参阅。

图书在版编目（CIP）数据

汉语动词配价理论建构与认知加工研究 / 周统权著. —北京：龙门书局，2024.1

ISBN 978-7-5088-6354-2

Ⅰ．①汉…　Ⅱ．①周…　Ⅲ．①汉语-动词-研究　Ⅳ．①H146.2

中国国家版本馆 CIP 数据核字（2023）第 213471 号

责任编辑：杨　英　乔艳茹 / 责任校对：姜丽策
责任印制：徐晓晨 / 封面设计：蓝正设计

科 学 出 版 社　出版
龍 門 書 局
北京东黄城根北街 16 号
邮政编码：100717
http://www.sciencep.com

北京中石油彩色印刷有限责任公司 印刷
科学出版社发行　各地新华书店经销
＊

2024 年 1 月第 一 版　开本：720×1000　1/16
2024 年 1 月第一次印刷　印张：14 1/4
字数：300 000

定价：98.00 元
（如有印装质量问题，我社负责调换）

本书为国家社科基金项目"神经心理视角的汉语动词配价研究"
（项目编号：06BYY020）的最终成果

人与动物共享一个运动着的物质世界，但同时独寓于一个具有种属特异性的语言世界。在这种神奇的跨界活动中，运动被编码为动词，物质被编码为名词。结果便是，物质世界映射为由动、名词主导的语言世界，并由此形成一个具有广泛普遍性的语言景观：动词和名词成为语言系统的中心，其他词类（如形容词、副词、数词等）以不同方式附着于这个中心，最终涌现出具有民族多样性、文化特殊性的众生语言。但是，这并不意味着动词和名词在语言中具有同等地位。纵观当今的主流语言学理论，动词一般占据主导地位，支配名词，从而成为事件表征的中心，这便是动词中心论的语言观。因为语言类型的差异，尽管在有的语言（如汉语）中动词的地位未必比名词更加凸显，但基于动词中心论的语言学理论似乎具有更广泛的解释力。动词配价理论简称配价理论（亦称配价语法）就是源于动词中心论的语言学理论，自 20 世纪 80 年代从国外引入到汉语语言研究中以来，已经产生了大量的研究成果，成为探讨汉语动、名词关系和深入分析汉语语言现象最具解释力的现代语言学理论之一。

动词和名词的有效结合是配价理论建构的基础，但并非任何合格的动名组合都是配价研究的对象。配价理论只关注事件建构的有效性，即一个事件是什么类型的行为/动作，有多少参与者涉入该事件，在语言形式上表现为"一个动词最少需要跟几个必有名词性成分组合在一起才能表达一个最小的完整语义命题"。以[抓捕]事件为例，一定要有一个表征该行为的动词"抓捕"，还要有两个与该行为有关的必需参与者"警察"和"小偷/罪犯"，这个[抓捕]事件才成立。与之相关的配价结构"警察抓捕小偷/罪犯"被称作二价结构（两个参与者充当配价成分的动名结构）。同样合格的动名组合"小偷昨天被抓捕了""警察在小区抓捕"，尽管也以不同方式表征了[抓捕]事件，但其中的画线名词不是事件的必需参与者（它们的有或无不影响事件本身的建构），因此不成为配价成分。概括地说，汉语配价研究主要讨论两方面的问题：支配一定数量和一定类型名词的"动词"的某种性质和受动词支配的"名词"的某种性质（徐烈炯、沈阳，1998）。后来随着配价研究的深入，语言学家把配价概念延伸到了名词、形容词和副词等词类上，名词配价和形容词配价曾一度成为中国语言学的研究热点。

配价研究起源于欧洲的法国和德国，汉语动词配价研究最初深受其影响，但后来的发展已经远远超出了经典配价研究的范围和目标。从具体内容看，汉语动词配价研究不仅承袭了配价理论的欧洲路径，而且更多沿用了格语法和论元（argument）结构理论（题元理论）的学术思想，产出了一大批富有汉语特色的研究成果，因此可以说汉语动词配价研究为配价理论的发展作出了独特贡献。

包括动词配价研究在内的传统语言学类属人文社会科学范畴，在研究方法上多年来一直奉行语言本体的外在观察和内省思辨的结合，多以质性研究为主。但到了 20 世纪末，伴随科学技术的发展，学科间的交叉、融合逐渐成为新趋势，原有的狭义学科疆域被打破，以心理语言学、神经语言学、工程语言学为代表的语言学分支把自然科学的研究范式引入语言研究中，从此开启了"语言学的物理主义"新航向！语言现象的描述和解释不再限于智者的结构分析和主观评判，而是基于可视化、数字化的客观测量，由此形成了真正科学意义上的现代语言学。本书的动词配价研究就是基于现代语言学思想的一次努力尝试，不仅要对各类动名结构作出理论诠释，还要对所提出理论假设的主要思想进行实验验证，从而达到理论创新和实验检验的有效结合。

本书的雏形是我的博士学位论文，后在此基础上我申报了国家社科基金项目，对研究内容进行了拓展。本书在宏观架构上采用从理论到实证的研究思路，即在梳理国内外动词配价研究成果的基础上首先提出一个理论假设——"基于逻辑配价的汉语动词配价理论"，然后对该理论的主要思想进行神经心理学实验验证，最后结合实验结果和国外的研究发现建构反映动词配价的认知加工模型。在理论层面，本书主张动词的配价研究要从先于语言的逻辑配价出发，逻辑配价的本质是基于物质运动的各类事件；动词配价是逻辑配价映射为语言配价的结果，其中的行为或状态映射为动词，事件参与者映射为名词或名词性成分。与逻辑配价的属性一致，动词配价在本质上是语义的，语义价→句法价→语用价代表了不同层次配价的映射顺序，不论是句法价还是语义价在结构上都表现出典型和不典型之分，语用价是语义价和句法价在语境作用下进行调配的结果。与多数学者的观点不同，我们以为零价动词是虚无的，零价结构也缺乏存在的逻辑合理性；汉语动词有一、二、三价之分，但在实际使用中一价动词和三价动词都有向二价结构靠近的趋势，因此有理由认定二价动词是汉语动词的典型，二价结构是汉语的典型配价结构。在实证方面，本书通过一系列实验检验了汉语动词配价的量效应和质效应（失语症测查）、动词配价的典型性[事件相关电位（event-related potential，ERP）实验]、构式对动词配价加工的影响（ERP 实验）和超词库特征对动词配价加工的影响[功能性磁共振成像（functional magnetic resonance imaging，fMRI）实验]，旨在证明所建构的配价理论具有心理现实性和相应的神经基础。鉴于言语输出与言语输入是互逆的过程，本书尝试建构了基于动词配价的言语生成模型（秉持"语义先于句法"的认知原则）和基于动词配价的句子理解认知模型（坚持先句法后语义的加工原则），以期对汉语动词配价的认知、加工过程作出系统性诠释。

　　本书的完成得益于诸多良师益友的支持和帮助。我的学术生涯艰辛而曲折，多年来求学和工作不断交替，但在此过程中有幸得到多位名师的指点，在此我首先要向他们致以最真诚的感谢：我的博士研究生导师李宇明教授（教育部语言文字信息管理司原司长、北京语言大学原党委书记）引领我接触病理语言学，让外语出身的我首次走进医院神经科，从此步入失语症的研究之中；杨亦鸣教授（江苏师范大学原副校长、中国第一位应用语言学领域的长江学者、中国神经语言学的主要开拓者和奠基人）作为李老师的好友不仅在我读博期间肩负起导师之职，而且在后来的科研中经常教导我、鞭策我，让我深度融入中国神经语言学的发展历程之中；舒华教授（北京师范大学心理学系原主任、心理语言学家）是我的博士后合作导师，既耐心给我传道心理学的基础知识，又专门为我授业语言实验的方法和路径，让我领悟到语言研究的新思路。几位导师的谆谆教诲使我受益匪浅，为我奠定了学术前行的基础。我的博士就读学校是华中师范大学，但博士期间的研究工作主要是在江苏师范大学（原徐州师范大学）完成的（2002 年 7 月至 2004年 6 月），跟这里的同道学友一起挑灯夜战的时光是我永远难以忘怀的记忆。在江苏师范大学，我的博士生涯艰辛却快乐，说艰辛是因为当时的中国神经语言学刚起步，我还是一个门外汉，需要付出更多的努力方能入场；说快乐是因为当时有王仁法等老师对我的学习和生活的无微不至的关照，有杨亦鸣老师的硕士研究生徐以中、封世文、顾介鑫（现在都已成为中国神经语言学的重要学者）等同学伴我同行，后来随着张辉教授（当时是杨亦鸣老师的博士后）的加入，学术研讨少了压抑、多了趣味，不时还能享受新问题破解的成就感。在后续的 ERP 实验和fMRI 实验中，江苏师范大学的朱祖德教授、张强博士、宋伟博士和神经语言学方向的研究生给我提供了很多具体的支持和帮助（如实验设计讨论、数据分析等），在此一并致谢。尽管本书作为国家社科基金项目结项成果结项时获得了"良好"评价，但我仍不满意已经完成的工作，斫以在曲阜师范大学翻译学院工作期间对有关部分做了再次修正和补充。而且，本书的出版还得到了曲阜师范大学科研基金的支持，在此特别感谢！

　　科学研究的目标包括两方面，"一是探讨未知，二是把已知用在未知的领域"①。本书可能是我国从神经心理学视角探讨汉语动词配价问题的第一本专著，试图在语言学物理主义思想的引导下去努力达成研究目标（期望既能探讨未知，

---

① 李宇明教授 2016 年 4 月 14 日接受"博士培养"访谈时的观点。

又能把已知用于未知的领域），但囿于笔者的学术视野和研究能力，书中的各种疏漏之处在所难免，恳请各位专家和学者批评指正。凡是过往皆为序章，期待一起为神经语言学的发展贡献中国学者的智慧和力量。

周统权

于南京九龙湖

2023 年 11 月

自 20 世纪 80 年代开始，动词配价研究一直是汉语语言学界研究的热点。但直到今天，仍有许多问题未得到有效解决，如定价的标准、配价的变化及其影响因素等。本书在已有研究的基础上提出一个新的理论假设"基于逻辑配价的汉语动词配价理论"，试图使一些有争议的问题得到合理的解决。一个好的语言学理论要满足观察充分性（observational adequacy）、描述充分性（descriptive adequacy）和解释充分性（explanatory adequacy）的基本要求，其中，"解释充分性"取决于该理论是否充分反映了语言加工的神经心理机制。为此，我们应用实验病理学方法（失语症测查）、神经电生理学方法（ERP 实验）和神经影像学方法（fMRI 实验）对所构建理论的主要思想进行了实验验证。就整体研究思路而言，本书采用演绎法和归纳法，首先在前人研究的基础上提出假设，并检验假设，为理论假设的合理性提供神经、心理学支持；再基于实验结果和前人的研究建构了基于动词配价的言语生成模型和语言理解模型。

全书分为绪论，上篇、中篇、下篇，以及总结与展望部分。各部分的具体布局和内容安排如下。

首先是绪论：主要介绍研究背景、研究思路与研究方法，提出本书的研究目标，最后呈现本书的结构布局。

上篇包括第一至三章，为已有研究回顾：重点阐述动词配价在国内外的研究进展，按研究属性区分为理论研究和实证研究两大块，最后对过往研究作出简评，同时指出本书的研究重点。

中篇包括第四至九章，为理论建构部分：立足前贤的研究成果，提出理论假设"基于逻辑配价的汉语动词配价理论"；结合汉语语言现象描述理论的基本构成，分析语前层面（非语言层面）的逻辑配价与语言层面的动词配价之间的映射关系；阐释该理论在众多复杂句法、语义现象上所表现出来的充分解释力。

下篇包括第十至十三章，为理论实证研究：通过一系列神经心理学实验来检验基于逻辑配价的汉语动词配价理论的主要思想，揭示汉语动词配价的神经心理机制。具体采用失语症测查、ERP 和 fMRI 等实验方法，通过五个实验（动词配价的量效应、动词配价的质效应、动词的典型与不典型配价加工、构式对动词配价加工的影响、超词库特征对动词配价加工的影响）验证理论假设的合理性，力图实现离线研究和在线研究的互补和互证。最后建构了基于动词配价的言语生成模型和语言理解模型。

最后为全书总结与展望：概括本书的学术贡献，指出本书对配价理论建构和汉语句子加工的借鉴作用，并对后续研究做出展望。

本书的主要思想和观点可以从以下几个方面做出概括。

（1）动词配价研究要从逻辑配价出发。逻辑配价是非语言的客观世界的表征，语义价、句法价和语用价（合称语言配价）是主观参与的语言世界的表征。逻辑配价的固有特征（抽象性、静态性和不定位性）决定了以逻辑配价为基点不仅适合汉语动词的配价研究，而且也能对其他语言中动词配价体系的建立起到参照作用。

（2）动词配价应该区分典型配价与不典型配价。不同类型的动词有不同的语义价和句法价，因此，过去的动词研究把动词的内部分类做得很细，这样做的结果可能带来描述充分性，但解释充分性往往不够。本书从语义、句法两方面着手把全部动词的配价统一到典型与不典型这样一个二分的层次上可以弥补过去研究的不足。从一、二、三价动词的比较研究中可以发现，二价动词是现代汉语中的典型动词，二价结构（句法上带两个论元/价语的结构）是典型配价结构。所以，在言语交际中，一价动词和三价动词都有向二价结构靠拢的趋势——二价结构是信息结构的经济性和丰富性的折中。

（3）不同三价动词构成的三价结构可以归纳为两种相关但不等同的语义结构。从构成上看，三价结构是两个二价结构合并的结果，本书从功能和形式两方面给出了比较详细的证明和推导。这一结果同时也为"二价动词是动词的典型，二价结构是动词配价结构的典型"之论点提供了进一步佐证。

（4）隐喻配价主要是价语隐喻化引起的配价。不同的隐喻配价，其语义透明度不一样，隐喻化等级（hierarchy）越高，语义透明度越低；反之，隐喻化等级越低，语义透明度就越高。转喻配价分动词转喻化引起的转喻配价和价语转喻化引起的转喻配价，但以后者居多。汉语中不及物动词带宾语是动词转喻化的结果，动词带非常规宾语（如方式、工具、原因、处所等宾语）是价语转喻化的结果。

（5）逻辑配价理论具有强大的解释力。运用该理论能对一些比较复杂和有争议的问题作出简明的阐释，如"零价动词到底存不存在？""兼语现象可否作出同一处理？""语句为什么可以同义异形？"。

（6）语用中的动词配价是一个动态的范畴（称为动态配价），牵涉配价的变化，具体体现为配价连续统规律：价量连续统、价质连续统和价位连续统。动词变价（包括增价和减价）受具体条件的制约，增价现象多于减价现象的趋势主要归因于一、二、三价动词本身的不对称。

（7）基于脑损伤患者（包括失语症患者和非失语症患者）的病理实验证明，

价量、价质与价位差异在汉语的动词配价中反映明显，因而说明配价规律是带有普遍性的语言规律，但普遍性不能否定语言特殊性的存在，汉语中的动词价量效应与英语中的动词价量效应不尽相同即是证明。失语组和对照组在实验中所反映出的语义、句法差别说明典型配价与不典型配价的区分是客观存在的，有可靠的神经心理学基础作支撑。

（8）以正常人（大学生）为被试的 ERP 实验表明，动词的典型配价与不典型配价有可靠的神经心理学基础。对于同一动词而言，以"（写）大字"为代表的典型价语比以"（写）毛笔"为代表的不典型价语更容易加工。构式对动词配价的加工产生影响，使同一结构（如本实验中的 NP$_1$+V+NP$_2$）中的不同配价动词句呈现不同的面貌，但基本趋势不变，该趋势证明了逻辑配价理论的合理性：在现代汉语中，二价动词是最典型动词，二价结构是最典型配价结构，ERP 波幅最小，理解起来也最容易。

（9）以正常人（大学生）为被试的 fMRI 实验证明，超越动词词库特征的因素（如社会常识）影响动词配价加工。广义上讲，这种词库外因素属于事件框架的一部分，也可以被视为语用价的一部分，包括文化、习惯、职业、信仰和社会层级等诸多方面。在我们的实验里，以"老师污蔑学生"为代表的一类配价结构比以"老师教育学生"为代表的一类配价结构在大脑的右侧额中回（right middle frontal gyrus）[与词汇辨识（identify）等执行功能有关]和左侧顶下小叶（left inferior parietal lobule）（与数学计算等运算功能有关）有更显著激活，表明超词库特征的非预期信息比可预期信息更会引起配价加工难度的增加。潜藏在这一结果背后的逻辑是——在诸如"学生-老师"的事件框架中，我们的社会经验和体验优先凸显以[+教育]这一行动为中心的动词配价结构，"教师教育学生"成为人人可期的常规言语事件；与此相反，同"污蔑"相关联的事件参与者可以是任何两个有生命的客体，将"学生-老师"纳入此框架中虽然具有理论上的可行性，但却违背社会层级规约性，即社会层级高的老师一般不会将社会层级低的学生作为污蔑的对象，"老师污蔑学生"因此成为非常规事件，在人们的预期之外，加工起来消耗的认知资源更多，难度也更大。

（10）对照实验结果和实验被试的病灶定位，可以发现动词配价在人脑中的分布区域很广泛，既有皮层部位（如额叶、颞叶和顶叶）也有皮层下部位（如小脑、基底节区等）。虽然动词配价主要与名词和动词相关，但不能简单地说，动词、名词的脑区定位就是动词配价的定位，更何况动词、名词本身的脑区比较宽泛并且意见不一。国外的研究表明，动词配价结构与大脑的视觉、听觉神经通路（即背侧通路和腹侧通路，dorsal stream & ventral stream）紧密相关，而这两条通路在大脑中的分布区域很广。因此，拒绝狭隘的"定位论"和极端的"反定位论"，选择折中的整体论（holism）更能合理解释动词配价与神经元的关联性——任何知识的表征都是在神经元中实现的。

（11）以国外的言语生成模型为基础并结合本书实验对配价理论的论证，尝试设计基于动词配价的言语生成模型和基于动词配价的语言理解模型，以期对语言发生、发展的全过程作出合理的心理解释。

通过与过往研究进行比较，我们认为本书在以下四个方面做出了有益的尝试，亦即本书的创新之处。

第一，提出了一个关于汉语动词配价的理论假设，并从多方面进行了阐释，其中的"配价研究以逻辑配价为起点""动词配价可分为典型配价与不典型配价""语用中的动词配价表现为连续统""二价动词是动词中的典型，二价结构是典型配价结构"等观点代表了本书在动词配价理论研究中所作的新探索。

第二，应用实验病理学方法（失语症测查）、神经电生理学方法（ERP 实验）和神经影像学方法（fMRI 实验）对构拟的配价理论的主要思想进行了验证，结果表明提出的理论有比较可靠的神经心理学基础。因此，理论假设有较高的可信度。

第三，设计了基于动词配价的言语生成模型和语言理解模型，以期对话语生成和识解的认知心理过程作出更合理的描述。

第四，本书在理论方法的采用上不拘于一家之说。在行文上力图集各派之言，走形式和功能相结合的道路，从多角度对理论假设做了比较全面的论证。

当然，基于方方面面的原因，本书还存在不少有待拓展的地方。譬如，动词配价的产出研究分量不够，语境如何影响配价的加工没有涉及，不同范畴类型的价语（如充当价语的名词、动词或小句）加工是否存在差异尚不得而知。动词配价研究的核心问题是动、名词之间的关系问题，这种关系以动词为主导、以名词为重心，旨在编码（表达）、解码（理解）大千世界的各类事件。语言学家不仅要通过观察语言的外在表象来充分描述动、名词之间的关系，还要借助现代科学技术手段去观测这种关系如何在心理（mind）倚变、如何在大脑（brain）寄寓，从而实现语言研究外在论与语言研究内在论的有机结合。本书的研究只是这一宏伟目标中的一小步，更多的相关论题还需要同道学者一起不断求索，为中国语言学"走出去"，亦为解密人脑的"黑匣子"作出贡献。

目　　录

上篇　动词配价的研究进展

中篇 理论建构：基于逻辑配价的汉语动词配价理论

下篇　汉语动词配价的神经心理学实验

表 目 录

第一节　研究背景

　　我们所处的世界从物理构成的角度大致可以分为两部分——实体和运动。实体指具体物和抽象物，运动包括物体的真实运动、虚拟运动和静止状态。自然语言是现实世界的映射，在人类语言里，实体映射（表达）为名词，运动映射（表达）为动词。动词和名词是自然语言中最广泛、最重要的范畴，成为构建语言系统的基石。由于我们人类主要借助语言认识自然世界，顺应这种逻辑推理很容易得出结论——人类对自然世界的认识主要基于人类对语言中动、名词关系的认识。这种认识论促使语言学家在进行语言研究时一直把动词、名词的研究置于特别重要的地位，动词配价理论作为研究动、名词关系的专门语言理论就是这种认知驱动带来的成果之一。配价语法主要是研究动词配价的语法。

　　语言学里的"配价"一词最初是从自然科学之一的化学里借用过来的。在化学里，不同元素的原子结合在一起可以组成某种化合物的分子。由于这些原子不仅有数量上的差异还有种类上的不同，为显示其区别，人们便用专门的分子式表示化合物的分子结构，如 CO_2 代表二氧化碳的分子式。"一种元素的原子和一定数目的其他元素的原子相互化合的性质，叫做这种元素的化合价。"（袁毓林，2005：2）语言学借用"配价"（亦称"价"）（valence/valency）表示动词与一定数目的不同名词性成分（包括名词、代词和其他具有名词性功能的成分，如小句）之间的依存关系（dependency），其中，动词是支配成分，名词是被支配成分。在一些文献中，常见到语义价和句法价之分，这意味着动、名词之间的支配与被支配关系既关乎句法，也关乎语义，配价研究因此习惯被称作句法-语义的界面（interface）研究。配价研究始于动词，后来不断延伸至其他词类范畴（word category）。这样，配价语法的研究对象不仅包括动词配价，还包括名词配价、形容词配价、介词配价和副词配价，本书专门研究动词配价问题。

　　表面上看，动词和名词性成分之间的这种支配和被支配关系就是动词与名词性成分的搭配/组配关系。然而，基于结构主义的搭配关系仅仅标示了结构中成分之间的线性关系和层级关系，简单地说"搭配"不足以揭示不同成分之间的语义关联性（如强制性/非强制性），因此借用"配价"这个术语可以起到甄别不同属性的作用。

自 20 世纪 80 年代以来，汉语动词配价研究一直是我国语言学界的热点话题。很多语言学家（代表人物如朱德熙、吴为章、范晓、陆俭明、沈家煊、袁毓林、沈阳、顾阳等）都曾在此领域做出过富有开创性的工作，产出了一大批研究成果，使人们对汉语动词配价的理性认识达到了一个全新的高度。然而，直到现在有些问题依然存在争议，如定价的标准（语义的？句法的？语义-句法的？）、句法价与语义价的关系、配价的语用变化等方面。更重要的是，过往研究多是基于有限语料的内省式思辨，既没有类似当今大数据的支撑，又没有经过可重复的科学实证的检验，从而使得描述和解释的深度和广度都大打折扣。由此可见，以揭示动词、名词之句法-语义关系为己任的动词配价研究需要我们拓展新思路、探索新方法。

在此背景下，本书拟采用神经语言学的研究范式，走文理结合的交叉之路，不仅全面审视现代汉语动词配价研究的既有成果、提出自己的理论思考，而且应用不同的实验方法来检视理论假设是否能反映大脑加工的真实面貌，即动词配价理论是否具有可靠的神经心理机制。在宏观层面，本书采用演绎法和归纳法——先基于前人的研究成果，在思辨的基础上提出一个理论假设"基于逻辑配价的汉语动词配价理论"，并通过实验来检验理论假设的主要思想；再基于实验结果和前人的研究，建构了基于动词配价的言语生成模型和语言理解模型。在微观层面，本书采用分析法——把不同类型的配价结构分解为最基础的组成部分，既探索动词对支配成分（价语）的选择性，也分析不同价语对动词的反作用，又通过不同的实验手段来考察理论思辨的合理性，从而达到理论与实证的逻辑自洽、基于殊途同归的结果互证。

第二节　思路与方法

理论语言学认为，一个好的语言理论应该充分覆盖语言事实同时兼具阐述的简洁性，即所谓的观察充分性、描写充分性和解释充分性（克里斯特尔，2000）。客观地讲，这个要求反映了语言理论的最理想状态，可以看作是语言理论追求的终极目标。但要向这个目标接近仅靠田野调查和理性思辨还不够，还需要从实验中验证某理论假设是否反映了我们人脑的语言加工机制和在多大程度上有所反映，即理论假设是否有坚实的神经心理学基础作支撑。神经语言学正是以此为己任，旨在揭示语言行为这一高级认知活动的神经机制，回答"语言是如何在人脑中被加工的"这个基本问题。纵观国内外的研究范式可以发现，神经语言学一般通过三条途径来研究言语交际的神经心理过程。第一条途径是应用实验发生学的研究方法，深入研究儿童的话语发展过程，采用这种方法的代表人物包括瑞士儿童心理学家皮亚杰（Piaget）和苏联心理学家维果茨基（Vygotsky）。第二条途径是应用实验病理学的方法，观察大脑损伤对语言功能的影响，对话语形成过程中受到破坏的言语现象进行分析，试图在语言功能和不同的脑区之间建立起关联性；这一方法的开创同神经心理学的应用密不可分，代表人物有雅可布逊（Jacobson）和卢利亚（Luria）等。第三条途径是采用神经电生理学方法（如 ERP 实验）和神经影像学方法（如 fMRI 实验），考察正常人（或合适的语言障碍患者）进行语言在线加工的情况，代表人物有库塔斯（Kutas）、奥斯特豪特（Osterhout）和哈霍尔特（Hagoort）等。无论采用哪种方法，目标都是一致的：一是验证已有语言理论或假设与人脑的语言加工机制是否吻合以及在多大程度上吻合；二是通过修正现有理论使之尽可能与人脑的运算机制接近，既为普通语言学作出贡献，又为语言信息处理（包括人工智能）和语言教学等语言应用领域提供理论支持。

　　本书是基于神经语言学范式的汉语动词配价研究，主要包括理论建构和实验验证两大方面。为此，本书采用实验病理学方法（失语症测查，包括失语症患者和非失语症患者）、神经电生理学方法（ERP 实验，以在校大学生为实验对象）和神经影像学方法（fMRI 实验，以在校大学生为实验对象），试图将上述两方面的目标合二为一：首先提出一个理论框架并结合汉语语言事实进行描写和解释，再通过一系列实验（包括离线实验和在线实验）来验证理论假设的主要精神，从而求证理论假设是否能反映大脑的语言加工机制，以及理论假设是否具有比较可靠的心理现实性。

　　我们提出的理论假设是"基于逻辑配价的汉语动词配价理论"，在借鉴和批评前修时贤研究的基础上，主要涵盖三六内容：第一，动词配价研究要从逻辑配价出发，配价系统区分为前语言层面的逻辑配价和语言层面的语言配价。第二，语言表达有动静之分，语言层面的静态配价（包括语义价和句法价）可以有典型配价与不典型配价之别。第三，在实际语用中，动词配价呈现出配价连续统规律，包括价质连续统、价量连续统和价位连续统。

第三节　研究目标

　　本书的总体目标是提出理论假设、通过实验验证假设、建构加工模型。三个目标紧密关联，遵循"理论—实证—再理论"的研究路径，从神经心理学的视角揭示汉语动词配价的认知加工机制，以期对现代汉语动词配价结构的生成和理解做出符合认知神经科学的语言内在论解释。这种研究路子在我国的神经语言学领域尚属第一次，难度较大，但无疑具有重要的理论价值和实践意义。具体讲，包括以下几个方面。

（1）将动词配价纳入言语生成和理解的全过程中进行考察，使过去人们所说的动词配价的静态研究和动态研究得以有效整合。我们主张基于非语言的行为事件的逻辑配价代表言语前的思想内涵/概念范畴（preverbal concept categories），语言层面的不同配价类型（语义价、句法价和语用价）代表从言语计划到言语生成的不同阶段。从非语言的逻辑配价到语言层面的配价（简称语言配价）的投射过程真实反映了言语生成（言语编码）的过程，语言配价之间的投射过程即言语理解（言语解码）的过程。

（2）区分典型配价与不典型配价、静态配价和动态配价，并给出相应的形式描述，这不仅具有理论上的概括性，而且具有形式上的可操作性。

（3）运用失语症测查、ERP 实验和 fMRI 实验等技术手段对提出的配价理论进行实验验证，既是研究方法上的创新，同时也能为普通语言学理论作出贡献。基于理性思辨的语言理论假设是否具有可靠的神经基础？语言理论所描述的语言现象是否具有心理现实性？对这两个问题的回答是评判一个理论优劣的重要参照标准。

（4）在理论方法的采用上不囿于一家之说，力图吸取各派之言以达到解释的充分性。本书所涉及的主要理论流派或假说包括认知语言学理论、格语法、论元结构理论、从属关系语法、生成语法理论、词汇功能语法和构式语法（construction grammar）。

上　篇

动词配价的研究进展

第一章

动词配价的理论研究

第一节 动词配价研究的外国起源与主要贡献

一、从属关系语法的开山之工

一般认为，配价理论起源于法国，发展在德国。但对于"配价/价"到底首先由谁借用到语言学界来表示句子结构成分之间的依赖关系，有两种不同的说法。一种说法认为，1959 年法国学者泰尼埃尔（Tesnière）在其《结构句法基础》（*Eléments de Syntaxe Structurale*）一书中第一次使用了配价这个新概念。另一种说法源自苏联的《语言学百科词典》（*Лингвистический энциклопедический словарь*，1990 年）对"价"条目的注释，即"首次将该概念引入语言学的是科茨年松"（В. Н. Ярцева 等，1990）。无论孰是孰非，配价自 20 世纪 50 年代开始在法国和苏联等国家的语言学界使用开来已成为不争的事实。其理论来源也大体一致，即都源于 1934 年泰尼埃尔建立的从属关系语法（dependency grammar）理论（参考吴为章，2000；冯志伟，1983，1999）。

20 世纪 60 年代初期，泰尼埃尔的从属关系语法被德国学者引入德语研究，并很快取得了引人注目的成绩。代表成果如赫尔比希（Helbig）和申克尔（Schenkel）于 1969 年合编的《德语动词配价与分布词典》（*Worterbuch zur Valenz und Distribution Deutscher Verben*），恩格尔（Engel）于 1996 年在他的《德语语法》（*Deutsche Grammatik*）中建立了完善的德语配价语法体系。托伊贝尔（Teubert）把"价"的概念扩展到名词，并于 1979 年出版了专著《名词的配价》（*Valenz des Substantivs*），开了名词配价研究之先河。此外，德国学者还将配价研究深入到不同的层面上，提出了逻辑配价、句法配价、语义配价和语用配价，标志着德国的动词配价研究迈上了一个新高度（参考韩万衡，1997；李洁，1987；朱小雪，1989）。

从属关系语法也称依存语法。严格说来，"从属/依存"跟"配价"是两个不同的概念，前者是从句法上说的，后者是从词汇上说的。不过到后来，人们在应用中已不太严格区分二者的差别，往往交替使用，其研究对象也逐步从分离走向融合。今天，"配价"的内涵明显扩大了。所谓配价信息，指在语言串中"特定次类的支配能力"（参见郑定欧，1995）。

二、格语法的推动作用

格语法是 20 世纪 60 年代中期由美国语言学家菲尔墨（C. J. Fillmore）提出的，是一种着重探讨句法结构与语义之间关系的语法理论和语义学理论。该理论旨在弥补早期生成句法理论中"句法自足性"中的不足——仅靠句法不能解释语句生成过程中遇到的全部问题，语义因素在这里占有重要地位，这是格语法形成的历史原因。我们知道，语言学家乔姆斯基（A. N. Chomsky）提出短语结构规则（S→NP+VP、VP→V+NP 等）的目标是生成所有的句子，但根据该规则生成的句子可能是正确的（如弟弟吃香蕉），也可能是错误的（如*香蕉吃弟弟），这表明动词和名词之间需要一种语义限制。后来乔姆斯基认识到了语义在转换生成语法中的重要性，将语义纳入其中，但不久发现依然有很多悬而未决的问题。首先起来反对的是乔姆斯基的学生菲尔墨，他认为用各类格框架分析句法结构要比以短语结构规则为代表的转换规则方便、精密得多。为了从语义的角度弥补转换生成语法的不足，菲尔墨在 1966 年发表了《关于现代的格理论》（"Toward a Modern Theory of Case"），1968 年发表了《"格"辨》（"The Case for Case"），1971 年发表了《格语法的某些问题》（"Some Problems for Case Grammar"），1977 年发表了《再论〈"格"辨〉》（"The Case for Case Reopened"）（杨成凯，1986a），其中，《"格"辨》是代表性论文，影响力也最大。

格语法理论从《"格"辨》开始先后经历几个演变、发展阶段。按杨成凯（1986a）的说法，可以把该理论大致分为初期理论和二期理论。格语法的理论价值和意义影响至深，这里我们只论及与动词配价相关的内容。

具体讲，初期的格语法提出了深层语义格（deep semantic case）的概念（与之相对的是西方语言中传统的表层格，指某些屈折语法中用于表示词间语法关系的名词和代词的形态变化，这种格必定有显性的形态标记。因以表层的词形变化为依据，所以这种格叫作表层格），表示句子中体词（名词、代词等）和谓词（predicate）（动词、形容词等）之间的及物性关系即一种句法语义关系，并认为人类语言有通用的格表（详细描述了十余种，如施事格、受事格、工具格、处所格等）。格有等级之别，格等级指导句法过程，特别是关于主语的选择。"简单句的命题核心是由一个述谓成分（predicator，可以是动词、形容词或名词）跟一个或几个实体（entity）组合而成。"（菲尔墨，2002：139）

在确定格的原则上，菲尔墨提出了著名的一句一例（one-instance-per-clause principle），生成语法理论后来的题元准则（Theta Criterion）[包括两条：每个主目语都必须充当一个题元角色；每个题元角色都必须分派给一个主目语（杨成凯，1986a）。主目语亦称论元]就是在此基础上形成的。二期理论认为句子描述的是场景（即事物存现、事件发生的情境，可能是现实的，也可能是虚拟的——笔者注），场景与语义相关联，场景的参与者担任格角色。能进入透视域（perspective）的参与者成为句子的核心成分（core constituent），每个核心成分都带有一个语法关系。其他参与者未必能进入句子，即使出现在句子中，也只能充当句子的外围（periphery）成分。这就是基于透视域来考察动词从属成分的语义、句法关系。简单说，二期理论的中心问题包括两方面，一是什么样的事件参与者进入透视域，二是怎样给进入透视域中的名词短语指派语法功能。决定前者的是某物进入透视域的显要性（牵涉与主语和直接宾语相关的语义特征），如受影响实体的生命性、变化性、有定性和总体性等；制约后者的是显要性层级（salience hierarchy），如场景中级别最高的实体表现为主语（参阅杨成凯，1986b，1986c）。

三、论元结构理论的重要贡献

"论元"这一概念最早可以追溯到 20 世纪 60 年代格鲁伯（Gruber，1965）和菲尔墨（菲尔墨，2002）提出的表示述语和相关的名词短语之间语义关系的语义角色。语义角色后来被赋予一个新的名称"论旨角色/题元角色"（thematic role/theta-role/θ-role），运用到乔姆斯基的管约论（government and binding theory）及其以后的原则与参数理论（principles and parameters Theory）中，成为"论旨理论/题元理论"的重要内容（顾阳，1994）。论元指带有题元角色的名词性成分（即具有名词功能属性的成分），论元在句子或短语中所占的位置称为论元位置。根据管约论中的题元准则，论元和题元角色务必一一对应，即"一个题元角色只能指派给一个论元，一个论元只可以被指派一个题元角色"（Fromkin et al.，2000：127）。从论元与谓词关系的疏密可以把动词论元分为两类：内部论元（internal argument）和外部论元（external argument）。这个二分法是由 E. 威廉（Williams，1981）提出的。他认为内部论元在中心语谓词（尤其是动词）的控制之内，是可以从谓词本身推导出来的；外部论元则在谓词的管辖范围之外，常带有施事这类题元角色。有些动词只有一个外部论元或内部论元，有些动词有两个论元（一个内部论元和一个外部论元），而有些动词则有三个论元（一个内部论元和两个外部论元），这大致相当于动词配价理论中一、二、三价动词的区分，只是强调不同论元与动词的关系有疏密之别。有时，语义上带两个论元的动词在句法上只能强制性地出现一个论元，如被动句和中动结构（middle construction）（如"This book reads easily." "这本书容易读。"），这就是所谓的"题元角色抑制"（theta-role suppression）现象。

不同的论元成分在语句中的句法位置是不同的，其中是否蕴涵着什么内在规律呢？杰肯道夫（Jackendoff，1972）提出的题元等级（thematic hierarchy）对此作出了回答。在他看来，题元角色是按照层级形式排列的，其中施事的层级位置最高，客体的位置往往比起点、终点和处所低。如用线性序列表示，我们就可以得到如下的题元等级：施事 > 处所/终点/起点 > 客体。

论元结构到底是什么性质的结构？不同的学者从不同的研究视角得出的结论是不一样的。有学者把论元结构视为题元关系的同义词，认为论元结构无非是一系列题元角色的排列组合，因而可以表示为如下的形式：fear [Experiencer，Theme]；see [Agent，Theme]；put：X < Y，P-loc Z >（X 代表外部论元，Y 代表直接内部论元，Z 代表间接内部论元）（Williams，1981；转引自顾阳，1994）。这种描述显然是从语义的角度进行的。一些学者则声称在词库中存在一种词汇概念结构，在这个结构中，谓词和论元形成一种结构关系，然后再映射到句子层面上去（Jackendoff，1990；转引自顾阳，1994）。这种主张的特点是用句法操作来处理论元结构中的关系，论元或题元角色完全是一种结构上的概念，题元关系的改变及新关系的形成是中心语移位的结果，等等（参见顾阳，1994）。一句话，论元结构是词汇概念在句法上的表现，是一种句法范畴。词汇功能语法（lexical functional grammar）理论的创建者布列斯南（Bresnan）等则认为论元是句法与语义的中介/接口（interface），论元结构[在词汇映射理论（lexical mapping theory，LMT）中称为 a-结构]被视为连接词汇语义和句法结构的纽带，在论元结构与句法结构之间不存在另一个句法层次（参见潘海华，1997），即论元结构是一种语义-句法结构。

格里姆肖（Grimshaw，1990）通过对心理动词（psy-verb）、使役动词（causative verb）、被动动词（passive verb）、中间动词（middle verb）、复合词、动词的名物化等现象的考察来研究论元结构的内部结构。她主张把论元结构当作词汇概念结构和深层结构的中间结构，结构中的论元按其不同的显著度（prominence）进行排列。这里的显著度包括两方面的特性：谓词的题元特性（thematic property）和体貌特性（aspectual property）——分别表现为题元等级和体貌等级（thematic and aspectual hierarchies）两个不同的范畴[1]。外部论元是在题元等级和体貌等级两个

---

① 题元等级：施事 < 工具 < 受事／感事 < 客体 < 处所（参见 Wechsler，1995）。体貌等级：（原因（其他（……）））（Grimshaw，1990）。

层次上最凸显的（prominent）论元，所以显著度等级最高。有时，论元结构的题元等级和体貌等级会发生冲突（如 fear 和 frighten），论元在句法上的先后次序就由体貌等级确定。虽然格里姆肖没有明说在决定谓词的论元结构上，题元等级和体貌等级到底哪一方面的作用更大，但从她的分析中我们似乎可以看到：题元等级 > 体貌等级（参见 Grimshaw，1990）。总而言之，显著度是论元结构内部的组织原则。

　　道蒂（Dowty，1991）分析了现有题元角色研究中存在的不足，认为题元角色无论在切分、划界方面还是在定义上都表明题元范畴是个非离散的、边界模糊的丛集（cluster）概念。离散的特征分解运用于句法、形态、语音是可行的（因为这些是语言中的编码系统），但语义特征源于外部世界，是对事件的自然划分，因此没有理由认为它们一定有离散的边界。按照他的建议，在题元角色的鉴别中要以事件而不是视角/透视域为依据。更重要的是，他还从论元选择的角度出发把题元角色定义为动词对其某个论元的一组蕴涵（entailment）特征，并据此考察题元角色与论元选择的关系。基于此，他认为事实上只需要两个角色就可以有效描述论元选择，即原型施事和原型受事。构成原型施事的特征包括自主性（volition）、感知性（sentience or perception）、使动性（causation）和移位性（movement），构成原型受事的特征包括变化性（change of state）、渐成客体（incremental theme）、受动性（causally affected）、静态性（stationary）和附庸性（existence not independent of event）（Dowty，1991；程工，1995）。

四、其他理论流派对配价问题的关注

　　如前所述，动词与名词的关系问题是语言的中心问题，也是语法研究的中心问题，所以不同语言理论都牵涉动词配价问题，只是所用术语不同，关注的方面有所差别而已。具体说，像中心词驱动的短语结构语法[head-driven phrase structure grammar，HPSG，由美国学者卡尔·波拉德（Carl Pollard）和伊万·塞格（Ivan Sag）于 1994 年创建]、系统功能语法、词汇语法[格罗斯（Gross）于 1975 年创建]、构式语法等都专门阐述过动词配价问题。下面以构式语法为例做简要介绍。

　　在动词中心论的支配下，人们一般倾向于认为一个句子的结构形式和语义解释都是由该句中的主动词决定的。但在构式语法看来，情况不尽如此，而要复杂得多。戈德堡（Goldberg，2003）通过引用以下例句说明了这种复杂性。

　　（1）He sliced the bread.（及物式）
　　（2）Pat sliced the carrots into the salad.（致使的运动）
　　（3）Pat sliced Chris a piece of pie.（双及物式）

（4）Emeril sliced and diced his way to stardom.（way 构式）

（5）Pat sliced the box open.（结果式）

这里，动词 slice 可以和不同的补足语成分共现，因而形成不同的论元结构形式。由此说明词汇层面的动词要跟论元结构构式结合起来才能理解，而仅仅从动词的词义出发难以解释这种语句的多样性（纪云霞、林书武，2002；Goldberg，2003）。沈家煊（2000b：293）也说："句子都是句式的体现，而句式有其自身独立于组成成分的整体意义，这个整体意义是无法完全从组成成分推导出来的。这就是'整体大于部分之和'。"可见，构式有其独立于动词之外的特殊意义，即构式义，动词义是构式义的具体示例。研究动词配价不仅要考虑词汇层面（动词自身）上的配价，而且务必关照结构层面上构式配价的制约作用，关注动词配价与构式配价的互动关系。这充分表明，配价研究在认知语言学里被置于特别重要的地位。

构式语法在 21 世纪初得到发展壮大，衍生出不同的流派。到目前为止，从构式语法发展起来的语法流派分支至少包括认知语法、认知构式语法、激进构式语法及体验构式语法（贾红霞、李福印，2021），共同组成一个构式语法家族。尽管各流派关注的焦点不同，但都认同动词配价结构既有动词自身的配价特征，也有构式义对结构整体的贡献。

五、国外动词配价研究的新进展

21 世纪以来，国外配价研究（构式语法研究除外）的高潮逐渐退去，近几年来更是难见到以"配价"为关键词的重头研究成果。戈德堡于 2006 年在牛津大学出版社出版的专著《运作中的构式：语言概括的本质》（*Constructions at Work：The Nature of Generalizations in Language*）中有关动词配价的部分主要探讨动词配价的习得问题。大致说来，国外有关动词配价研究的最新进展可以从两本论文集中窥见一斑，一本是赫布斯特和沃特勒（Herbst & Götz-Votteler，2007）汇编出版的论文集《配价的理论、描述与认知研究》（*Valency: Theoretical, Descriptive and Cognitive Issues*），另一本是冈萨雷斯和纳瓦罗（González & Navarro，2017）编著的《理论与类型学视角下的动词配价变化研究》（*Verb Valency Changes: Theoretical and Typological Perspectives*）。下面先简介第二本，再重点介绍第一本的研究内容。

2013 年 3 月 21～23 日，在墨西哥的索诺拉大学（University of Sonora）举办了"动词配价变化工作坊"，交流的论文会后由冈萨雷斯和纳瓦罗编辑成论文集《理论与类型学视角下的动词配价变化研究》于 2017 年由约翰·本杰明出版公司出版。这本论文集主要讨论不同语言（如北高加索语、阿拉伯语和墨西哥的少数民族语言）中的配价变化过程及其相关的语言类型描述，涉及的具体主题包括论元结构与动词变化、与配价增加[如引元结构（applicative construction）和致使结构]和配价减少（如被动结构、逆被动结构、中动结构、句法合并、假句法合并）相关的形态−句法派生（derivation）现象、配价变化的语义操作（如限制、题元一致性、语义合并、假语义合并等）和配价变化的话语功能（如主题化、逆主题化）。

　　2005 年 5 月，德国费德里西−亚历山大大学（Friedrich-Alexander-Universität Erlangen-Nürnberg）主持召开了配价研讨会，会议成果随后由赫布斯特和沃特勒汇编成论文集《配价的理论、描述与认知研究》于 2007 年由德古意特出版社出版。论文集围绕四个论题进行阐述：动词配价的理论描述研究、动词配价的认知研究、动词配价的对比研究和动词配价的计算研究。下面分别介绍（相关作者为论文集的不同论文作者）。

　　在动词配价的理论描述研究方面，作者马修兹（Mathews）把配价界定为与结构相关的被指派了次范畴特征（sub-categorical feature）的词汇单位的属性，试图进一步厘清配价与依存关系（dependency）、中心语地位（headship）和管控关系（governorship）的差别；作者克劳兹（Klotz）通过对《英语配价词典》（*Valency Dictionary of English*）的统计研究否定了动词配价可以从其词汇意义推导出来的主张；作者赫布斯特把配价补足语（valency complement，相当于本书的"价语"）和配价构型（valency pattern，即与具体动词相关的句法形式）置于同等重要的位置；作者哈伯曼（Habermann）强调从历史的视角来研究动词配价的句法问题，发现中古德语中决定动词配价的因素很多，与现代德语相比，不同句法结构对动词的多义性影响更大。菲尔墨则基于框架网络（FrameNet）工程（至今已历时 20 多年的词库构建工程）系统描述了英语动词配价的句法、语义特征（也包括名词、形容词和一些副词、介词的特征），充分体现了语料库知识和框架（frame）知识的有机结合。

　　在动词配价的认知研究方面，作者瑞希埃尔（G. Richheir）和希佘尔施密特（Sichelschmidt）结合实验心理学的研究成果介绍了动词配价经历经典论（classic approach）—结构论（structural approach）—功能论（functional approach）—程序论（procedural approach）的演变历程。语言研究发展到今天，已经从传统的人文主义进入到自然科学（主要是认知科学和生命科学）的研究范式，与此相适应的动词配价研究把认知图式和推理纳入研究的重要内容，配价的概念不只是赋予言语实体（verbal entity）特征，而且是语言使用者进行情景加工的方式特征。作者埃蒙斯（Emons）则结合神经生理学和儿童语言习得的研究成果从宏观上证明配价是一个具有普遍性的概念，依存于大脑神经结构之中。儿童是从抽象的配价概念开始习得动词孤岛结构（verb island construction，即单个具体动词的结构方式）

的，这一过程是一个从森林到树木（即从一般到具体）的演绎过程。但作者贝伦斯（Behrens）不赞成演绎法（deductive accounts），认为儿童习得配价/论元结构多采纳基于使用的归纳法，从动词中心论到框架中心论的认知转向反映了论元习得研究的新进展。

动词配价的对比研究方面主要牵涉英语和德语，包括学习者在配价方面的错误比较、补足语的歧义性比较——德语的主语和直接宾语与英语的主语和直接宾语的歧义性比较、适合于英语和德语的句型与透视域、与具体语篇类型高度相关的动词配价特征。有一篇文章探讨英语和挪威语中动词的结构和用法，通过语料库分析表明以动词配价为代表的跨语言比较研究不仅要关注结构的一面，也要关注语义的一面。

动词配价的计算研究从不同方面阐述了动词配价的应用情况。譬如，讨论面向自动句法、语义分析的配价词典设计问题，分析依存语法（以配价理论为基础）中的诸多概念在数据库语义学（database semantics）中的表达方式及其两种不同的实现手段[标识导向法（sign-oriented approach）和主体导向法（agent-oriented approach）]，描述阿尔巴尼亚语中代词附着语（pronominal clitics，具有丰富的语法信息，对动词配价影响很大）的计算模拟等。这些研究让我们初步看到了动词配价在应用研究方面的广阔前景。

第二节　中国动词配价研究的历史进程

在中国，追溯配价研究的历史首先要有一个"名""实"之分，因为汉语的语法研究真正运用"配价"一词是比较晚近的事，但就其实际内涵而言，中国最早的配价研究应该溯源至吕叔湘（1942）的《中国文法要略》。换句话说，中国的配价研究是先有其"实"而后有其"名"（或叫换名）的。下面的介绍将反映这种从"有实无名"到"名副其实"的研究历程。

一、吕叔湘的研究

在《中国文法要略》（1942年）中，吕叔湘将结构和意义结合起来把句子分出四类（叙事句、表态句、判断句和有无句），并指出叙事句的中心是一个动词，动词是表示动作的；要把一件事说清楚，必须说明这个动作起于何方，止于何处。他以"猫捉老鼠"为例，归纳出这类句子的语义格局：动作起点（猫）—动作（捉）—动作止点（老鼠）。与此相对应，他总结出了叙事句的语法格局：

起词—动词—止词（黄国营，2002）。按现代语言学通行的说法，这里的起词、止词就是施事、受事。不仅如此，吕先生还提出了补词（即现在所说的补足语）这一概念，并从语义关系上对补词作了详细的分类，给出了相应的形式标志（即通常用什么介词引导）。

如果说《中国文法要略》（1942 年）主要讨论动词支配成分的语义格——动词的价质的话，那么就可以说他的《从主语宾语的分别谈国语句子的分析》（1946年）已经涉及动词支配能力的数量化问题——动词的价量了。在《从主语宾语的分别谈国语句子的分析》（1946 年）中，吕先生以四种动词句（甲 V 乙、甲乙 V、甲 V、V 甲）为线索分析了动词及其支配的两个名词性成分的各种句法配置形式，给出了名词的语义角色，并指出汉语动词有双系和单系之分——双系的是积极性动词（active verb），单系的是中性动词（neuter verb）（黄国营，2002）。这里所说的双系和单系就是现在数理逻辑中常用的二位与一位或配价理论中常用的二价与一价（汉语配价研究的早期学者一般称为双向与单向）。至此，动词配价的观念基本形成，动词配价分类的思想已经明确。

1979 年，吕叔湘《汉语语法分析问题》的出版标志着以动词为中心的汉语配价理论有了新的发展。在这本书里，作者不仅进一步探讨了一个动词和几个名词以及与什么样的名词配置的问题，而且还指出应该考察各名词成分之间的共现关系。正如袁毓林（2005：55）所言："这等于说，不仅要考察动词的价数、分析其从属成分的语义角色（即价质），而且要研究动词跟其从属成分的句法配列方式、语义角色不同的从属名词之间的同现限制，而这正是当代语法理论里面的热门话题——论元选择或配位方式。"

二、朱德熙的研究及其影响

始于 20 世纪 70 年代末 80 年代初的改革开放不只是带来了中国经济的振兴，也带来了汉语语法研究的蓬勃发展。有学者认为，在我国，是朱德熙先生率先将"价/配价"概念引入汉语语法研究的[参见陆俭明为《现代汉语配价语法研究》（1995 年）（沈阳、郑定欧编）所作的序]。朱德熙先生在《"的"字结构和判断句》（1978a，1978b）中首次明确提出了汉语动词"向"的概念，并以此合理解释了"的"字结构的歧义指数[1]，推动了汉语配价语法研究的全面展开。

在朱德熙先生的影响下，许多学者开始尝试用配价语法的方法来描写和解释

---

① 歧义指数的表达式为 $P=n-m$，其中 P 代表"VP 的"可能有的语义解释的数目，n 代表动词"向"（一、二、三向动词的值为 1、2、3），m 代表出现在 VP 中体现动词"向"的成分的数目。当 $P>1$ 时，"VP 的"可以表示转指，有歧义，如"买东西的"。当 $P=1$ 时，"VP 的"可以表示转指，无歧义，如"我们参观的"。当 $P=0$ 时，"VP 的"只能自指，如"病人呻吟的声音"。n 和 m 的差 P 为"VP 的"结构的歧义指数。

汉语语言事实，既有专题研究，也有理论探讨，掀起了一股汉语配价研究的热潮。从此，配价理论成为汉语研究的一个重要流派，比如，文炼（1982）讨论了动词的"向"和动词跟名词性成分之间的搭配关系，提出要区分两类名词性成分——强制性的（obligatory）名词性成分和非强制性的（optional）名词性成分，如果没有语境的作用，前者必须在句中出现，而后者则可根据表达需要，在句中出现或不出现。吴为章（1982）对汉语中的单向动词进行了次分类，描述了不同类型的单向动词所能构成的句式。尽管其中的有些动词与她给出的定义不是很吻合（如"看齐、交谈、相识"等就不属于单向动词），但这种直接从配价入手对动词类型进行全面深入研究的做法还是引起了学界的广泛关注。廖秋忠（1984）分析了动词的支配成分的省略问题，即配价成分的省略问题；还有袁毓林（1987），诸如此类，不一一列举。

三、20 世纪 90 年代的动词配价研究

进入 20 世纪 90 年代，汉语动词配价理论进一步往纵深发展，研究的主要内容可以概括为以下几个大的方面。

第一，定价标准与方法。动词配价的定性问题是此期的研究热点之一，比如，范晓（1991）在《动词的"价"分类》一文中从形式上确立了动词定价的四种方法[①]，并把其中的第一种方法作为充分必要条件，把第二、三、四种方法作为充分或参考条件。在吴为章（1993）看来，"决定汉语动词的向的因素是在一个简单句中与动词同现必有成分"。她据此提出三套操作规则，即简单句确认规则、同现限制规则和无标记形式规则。沈阳在《动词的句位和句位变体结构中的空语类》（1994 年）中，尝试用形式语法的方法建立动词的句位系统，通过三条原则来确定动词的价，即 NP 原则、V 前 NP 原则、V 后 NP 原则。

第二，具体动词类型的研究。这方面具有代表性的研究成果也不少，如朱景松（1992）对加工制作义动词（如"切"）进行了分析，张国宪、周国光（1997）讨论了"索取类"动词的配价，徐峰（1998b）探讨了"置放动词"的配价，张谊生（1997）和徐峰（1998a）分析了"交互动词"的配价问题。这些面向不同类型动词的微观研究进一步加深了学界对动词配价的理性认知。

第三，动词类型与句式转换。文炼、袁杰（1990）在《谈谈动词的"向"》中指出，汉语中动词的支配成分可以是动词性成分，如"他爱读书"，并主张按德国学者赫尔比希的办法，把受动词支配的从属成分分为必有行动元、可有行动

---

① 第一，按照动词在主谓结构中所联系的强制性的句法成分的数目来定价；第二，按照动词在最小的意义自足的主谓结构中所联系的名词性成分的数目来定价；第三，借助动元的标记（介词）定价；第四，利用提问形式定价。

元和自由说明语三种。陆俭明（1991）讨论了及物/不及物动词跟单向/双向动词的复杂关系，从而厘清了及物性与配价之间的区别和联系。王静、王洪君（1995）从动词配价的角度考察了"被"字的使用规律，发现了"被"字句的有关变换条件。范晓（1996）研究了动词配价与句子生成的关系，进一步阐述了动核结构（分基干的动核结构和扩展的动核结构两种）和句模（句子的语义结构模型）在句子生成中的作用和地位。随后，范先生以此为基础对动词配价的形式和语义关系进行了深化研究，不仅发表了多篇研究论文，还指导博士研究生进行了专题探讨。与动词类型和句式转换相关的还有张国宪（1994）、郭锐（1995）的研究，不一而足。

第四，动词配价研究的其他方面。动词配价的语言习得成为一个新的走向，如周国光（1993）就专门考察了动词"给"的配价功能、构句功能及其相关句式在儿童语言中的发展状况。动词配价开始成为博士学位论文的研究论题，如杨宁（1990）。

第五，出版了几本有影响的论文集，具体内容介绍见本节"五、影响较大的几本配价研究论文集"。

四、新近的汉语动词配价研究

20世纪以来的动词配价研究成果概括起来主要体现在以下几个方面。

（1）将动态的语法观引入配价研究（如郭锐，2002；陶红印，2000；沈家煊，1999，2000b；张伯江，1999），"整体大于部分之和"的观点得到进一步强化，表达的精细化促进了动词配价和句式（构式）配价的互动，从而厘清了动词配价和句式配价之间的关系（袁毓林，2004）。

（2）有人开始尝试以语料库为基础对动词配价进行描述，试图找出不同价量动词的语用规律，比如，荣晶（2000）考察二价动词的语篇分布情况。

（3）注重动词小类的深入研究，譬如，周国光、黎洪（2001）考察了现代汉语制作类动词的配价状况，分析了这类动词的语义构成，提出了对应的语义表达式，概括出了制作动词句的句式意义。宋文辉（2004）研究了补语语义指向动词的一类动结式的配价，发现过去分析为补语指向动词的动结式实际上不是一个同质的类，补语多指向的情况可以根据时体特征区分为表时体意义的动结式和不表时体意义的动结式两大类，表时体意义的动结式处于语法化的过程中，因此出现补语多语义指向的现象。

（4）论元结构/配价结构的变化研究引起关注。相关研究如沈阳等（2001）、周统权（2011）等，研究焦点从配价结构的句法-语义特征转向结构变化引发的相关语用特点，即动词配价的语用属性。

（5）不少博士学位论文或博士后论文对汉语动词配价问题进行了多视角研究，譬如金立鑫（2000）的《语法的多视角研究》、朱晓亚（2001）的《现代汉语句模研究》、陈昌来（2002a）的《现代汉语动词的句法语义属性研究》、周统权（2004）的《现代汉语动词配价理论及其神经心理机制研究》、刘文正（2009）的《〈太平经〉动词及其相关基本句法研究》。

（6）配价语法开始与其他语法理论结合，动词配价研究得以进一步深化，譬如沈家煊（2000b）、任鹰（2007）将配价语法与构式语法、认知语法结合，陆俭明（2004）将配价理论与构式语法、功能语法结合，朱琳（2011）从类型学视野出发，把认知语言学理论和历史语言学理论融合到动词配价研究上来。经典名著（古汉语作品）的动词配价研究成为新的研究热点，如殷国光 2003~2009 年发表了系列论文研究《庄子》的动词配价，石毓智、李永、刘文正等也相继发文研究了汉语史上的动词配价及其变化。有学者认为从上古汉语到中古汉语，汉语的语法体系发生了很大改变，这种改变影响了动词论元结构的变化（魏培泉，2003）。不过亦有学者持有异议，主张在汉语发展史的不同阶段，很多动词的支配能力发生了变化，但只是局部现象，动词系统整体上并没有发生根本性变化（刘文正，2009）。可见，有关汉语动词配价的历史演变是有待继续深入探讨的问题。

五、影响较大的几本配价研究论文集

（1）《现代汉语配价语法研究》（沈阳、郑定欧主编，北京大学出版社，1995年）是我国第一本讨论汉语配价语法的论文集，讨论的问题涉及配价的性质、配价研究的原则和方法、动词配价不限于名词性成分和几类特殊格式的配价。

（2）《现代汉语配价语法研究（第二辑）》（袁毓林、郭锐主编，北京大学出版社，1998年）是第一次现代汉语配价语法研讨会（1995年12月，北京）的研究成果，主要讨论了三方面的问题：①配价的性质；②某类动词、某类句式的配价分析；③配价语法理论在中文信息处理中的作用（见陆俭明先生为该书作的序）。

（3）《汉语动词的配价研究》（袁毓林，江西教育出版社，2005年）提出了配价层级（valence hierarchy）的思想，认为"价"应该理解成包含"联、项、位、元"四个层面的有层次的配价系统。"联（link）指一个动词在各种句子中所能关联的语义角色不同的名词性成分的数量，项（item）指一个动词在一个句子中所能关联的名词性成分的数量（其中包括通过介词引导的名词性成分），位（position）指一个动词在一个句子中不借助介词所能关联的名词性成分的数量，元（argument）指一个动词在一个简单的基础句中所能关联的名词性成分的数量。"
（袁毓林，2005：100-101）这种配价层级理论比较充分地反映了动词的各种组配
能力，并能有效地解释各种不同句式之间的转换和约束关系，但在描述上显得过
于繁杂，操作性稍差。

（4）《配价理论与汉语语法研究》（沈阳主编，语文出版社，2000年）运用
配价理论具体研究、解释一些现代汉语语法问题，包括对外汉语语法教学中遇到
的问题，其中吴为章的文章对汉语动词配价研究的历史和现状作出了比较全面深
入的阐述。

从总体趋势看，伴随认知语言学的兴起，汉语语言学界的动词配价研究高潮
在21世纪似乎已成过眼云烟，单纯的理论描写和解释文献越来越少（来自中国知
网CNKI的统计），有分量的研究成果也不多。

第三节　理论研究的总结与简评

一、配价理论研究总结

配价研究源于欧洲，但配价语法的研究思路和理论精神很早就被引入到汉语
研究中并逐渐显现出对汉语语言现象的强大解释力。到今天，动词配价的理论研
究在中国经过几十年的发展已经取得了令人瞩目的成绩，梳理一下大致可归纳为
以下几个方面（吴为章，2000）。

（1）讨论了几个重要的理论问题，如什么是"价"，怎样定价，如何区分"必
有"论元和"可有"论元等，都已涉及，但看法不尽一致。

（2）依据"价"理论初步构拟了动词再分类系统，如朱德熙（1978a，1978b）、
吴为章（1982）、杨宁（1986）、范晓（1991），都依据各自对"价"的认识，
把汉语动词分为一价、二价和三价（或单向、双向和三向）。到目前为止，对一
价动词和三价动词的考察比较全面，描写比较详尽，分析比较透彻。相比之下，
二价动词数量最多，内部的情况最为复杂，研究人员相对较少，认识还有待深入。

（3）开始了某些小类、个案的配价研究，如吴为章（1985）对"成为"类复
合动词的探讨、张谊生（1997）关于交互动词的研究、周国光（1993）对三价动
词"给"的研究以及金立鑫（2002）对"把"字句的研究。

（4）大量成果证明了引进"价"（"向"）的概念来解释汉语语法现象是有
效的，有助于揭示汉语动、名词之间的句法依存关系和语义关联性。

与上述归纳基本一致，刘文正（2012）把汉语动词配价研究的主要贡献概括

为两大方面：一是配价理论问题的探讨（包括配价的性质、配价的原则和方法、语义角色的总量和动词支配配价的数量、配价的形式与类别、配价的语用特征、动词短语的配价、基于配价数量的动词分类和动词配价的历史变化等方面）；二是汉语动词配价的微观研究（分析某些动词的配价特点，分析不同价目动词的句法语义特点，编撰动词配价词典，将配价语法与语言教学尤其是对外汉语教学结合）。

动词和名词是语言中最重要的词类范畴，动、名词之间的组配关系是语言中最复杂的句法-语义关系。实践证明，我国语言学界通过引进配价理论来描写和解释汉语中的动、名词组配现象是成功的。从动词配价理论入手，我们能够克服结构主义语言学和生成语言学在汉语解释力方面的一些不足，从而更准确地理解和生成以动词为中心的不同结构和句式。

二、配价理论研究简评

如上所述，配价理论的过往研究成绩显著，给复杂语言现象的解读带来了全新认知，推进了汉语语言学尤其是汉语句法研究的发展。

但这些成绩并不意味着所作研究能够全面揭示汉语动词配价结构所蕴含的语言事实。而且，无论在宏观的理论方面还是在一些微观的具体问题上，学者们的看法不尽一致。由此带来的主要问题包括如下几点。

首先，关于配价的定性问题。有人提出配价是句法的，有人提出是语义的，还有人提出是句法-语义的。如果采用语义标准，那么是什么样的语义？

其次，价量的确定在操作上存在分歧：在最小主谓结构中定价还是按与名词同现最多的句法结构定价？动词变价如何有效解释？

再次，如何解释同一动词的不同句法框架，尚未达成一致意见，不同框架之间的概念差异和语义关联有待进一步探索。

最后，动词配价的外在论研究相对充分，成绩显著，而与之相对的内在论研究很不够，缺乏可靠的认知解释和神经心理学证据。汉语动词配价的神经基础和心理相关性认识尚显肤浅，还需要借助现代科技手段[如 ERP、fMRI 和 fNIRS（功能性近红外光谱技术，functional near-infrared spectroscopy）等]对其认知机制进行更全面和更深层次的探索。

第二章

动词配价的实证研究

第一节 基于失语症的动词配价研究

失语症研究在欧美等西方国家由来已久，距今已有一百多年的历史。最初，这项研究主要是从解剖学和临床医学的角度展开的，直到 20 世纪 40 年代才有人专门从语言学的角度对失语症进行比较全面、深入的探讨。布拉格学派（Prague School）的创始人、语言学家罗曼·雅各布森（Roman Jacobson）被认为是研究失语症语言学的第一位语言学家。

尽管配价这一概念在 19 世纪早期已经提出，但真正将配价纳入失语症患者的语言研究还是比较晚近的事情。从笔者所接触到的资料来看，近几十年的动词配价研究（准确地说主要是论元结构、题元结构的研究）在国外已形成一个比较强大的阵容。但是在国内，失语症研究很长一段时间一直是临床医学的附属。北京医科大学（现北京大学医学部）高素荣甚称我国专门从事失语症研究的一个重要代表。她基于自己多年的临床实践收集、整理了汉语失语症患者的语言资料，其研究成果已汇编成《失语症》一书于 1993 年由北京医科大学和中国协和医科大学联合出版社出版（第二版于 2006 年由北京大学医学出版社出版）。然而，通读全书之后，我们发现所谓的汉语失语症研究更多还只是从临床治疗出发，其中，从语言学的角度对患者语言状况的描述和解释虽然有，但所占分量极小。关于动词配价/论元结构的研究，在汉语失语症领域的研究文献仅有两篇（周统权，2007；王洪磊，2015）。周统权（2007）主要考察了汉语动词因价语（论元）数量和性质的不同所引起的加工差异配价。王洪磊（2015）通过测查布罗卡（Broca）失语症患者的正确率和反应时发现，动词价位越多，受损程度越严重，从而表明布罗卡区域是负责加工动词配价的主要脑区，一、二、三价动词在语言表征系统中分属不同的实体。鉴于国内研究在这方面比较薄弱的现状，下文主要介绍国外失语症语言学领域有关动词配价的研究情况。

如前文所述，动词配价研究最基本的问题包括三个方面：一是一个动词到底能和多少个必需的名词性成分搭配/共现，即动词配价的价量问题；二是一个动词能和什么性质的名词性成分搭配，即转换生成语法中动词子语类/次范畴框架（subcategory framework），这大致相当于我们配价理论中所说的动词的价质问题；三是受动词支配的必需的名词性成分（即本书所说的"价语"）在什么样的句法位置出现，可简称动词配价的价位问题。在国外，与配价相关的失语症研究一般都是在生成语法的理论框架下进行的，关于动词的价量、价质和价位问题主要结合论元结构理论来展开讨论。与动词配价的理论研究一样，真正在"配价"名义下的失语症研究极少，这从下面的介绍中可见大概。

一、失语症患者言语中的动词价量

动词价量相当于论元结构（argument structure）中与动词共现的必有名词性成分的数量，价量与语言障碍的严重程度相关。金姆和汤普森（Kim & Thompson，2000）认为动词的论元结构作为动词词库的一个重要组成部分，在单词层次和句子层次都影响动词的表达。而且，动词论元的多少和论元自身的特征在语法缺失患者的言语中（包括理解与表达）呈现出难度等级。总体上说，患者在对动词命名/范畴化的过程中，表现出一位动词[①]（one-place verb，即在成句过程中只带一个论元/价语成分，二位、三位动词以此类推）比二位动词的识别率高，二位动词比三位动词的识别率高。此外，动词论元的必有性和可有性（obligatory versus optional）特征也影响动词的识别难度：一位必有动词比三位动词（包括必有和非必有的）的识别率高，非必有性的二位动词比三位动词（包括必有和非必有的）的识别率高，二位必有动词比三位必有动词的识别率高。也就是说，不仅必有论元的数量影响动词表达，可有论元的数量也影响动词表达（这里的必有论元相当于本书的价语，可有论元相当于非价语成分）。他们因此争论说，即使在测试任务中不要求表达论元，动词要求的论元数越多越难以提取。这一发现成为汤普森（Thompson，2003）提出的论元结构复杂性假说（argument structure complexity hypothesis）的一个重要组成部分。

与此类似，基什（Kiss，2000）通过对匈牙利语布罗卡失语症患者的言语测试也发现了动词的难度等级，如下所示。

---

① 这里的"位"是借用数理逻辑中的术语，在语言学里表示与一个动词相关联的名词性成分（即论元/主目）的数量，有几个名词性成分，就是几位动词/几元动词。这里的"位"相当于配价语法理论中的"价"概念。

简单一位动词＞复杂形态的一位动词（带反身代词和名词＞动词）＝及物动词（二位）＞三位动词（带地点补语和语格补语）＞带地点补语的二位动词①

科利纳等（Collina et al., 2001）通过对三例意大利语语法缺失患者（agrammatic patient）的调查（图片命名方式）发现，患者对一位动词比对二位动词的匹配错误少，非论元性名词（如 medaglia "medal"）比论元性名词（pianto "crying"）的匹配错误少，从而得出结论"论元复杂性可能影响患者词汇表达的能力"。

在国内，周统权（2007）分别应用语句复述、图画-言语匹配（表达方面）和言语-图画匹配、语句的正误判断（理解方面）等方法对有脑损伤的语言患者和非语言患者进行了比较研究，结果发现价量差别普遍存在，与英语等形态语言相比只是具体表现方式存在差异。王洪磊（2015）在周统权（2007）的基础上从布罗卡失语症患者的测查中发现，动词的价位越多，患者受损的程度越严重，这种现象在正确率和反应时方面都有体现。

总体上看，来自言语产出的证据表明，失语症患者随论元数量的增加表现出语句表达困难。言语理解的情况与此相似，只是相关的研究报告少一些。通常情况下，伴随题元角色的增加，词项（entry）的数量和进行词汇检索所需的资源将相应增加（Webster et al., 2001）。可见，动词配价存在跨语言的价量效应。

二、失语症患者言语中的动词价质

有关动词价质的研究主要涉及四个方面的内容：①论元与非论元；②题元角色差别；③单一论元结构与多重论元结构；④及物性特征。下面分别介绍。

（一）论元与非论元

论元与非论元的差别就是价语与非价语的差别。前者指在语义上受动词支配的在句法上必现的名词性成分，其相应的题元角色常为施事、受事、与事等；后者与前者相对，不是动词语义上所必需的在句法上一般可以出现也可隐现的名词性成分，又称外围成分，其相应的题元角色通常为处所、工具、方式等。用宾（Byng）和布莱克（Black）的话说，非论元（non-argument）不是谓词的论元，仅对谓词及其论元起修饰、限制作用，或提供有关场景参与者方面的附加信息（转引自Webster et al., 2001）。

在口语表达方面，夏皮罗和莱文（Shapiro & Levine, 1990）发现动词论元与附加语（adjunct）相比，失语者把前者表达得更准确。夏皮罗等（Shapiro et al.,

---

① 这里的＞表示前项的难度小于后项的难度，＝表示前、后项的难度相等。

1993）从命名性失语实验中证明，含动词论元的句子比含非论元的句子重复起来更准确。

柯尼希等（Koenig et al.，2002）认为，论元地位（argumenthood）不能等同于句法强制性或显性的句法表达，在被动句中施事性论元通常不予表达是共知的事实，西班牙语的逆被动（antipassive）结构[①]甚至禁止施事论元与动词共现。其实，类似现象在英语、汉语中也存在，有一类结构人们习惯上称作中动结构，如"The book reads easily." "这种书读起来快。"等。中动结构限制施事在句法上表现出来，但人们在理解这类结构时会默认施事（表任指义）的存在。巴洛格和格罗津斯基（Balogh & Grodzinsky，2000）从四例韦尼克（Wernicke）失语症患者的被动句理解测试中发现，患者还保留着通达隐性论元（covert argument）信息的能力，题元角色向隐性论元投射对他们作出语句解释起到至关重要的作用。可见，主张"论元是动词的预设"具有合理性，韦尼克失语症患者能够理解动词，自然也能理解语义上受动词支配但不在句法上表达的论元。

周统权（2007）发现，以汉语为母语的失语者对配价结构中价语的语义属性变化很敏感：价语为具体名词（如播种水稻）的语句在正确辨识率上高于价语为抽象名词（如播种希望）的语句，宾语为论元性成分（如写大字）的语句在正确辨识率上高于宾语为非论元性成分（如写毛笔）的语句，而在言语正常的成人身上则未出现这种现象。

这些研究表明，动词配价结构中的价质变化也影响着失语症患者的言语表达，虽然可能因语言形式而异，但在价质的上层类型（如[具体]vs.[抽象]）上存在共性。

（二）题元角色差别

夏皮罗等（Shapiro et al.，1993）通过对比实验发现，布罗卡失语症患者对动词的题元特征敏感，而韦尼克失语症患者不敏感。这一结果为失语症的经典区分提供了部分佐证：布罗卡失语和韦尼克失语是两类对立的失语类型，前者属"句法性失语"（syntactic aphasia），后者属"语义性失语"（semantic aphasia）。

汤普森等（Thompson et al.，1997）也从布罗卡失语症患者的测试中证实，论元的题元角色不仅影响句子的表达，而且体现出难度等级：含施事或感事（experiencer）角色的句子比含客体/受事角色的句子通常更能正确表达，而含客体/受事角色的句子又依次比有目标/处所（goal/location）的句子有更好的保留。简而言之，题元角色的加工遵循难度等级"施事/感事＞客体/受事＞目标/处所"。

---

① 逆被动结构指二价及物谓词（two-place transitive predicate）的逻辑宾语不实现为直接宾语，而是以非核心论元（non-core argument）形式出现或不予显性表达[即降级宾语（demoted object）]。该结构的形态表现多种多样，像真/假名词合并（noun incorporation）和双通格结构（bi-absolutive construction）就是其典型代表。这种结构多出现在（但不限于）作格语言（参见 Polinsky，2016）。

题元角色差别不但在布罗卡失语症患者身上反应明显，而且在正常的儿童身上也能找到证据，比如，达维多夫（Davidoff）和马斯特森（Masterson）的图片命名实验显示，儿童对不及物动词的提取难度大于对及物动词的提取难度（转引自 Jonkers，2000）。这一结果似乎表明，"施事—动词"或"施事—动词—受事"这种语义结构（题元结构）更能反映人的认知常规，所以编码的难度更低。

（三）单一论元结构与多重论元结构

根据夏皮罗等（Shapiro et al.，1987，1990）以及夏皮罗和莱文（Shapiro & Levine，1990）对说英语的正常人和失语症患者（布罗卡失语症患者、韦尼克失语症患者）的对比研究，论元结构影响言语表达——对只有单一论元排列的动词（如 put）比对拥有潜在不同论元结构的动词（如 send、give）反应快。其理由是：当对某个动词进行加工时，该动词潜在的全部论元结构（包括在句法上未予实现的论元结构）会被同步激活。汤普森等（Thompson et al.，1997）证实，布罗卡失语症患者表达含简单论元结构的动词比表达复杂动词（含多个论元结构）更准确。金姆和汤普森（Kim & Thompson，2000）的实验也表明"要求论元越多的动词越难以检索"（转引自 Druks，2002）。

关于多重论元结构的问题，夏皮罗等（Shapiro et al.，1993）的研究更具说服力。

> 当在一个句子中遇到动词时，该动词的全部题元信息就被激活，接着让句中的论元接受恰当的题元指派。……假如某个动词有多个论元结构（或题元栅 thematic grid）的可能，当遇到动词时，被试可能将优先论元结构[①]（preferred argument structure）用于起始分析（initial parse）。

总之，一个动词的可选句法结构（即句法价）越多，布罗卡失语症患者理解语句越感困难；从语义上看，动词配价中题元角色的数量越大，动词越复杂，患者越不能理解，言语产出也更困难。

（四）及物性特征

及物性是动词的一个重要特征。根据能否带宾语，动词分为及物动词和不及物动词两种，但在这两种动词内部，还可以根据不同的句法、语义特点进行再分，比如不及物动词可以下分为非宾格动词[unaccusative verb，又称作格动词（ergative verb）]和非作格动词（unergative verb）。按乔姆斯基的管约论，非宾格动词有深

---

① 优先论元结构/主目结构"体现语言的一种可论证的话语倾向，指某种优先使用的句法结构，例如，实词性名词短语倾向于充当不及物动词而不是及物动词的主语"（见戴维·克里斯特尔. 现代语言学词典. 沈家煊译. 北京：商务印书馆，2000：26）。

层结构（d-structure）宾语，但没有主语（如英语中的 melt），非作格动词有深层主语，但没有宾语（如英语中的 laugh）。用论元结构里的说法就是，非宾格动词有一个直接的内部论元而无外部论元，非作格动词有一个外部论元却没有直接的内部论元。汤普森（Thompson，2003）用非宾格动词和非作格动词让正常人和语法缺失患者进行表达实验，结果发现正常人表达含两类动词的语句无差异，而语法缺失患者表达含非作格动词的语句比含非宾格动词的语句要准确得多，因为非宾格动词的论元结构会触发复杂的句法转换，而非作格动词则在句法构成上要简单得多。结合叙谈的结果，汤普森得出结论：表达中出现的动词提取缺陷受动词论元结构词项的影响，这就是"论元结构复杂度假说"（argument structure complexity hypothesis，ASCH）[①]的基本内容。

三、失语症患者言语中的动词价位

动词价位指一个动词的带有题元角色（如施事、受事、与事等）的必有名词性成分（本书叫价语）在句法结构中可出现的位置。因动词价语往往不限于唯一句法位置，在标记理论中便有了有标记结构和无标记结构之分。以英语、汉语中的二价动词为例，"施事位居动词之前，受事位居动词之后"的语用策略与母语者的语感一致，在句法上对应表现为 NP_1+V+NP_2，即无标记结构。但是，语义上的施-受关系顺序可以在句法上颠倒过来，即 NP_1+V+NP_2 可以表达为 NP_2+NP_1+V 和 NP_2+（被）NP_1+V 之类的结构而保持概念语义基本不变，所以这类结构称为有标记结构。

这种有标记、无标记的区分是否具有心理现实性呢？查特吉等（Chatterjee et al.，1999）的实验给出了肯定答案。他们发现，当要求对一个事件作出描述时，正常被试倾向于把该事件想象（conceive of）为从左至右的空间穿行（traverse）过程。这种动作除根据动词进行命题表征外还按方向进行空间表征。图片-言语匹配描述也显示了类似的结果，即被试对施事在左边的图片反应更快。这个结果可能反映出类似位置的基元性表达（primitive presentation），也可能是获得性阅读和写作关联的结果，因为简单主动句中碰到的第一个名词在左边。施事在动词左边，受事在动词右边，书写中的这一线性关系反映出了人们认识事物的常规，在心理上已经成为一种默认值。

按认知科学的一般推理，无标记结构在大脑中的加工阈限低，加工速度快，而有标记结构因转换（成分移位）增加了加工环节，所以在大脑中的加工阈限

---

① 论元结构复杂度假说包含两条：第一，要求较大复杂度的论元结构的动词对语法缺失性失语症患者而言更难以表达；第二，复杂度包括蕴含于动词词项中的论元数量和论元结构信息类型，即如果动词所带论元数量越多或所带论元结构需进行移动（movement）操作，则该动词越复杂（参见 Thompson，2003）。

高，加工速度慢。这种差异性已经在失语症患者身上体现出来，比如，夏皮罗等（Shapiro et al.，1993）就发现韦尼克失语症患者能重新激活语迹的先行词（antecedent），而布罗卡失语症患者则不能。上文提到的"论元结构复杂度假说"（Thompson，2003）也证实，语法缺失性失语症患者（以布罗卡失语症患者占多数）加工需要论元移位的动词比加工不需要论元移位的动词难度大。

贝茨等（Bates et al.，1991）带领其研究团队经过长达十多年的跨语言研究证明，标准语序（canonical sentence order，如英语、汉语为 SVO）在各类语言的失语者身上都得以保留，而非标准语序都有不同程度的损伤。从配价理论的角度看，标准语序和非标准语序的实质是动词的不同价位问题，因此可以说价位的存在是有可靠的神经生物基础的。

琼斯（Jones，1984）发现语法缺失患者理解含"方向性运动动词"（directional motion verb，如 follow、push、pull）的句子比理解含"非方向性运动动词"的句子困难得多。他给出的解释是"方向性运动动词"蕴含一个"内嵌的命题"，该命题规定了论元间的方位关系，如 follow 所蕴含的逻辑命题就是[运动，NP_1 位于 NP_2 之前]。患者因为不理解这类动词的内在特征，结果把论元的位置搞错——如把 The man follows the girl 理解成 The girl follows the man。

按照格罗津斯基（Grodzinsky，1986，1990）的"语迹删除假说"（trace deletion hypothesis，TDH），语法缺失患者在语句理解的过程中，面对不同的句法结构成分有的遗失有的保留，原因在于语迹已从患者的语法体系中剥离，结果造成患者不能对语句中的 NP 和 Wh-等成分与其相应的题元角色（如施事、受事）进行有效匹配，从而只能借助一般的认知策略来处理不同的言语输入。后来也有人注意到了类似的问题。"如果论元角色指派要以语迹为中介，语法缺失患者就会在语义解释方面显出障碍。如果共标机制失效，NP 就不能制约语迹，二者间的指称依存关系就不能建立。"（转引自 Mauner et al.，1993）这样，患者在理解语句时只好以"试探的方式"（heuristics）进行语义甄别，如"句首的名词短语通常是句子的主语""主语位置上的名词短语通常是施事"等。这与卡拉马扎和贝恩特（Caramazza & Berndt，1978）提出的"无句法理解"（asyntactic comprehension）现象有相通之处：语法缺失患者不能理解复杂的句法结构，如含有成分移动、语迹删除和非标准语序的结构。

第二节　基于 ERP 技术的动词配价研究

广义上说，动词配价研究就是动、名词关系的研究。以失语症测查为代表的实验病理学研究经历 100 多年的发展，在西方已经取得了令人瞩目的成就，上节的介绍大致勾画出了动词配价研究的概况。其实，伴随现代科技的发展，有关人脑的语言加工研究已经走出传统病理学（离线研究）的藩篱，学者们从 20 世纪中叶开始应用神经影像学技术（如 fMRI）和神经电生理学技术（如 ERP）来探讨大脑对外界刺激（包括语言刺激）的加工问题。本节介绍基于 ERP 技术的动词配价结构/论元结构研究，下节介绍基于 fMRI 技术的相关研究。

ERPs 是突触后电位的总和，反映了与刺激呈现时间同步的大脑电反应的信号（刘燕妮、舒华，2003）。由于语言加工是一个连续的、牵涉不同层次分析的时间过程，所以通过 ERP 实验所获得的信息就是关于语言刺激在大脑加工过程中的时间性反应[通常以毫秒（millisecond）计]，主要指标包括时程（time course，即脑电波持续的时间长度）、波幅（amplitude，即脑电波的形式，分正向波和负向波两种）和峰值（peak，即脑电波抵达的最高点）。到目前为止，已经发现的与语言刺激相关的 ERP 成分包括：N200（与语音相关）、N400（与语义相关）、P600（与句法相关）、左前负波（left anterior negativity，LAN，与形态句法、词范畴等有关）、早期左前负波（early left anterior negativity，ELAN，与句法一致性等信息相关）。下面介绍与动词配价有关的 ERP 研究。

奥斯特豪特等（Osterhout et al.，1994）发现，动词的次范畴信息有助于句法分析。在实验中，被试依靠动词次范畴的限制和偏好作出句子加工的策略选择，比如，如果被试倾向于将 hope 视为不及物动词，那么认为 hope 后面跟从句的句子是正确的；如果被试倾向于将 force 视为及物动词，那么认为 force 跟直接宾语的句子就是正确的。如果在阅读中碰到这类与动词次范畴相反的句子，就会引发 P600 效应（对句法违背敏感的 ERP 指标），如 "*The doctor forced the patient was lying."。

弗里德里齐和弗里施（Friederici & Frisch，2000）探索了德语动词及其论元的在线加工。在论元先于动词的 ERP 实验中，他们发现动词论元的语义、句法特征影响动词的整合加工。在 300～600 毫秒窗口，所有的违反句都出现了负波波峰，其中，语义失匹配句（semantically mismatched sentence）和论元数量失匹配句出现了双侧分布波幅，很像 N400；论元类型失匹配句则出现偏左的单侧波，很像左前负成分（LAN）。在 600～1200 毫秒窗口，三类违反句都出现了 P600；在动词先于论元的实验中，他们发现在 300～600 毫秒窗口，语义失匹配句和论元数量失匹配句出现了负向波幅（negative amplitude），在 600～800 毫秒窗口，论元数量失匹配句比论元类型失匹配句出现更明显的正波 P600。两个实验一致表明，动词的具体信息（论元数目、类型和语义信息），会影响随后进入句子的动词的加工。

博恩克塞尔等（Bornkessel et al.，2003）考察了两类不同动词的题元层级性差异，即主动动词需要"主格—与格"的题元顺序，而宾语感事动词需要"与格—主格"的题元顺序，违反此顺序便引发了句末动词的 P600 成分。这一结果表明：句法独立再分析（syntax-independent reanalysis）即题元再分析效应是存在的。

库珀伯格（Kuperberg，2007）发现生命性影响非现实句（implausible sentence）的加工，如在"Every morning at breakfast the boys would *plant..." vs. "Every morning at breakfast the eggs would *eat .."中，前者产生经典 N400，后者却产生 P600，之后在学界被称为语义性 P600 成分（周长银，2017）。

弗里德里齐和魏森博恩（Friederici & Weissenborn，2007）在回顾前人研究成果的基础上，总结出了以动词为中心的语言加工的神经认知模型。该模型的核心观点概括起来包括三阶段：第一阶段——短语结构的违反诱发 ELAN；第二阶段——主谓一致违反诱发 LAN，论元结构违反诱发 LAN/N400，动词选择限制违反引发 N400；第三阶段——其他类型的整合加工违反诱发 P600。这一回顾可以视为动词配价 ERP 研究的总概括。

动词及其论元关系（或称配价关系/依存关系）一直是神经心理学和神经语言学界研究的热点。如帕钦斯基和库珀伯格（Paczynski & Kuperberg，2011）发现相对于合理的（plausible）直接宾语，最不可能的直接宾语上的选择限制违反引发显著的 P600 效应，可以视为库珀伯格（Kuperberg，2007）等研究的进一步佐证。另一个研究热点是学界开始关注事件知识在动词配价/论元结构加工中的作用，如比克内尔等（Bicknell et al.,2010）发现，通过比较"The journalist/* mechanic checked the spelling of ..."和"The mechanic/*journalist checked the brakes of..."这类句子来考察施事和动词的结合对具体受事名词的选择作用，发现在受事附近有不同的 N400 效用，从而证明论元结构的加工不能光靠动词和名词之间简单的直接语义关系，还需要动态地考虑基于句中施事和动词的现实情境事件。我们在本书下篇的动词配价实验中也会对超越词库限制的这一非语言特征进行专门考察，从而佐证"逻辑配价的建立离不开动态语境知识的制约"。

第三节　基于 fMRI 技术的动词配价研究

以 fMRI 为代表的神经影像学技术主要关注不同刺激（包括语言刺激和非语言刺激）在大脑加工过程中的脑区分布情况。在语言研究中，fMRI 技术能向我们展示我们大脑在加工（理解或表达）某个语言单位（如一个词或一个短语）时能够被激活的不同脑区（参考本书第十二章的图 12-1）。就动词配价研究而言，fMRI 能揭示动词、名词和动、名词组合（基于不同设计）的不同激活情况。下面是过往相关研究的简要介绍，可以让读者对如何利用 fMRI 技术研究动词配价有一个初步了解。

根据体验认知框架（embodied cognition framework，ECF），概念知识不全是模态建构的（not purely a modal in format），而是根植于通道特异性（modality-specific）的输入/输出系统（Kemmerer et al.，2013）。也就是说，概念知识是以感觉运动系统（sensorimotor system）为基础的。按此逻辑，不同动词的语义也应有不同的神经基础（neural substrate）。为了验证此理论假说的合理性，凯默勒等（Kemmerer et al.，2008）通过 fMRI 实验考察了五类相关但不同语义类型的动词的脑区分布情况，这五类动词分别是"跑"类动词（如 run、jog、walk 等）、"说"类动词（如 shout、mumble、whisper 等）、"击打"类动词（如 hit、poke、jab 等）、"砍"类动词（如 cut、slice、hack 等）和"状态变化"类动词（如 shatter、smash、crack 等），研究结果显示不同语义类型的动词具有不同的分布脑区——"跑"类动词与主运动皮层和前运动皮层有关，"说"类动词与后外侧颞叶皮层有关，"击打"类动词与顶内沟壑顶下小叶有关，"砍"类动词与颞叶、顶叶和额叶区的分布式网络有关，"状态变化"类动词与腹侧颞叶皮层有关。与此相关，还有研究发现理解身体运动的动词（如 lick、pick、kick）与这类动词所激发（stimulating）的动作本身具有相同的脑区（脑结构）（Kemmerer et al.，2013）。这些研究表明 ECF 具有可靠的神经机制。

李等（Lee et al.，2014）从基于跨语法类的词汇判断任务（采用启动刺激范式）的 fMRI 实验中发现，无论名词-动词（如 spider-crawl）启动还是动词-名词（如 growl-tiger）启动都在左侧颞中、颞上皮层（left middle and superior temporal cortex）、额下回（inferior frontal gyrus，即布罗德曼 47 区）和中央后回（postcentral gyrus）等脑区有显著激活，这些脑区是语言加工的经典脑区。只是名词-动词启动在左侧额下回有更显著激活，而动词-名词启动则在双侧颞中回和丘脑（thalamus）有更显著激活。与同语法类的词汇判断（即名词-名词和动词-动词模式）相比，跨语法类的词汇判断在左侧颞上回后部有更显著激活，该区域正是与论元结构加工关联的脑区。综合这些结果可以发现，论元结构表征是自动触发的（triggered），只是动词对名词的触发作用更大，名词对动词的触发作用相对较小。从配价结构的视角看，表征动作的动词规定了事件的参与者，即动词的论元/配价成分，所以研究结果与来自行为实验的"期待效应"（anticipatory effect）一致：人脑处理器能够预期性地激活与动词论元相关的表征（Altmann & Kamide，1999）。

德国是配价语法研究的重镇，以德语为目标语的 fMRI 配价研究成果很多。博恩克塞尔等（Bornkessel et al.，2005）通过控制德语中的论元顺序、动词类别和形态歧义等影响论元等级（argument hierarchy）建构的三个因素，从语言理解实验中发现：提高论元等级会在额叶前部、颞上回后部、运动前区和顶叶等区域引发增强的激活，尤其是动词论元等级的句法实现会在左侧颞上沟后部（left posterior superior temporal sulcus）有增强反应，由此证明了论元等级具有可靠的神经基础。雷廷等（Raettig et al.，2010）通过比较德语中含不及物动词的合格句和不合格句（即不及物动词带宾语的句子）发现，不合格句在左侧额下回出现更强的脑激活，说明论元结构违反[如*Das Konzert wurde bald gehustet und unterbrochen，对应的英文解释为*The concert was soon coughed and disturbed（演奏会很快被咳嗽并打扰了）]使得多余论元不能与动词所表征的事件形成关联，自然也不能获取相应的论旨角色，从而导致加工难度增加。

　　来自失语症的 fMRI 研究表明，论元结构的复杂性影响患者的句子加工，比如，本-沙哈尔等（Ben-Shachar et al.，2003）从句子的语法判断任务中发现，伴随动词论元结构复杂性[1]的增加，左侧颞上沟后部有增强的激活。汤普森等（Thompson et al.，2007a）的词汇判断实验显示，一、二、三价动词在外侧裂后周皮层（即顶下小叶 inferior parietal lobule）有不断增强的激活。来自正常人的 fMRI 实验进一步拓展了论元结构与脑区的关联性。奥登等（Ouden et al.，2009）从英语动作动词的命名任务中发现，及物动词命名相比不及物动词命名，被试不仅在后部脑区有增强的神经激活，而且在左侧额下皮层（left inferior frontal cortex）也有增强的激活；此外，动词的动态（视屏）呈现比静态（线条画）呈现在右侧顶叶的上下皮层（right inferior and superior parietal cortices，物体操控的脑区）有更大激活。上述实验证明，论元结构随着复杂性的增加在语言网络的前部脑区和后部脑区都有逐渐增强激活的趋势，意味着论元结构的加工（包括理解和表达）是前后部语言区共同作用的结果。

第四节　基于其他技术的动词配价研究

　　自 20 世纪晚期以来，语言学能够不断向自然科学靠近，在很大程度上要归功于研究技术和研究范式的更新。在动词配价研究方面，除了上文介绍的失语症测查、ERP 技术和 fMRI 技术外，还有不少其他的研究技术也开始应用起来，取得了令人耳目一新的成果。因篇幅所限，本节主要介绍基于"移动窗口"技术（如自定步速阅读 self-paced reading）、眼动仪（eye-tracker）和脑磁图（magnetoencephalography，MEG）等技术的动词配价研究。

　　"移动窗口"技术是研究阅读过程中字词识别的一种计算机技术，其基本方法

---

　　① 论元结构复杂性指动词在论元数量和类型方面的差异性，比如，英语中的 know 可带名词论元或句子论元，drink 带名词论元，所以 know 的论元结构比 drink 的论元结构复杂；汉语中的"打"是二价动词，"哭"是一价动词，所以"打"比"哭"具有更复杂的论元结构。

是在计算机屏幕上呈现文本，其中的每个词都以它在文本中的正常位置呈现，屏幕上每次只呈现一个词。被试每按一次键，后一个词出现，同时前一个词消失。这样，看上去好像屏幕上有一个移动的窗口（舒华等，1996）。在心理语言学测量中，经常采用的自定步速阅读就是"移动窗口"技术的具体应用。影响配价加工的因素是多方面的，即使动词相同、句法结构相同，加工的效应也可能不同。比克内尔等（Bicknell et al., 2010）从自定步速阅读实验中发现典型的事件知识会影响动词论元结构的加工，比如 The journalist checked the spelling of his latest report/The mechanic checked the brakes on the car 都代表典型事件，而 The mechanic checked the spelling of his latest report/The journalist checked the brakes on the car 则代表非典型事件，所以前者的加工时间明显比后者的加工时间短，这种时间差异性显著见于受事（spelling/brakes）之后的第一个词。如前文所述，及物性是动词配价的一个重要方面，其句法表现形式影响句子的在线加工。德德（Dede, 2013）从自定步速阅读实验中发现，当动词的及物偏向性（transitivity bias）与句子结构不匹配[如与及物动词不匹配的结构*The agent called（the writer）from overseas to make an offer，与不及物动词不匹配的结构*The couple danced the tango every Friday night last summer]时，不论正常人还是失语症患者在句子的关键部分都要花更长时间来理解句子，且该情况在不及物动词构成的句子中尤为突出。这两类异常性（不论是语义的还是句法的）都是人们在借助语言述谓世界的过程中遇到的不和谐映射或称非常规映射，其形成动因可以从本书后文提出的配价典型性作出解释——不典型配价（与动词及物性不匹配的句法结构）比典型配价（与动词及物性相匹配的句法结构）更难加工。

眼动仪是一种能够跟踪并测量眼球位置和眼球运动信息的设备，因其较高的生态效度（即被试使用起来感觉比较自然）而在视觉系统、心理学和语言学研究中得到广泛应用。在语言学研究中，眼动实验主要关注眼动的位置/路径和眼动的时间两大方面的信息。从实验心理学的视角看，动词配价的加工本质上是动词词汇表征信息的及时通达（access），包括动词的次范畴化框架（subcategorization framwork）、论元结构和选择限制（selectional restriction）。这些信息既牵涉词汇整合（lexical integration）又牵涉句法整合。譬如，奥尔特曼和凯米德（Altmann & Kamide, 1999）发现在一个包含可食物的图片场景中，被试听到与可食物语义相关的限定性动词（如 The boy will eat the cake）时会提前注视目标图片（如 cake），而听到与全部物体语义匹配的非限定性动词（如 The boy will move the cake），则不会出现提前注视的情况。这一方面说明动词本身蕴含着与之相关的论元成分信息，动词的出现会激活与之相关的论元信息，表现出加工的预期性效应；另一方面，证明动词论元结构的加工与动词的语义属性紧密相关，限制性越强的动词，其论元性名词的可选择性范围越小，更容易与该动词形成词汇整合。类似的实验结果来自麦克等（Mack et al.，2013）的视-听眼动实验：即使在动词论元不出现的情况下（如 Susan will open/break the...），正常被试也能快速利用动词意义来预期即将出现的词项并促进词汇整合，而语法缺失患者同样表现出类似效应，但比正常被试在时间上有很大延迟（正常组在动词呈现后 0～500 毫秒出现该效应，患者组在动词呈现后 1000～1500 毫秒出现该效应）。

汤普森等（Thompson et al.，2007b）的眼动实验表明，英语三元动词（three-argument verb）比二元动词（two-argument verb）在正常人身上引发出更长的言语启动潜伏期（speech onset latency），即正常人开始说含三元动词的句子比含二元动词的句子需要更长的时间，而语法缺失患者则不表现出明显差异。这一发现与离线实验的结果（如 Kim & Thompson，2000）一致，证明"论元结构复杂性假说"（Thompson，2003）具有广泛的认知普遍性。

MEG 是无创伤性地探测大脑电磁生理信号的一种脑功能检测技术。人的颅脑周围存在着微弱的磁场，即脑磁场。要记录这种磁场，就需要一种特殊的设备——特别敏感的超冷电磁测定器，把记录下来的脑磁波转换成图形，就是所谓的脑磁图。与前面介绍的 ERP 一样，MEG 不仅具有很高的时间分辨率，也具有类似 fMRI 的高空间分辨率，可谓兼顾了 ERP 和 fMRI 的技术优势。MEG 相比 ERP 和 fMRI 的另一大优势是可以直接测量单个被试的脑磁反应，省去了需要多个被试测量再进行数据叠加分析的麻烦。来自德语的 MEG 实验（Assadollahi & Rockstroh，2008）表明，不论是在孤立动词还是最小语境（主语+动词结构）条件下，一价动词的激活强度大于二价、三价动词的激活强度；不同的是，动词孤立呈现时的电磁反应差异出现在刺激呈现后的 250～300 毫秒时窗，主要分布在左侧颞中回（middle temporal gyrus，MTG），而语境条件下的电磁反应差异在早期（250～300 毫秒）的颞叶区较弱，主要差异出现在刺激出现 350～450 毫秒时窗的左侧额下回。作者由此认为动词论元结构的激活主要与动词自身相关，而与动词表征的事件参与者关系不大；论元数量的增加不仅没有增加激活强度，反而降低了激活强度，因为这里的激活反映的不是动词的加工难度（processing demand）而是整合（integration）的难度。

日本学者犬伏等（Inubushi et al.，2012）应用 MEG 考察了日语双及物句中的所属性（possessivity，即句中有无所有者）和语序规范性（word order canonicity，即常规语序还是非常规语序），结果发现在动词呈现后的 530～550 毫秒时窗内，左侧额下回出现显著的语序规范性效应，而在 480～670 毫秒时窗的颞顶区，则出现单及物动词和不及物动词的非语序规范性效应。

尽管研究手段不同，但上述研究关注的焦点基本一致，如动词的属性（如及物性特征)、动词的配价数量、动词配价的论元类型、动词论元的位置、动词的预期性效应和语境效应等。由此可见,动词配价在不同语言中有很多共性的部分,这为我们在后文的理论论证"动词配价研究要从逻辑配价出发"提供了部分实证。

第三章

动词配价研究的总结与评价

第一节 研 究 总 结

动词配价致力于自然语言中动、名词关系的合理建构，动词配价理论是在动词中心论指引下的普通语言学理论。截至目前，动词配价研究历经半个多世纪的发展，已经形成了独具特色的句法-语义理论假说，为自然语言的描述和解释作出了重要贡献。动词配价的主要内容简要概括为以下五个方面。

第一，配价研究坚持动词中心论，区分句子支配成分与被支配成分，实际上确立了"动词是句子生成的核心，其他成分是动词所蕴含或附属的"这一基本观点。动词单核的确认不仅简化了语法描写的程序，而且打破了传统语法理论"只管成分单位的组合，不管成分之间主次关系"的诟病，句子成分等级性的观念得以强化。

第二，动词配价的理论研究成果丰硕，过去很多有争议的问题基本解决或达成一致。比如，关于配价定性问题，很长一段时间存在三个标准（句法的、语义的、句法-语义的），现在认同"动词配价以动词的词汇义为基准，结合动词出现的具体句法框架"，即词汇义是首要标准，句法框架是辅助标准。根据首要标准，在一个特定动词表征的事件中，有多少个事件参与者则确认该动词为几价动词，参与者的属性代表配价成分的属性；根据辅助标准，在无语境的最小主谓结构中来确定某个动词的价，有几个共现的名词性成分就认定该词为几价。

第三，汉语动词配价研究丰富了配价理论。配价语法尽管首先是由西方人提出的，但被引入中国后却在汉语里找到生根的土壤。中国学者根据汉语的特点，深入研究了汉语中的动词配价现象，解决了过去结构主义理论、转换生成语法在汉语语法分析中存留的问题。比如，前文提到的朱德熙（1978a，1978b）提出的"VP 的"的歧义指数理论就是基于汉语动词的配价理论创新，不少中国学者将动词配价的观念延伸到了名词和形容词（袁毓林，1992；张国宪，2002），丰富了配价研究的内涵。

第四，21 世纪以来，配价研究走出结构主义的藩篱，开始与认知语言学（尤其是其中的构式语法、认知语法）、功能语言学和历史语言学结合。这不仅拓展了动词配价研究的路径，而且为配价语法的发展提供了一个新视野。

第五，以动词配价为核心内容的配价语法在实践中被证明是有效的。配价语法词典已经在德语、法语、英语、希腊语和汉语等众多语种中编撰出版，成为语言教学和语言信息处理的重要参照。在我国，以配价语法为理论指导的语言教学（尤其是对外汉语教学）已经取得重要成效。在美国和德国，基于配价语法的信息处理（如机器翻译）成为语言工程的一部分，研究成果得到用户的广泛认可。

第二节　研究评价

从上节可以看到，动词配价研究确实取得了引人注目的成就，这种成就不仅体现在语言本体的外在论方面（更有效的描写和解释），还体现在语言表征和加工等内在论领域。但这些可喜的成就并不意味着配价理论完美无缺，其实世界上本来就没有一种理论（包括全部的语言学理论）是完美无缺的。下面我们主要对动词配价研究有待改进或加强的方面作出简要分析和说明。

（1）动词配价的变化研究不够。配价研究过去主要以脱离语境的静态抽象句（下文简称静态句）为研究对象，原因是静态句有相对稳定的句法-语义表现，因而相对容易描写和解释。但言语交流是动态的，往往打破动词配价规定的常规，引起句法、语义之间的失配（mismatch）。这类现象该如何解释？现有的配价理论显得阐释力不足。

（2）动词小类的研究需要进一步细化。根据配价语法，配价结构（句法结构）往往作为动词分类的依据。但这种分类的结果并不能保证分出来的动词都有一致的句法表现，说明动词内部的次范畴研究还不够深入。因为缺乏显性的形态标记来标识句子成分之间的语义关系，汉语在动词小类的深化研究方面还有待加强。

（3）配价成分（或叫论元、价语）的语义角色在数量和类型上尚未统一。根据现有配价理论，能够充当动词配价成分的语义角色（论元结构理论称作论旨角色）是有限的，但到底是多少、到底有哪些还未形成一致。另外，配价结构相同的动词并不能保证它们的配价成分具有同质性，因此，动词配价所包容的信息是否应该扩展（如能否把基于现实事件的百科知识纳入其中？）是一个值得思考的问题。

（4）实证研究不够，汉语尤其如此。现有的情况是，动词配价的理论研究已经相当成熟，但与此相对应的实证研究滞后很多，这种情况在中国尤为严重。为了让配价语法更充分、更全面地揭示语言生成的规律，我们需要对动词配价的相关研究成果进行科学实证研究，寻求可靠的神经心理机制的支撑，最终服务于语言教学和语言信息处理。

在此背景下，本书拟从理论和实践两方面对汉语动词配价展开研究，既为汉语语言现象的描写、解释和经验实证提供新思路，又为普通语言学尤其是配价理论的丰富和发展作出中国学者的学术贡献。

中 篇

理论建构：基于逻辑配价的汉语动词配价理论

第四章

逻辑配价——动词配价研究的起点

在讨论动词配价之前,首先有必要对语言之外的客观世界(简称客观世界)和经过语言映射的客观世界(简称语言世界)作出区分。众所周知,语言世界的主体是人,人认知客观世界的过程一般借助语言来完成,认知的结果组成一个集合体,代表语言世界的内容。然而,因为语言使用者的主动参与和主观干预,客观世界与语言世界并不完全等同。换句话说,客观世界和语言世界可以一致,但很多情况下发生了"变异"。变异的原因是语言使用者在对现实客体(属于客观世界)进行语言再现的时候或多或少有所取舍(可能是有意识的行为也可能是无意识的行为)。从认知的角度看,这种变异根源于人类最基本的生活感知体验:对于同一客观场景,不同的人,其注意焦点和视角不一样,就是同一个人在不同的时间也会形成不同的注意中心(这就是下文要谈到的透视域的作用机制)。同一客观场景可以激发不同的感知体验,这种体验被置于语言表述中就会产生不同的语言形式(包括语义的和句法的),从而显示出客观世界与语言世界的联系与差别。既然语言的作用是帮助人们去认识客观世界,语言配价理论就应该真实反映这种联系与差别,使人们真正达到认识世界的目的。

鉴于此,我们认为动词配价的研究要分层展开,一层立足于客观世界,另一层立足于语言世界自身。独立于语言使用者之外的反映客观世界的配价,本书称作逻辑配价[①];在语言世界里反映人类认知成果的配价,本书叫作语言配价。从思想(概念)的形成到言语的发生反映了人类从客观世界走向语言世界的基本认知顺序,动词的配价研究从逻辑配价出发深入到语言配价正好与认知顺序一致,更能充分揭示语言发生、发展的活动历程。

---

① 本书的逻辑配价不同于郭曙纶(2003:108)的逻辑配价。按郭曙纶的观点:"逻辑配价是指从逻辑语义的角度来考察动词的配价问题,即动词的逻辑语义配价,它研究动词在逻辑语义层面必须联系的语义论元,换句话说,就是在理解一个句子的语义时必不可少的成分。"

言语交流的本质是意义的交流。从大的方面看，意义包括客观义和主观义。在语言理解方面，客观义比主观义更为重要，因为客观义立足于客观世界的真值/逻辑表达——所述内容在现实世界存在与否。逻辑配价以语言外的客观世界为映射对象，传递的意义自然是客观义。客观义一般不因地域差异或民族差异而不同，反映客观义的逻辑配价因而更能反映配价研究的本质，属于逻辑中的"常量"（constant）。主观义虽然以客观义为基础，但往往附加了属于主观认知的内容，如所处文化背景中的个人信念、禁忌等。本书前面提到，对于同一客观事件，同一语言中因说话人的视角不同而表现出差异，其实，不同民族的说话人即使站在同一视角也有迥然不同的语义表达方式。譬如，男女结婚是全世界共知的事实——男女在社会中以"夫""妻"角色维系于[结婚]这一行为事件之中。但汉语中针对这一事件的无标记表达（即下文要谈到的典型配价）是"张三与/和/跟李四结婚了"，其中少不了介词或连词；英语中的无标记表达则是"John married Mary."，直接采用及物结构，不必借助任何附加词。从配价的角度而论，我们说[结婚]在英、汉语中的逻辑配价相同，表现为一个特定的二价行为事件——[结婚]$\{P_1, P_2\}$，但在语言配价方面有差别：语义价与逻辑配价一致——结婚[张三/John，李四/Mary]。英语中的句法价与逻辑配价一致NP_1+V+NP_2，汉语中的句法价有了附加的句法成分，与逻辑配价不同——$NP_1+PREP/CONJ+NP_2+V$。如果说"理解语言的语义最基本的是理解语言的逻辑语义"（靳光瑾，2001：125），最基本的配价就应该是逻辑配价，动词配价研究应从逻辑配价出发。

第一节　逻辑配价的界定与表达

逻辑配价这一术语最先由德国语言学家赫尔比希在 20 世纪 70 年代提出。为了辨明客观事物、思维现象和语言现象三者间的关系，赫尔比希提出有必要区分逻辑价、语义价和句法价。在他看来，语言之外的现实事物是思维反映的对象，同时又是语言结构形式的基础，从现实事物到语言结构形式（即语义-句法结构）之间有一个中间环节，这就是逻辑表述。逻辑表述借助命题结构（逻辑谓词+主目）表达，例如"张三在睡觉"的命题结构为 P（x），"小王在看电视"的命题结构为 P（x，y），"他送了我一本书"的命题结构为 P（x，y，z）。这里的 P 表示逻辑谓词（一般是动词和形容词），x、y、z 代表不同的主目（也叫空位 slot），P 和 x、y、z 之间的关系称为逻辑配价/逻辑价。谓词对主目的选择不仅有数量方面的要求（如"睡觉"只能与一个主目"张三"发生关联），还有性质上的规定性（如"睡觉"要求主目必须是能实施这一行为的主体，一般是人或动物），这种规定性的本质是语义的，因而叫作语义价。后来随着研究的深入，赫尔比希将逻辑价和语义价合一，称逻辑-语义价，简称语义价（朱小雪，1989）。从赫尔比希的理论框架中，我们可以弄清楚两点：①他的逻辑配价观虽然以表征现实客观事物为出发点，但借逻辑命题形式表达出来，不免掺入主观认知的成分。因为逻辑命题本身不只是表达客观世界本身，还表达作为语言参与者的人的主观信念系统（属思维现象的组成部分），所以赫尔比希的逻辑配价是语言配价，所映射的世界是语言世界。②他的逻辑配价研究一个谓词能与几个主目同现，强调的是价量问题，对价质的重要性重视不够。在配价的定性上，德国的逻辑配价观认为价是一种语义现象，一个谓词周围主目的多少（即价量）可从词义中推导出来。在不同的语言中，同一概念的逻辑价量相同。据此，舒马赫（Schumacher）提出逻辑配价（以语义为基础的配价概念）是动词定价的依据（韩万衡，1997）。

从前文的论述可知本书所说的逻辑配价与赫尔比希的配价理念不尽一致。在我们构拟的配价理论框架里，逻辑配价所描述的对象是客观世界的情景事件。情景事件由行为/状态及其参与者（一般称为事件参与者）构成，参与者有主次之分，一般是主要参与者成为事件的必需构成部分。某个行为/状态带有几个参与者，我们就称该情景事件为几价行为/状态事件，简称几价行为事件，比如，[打]①这个行为带有两个事件参与者——一个是[打]的主体 X，一个是[打]的收受对象 Y，因此这个由[打]为中心构成的情景事件就是二价行为事件。这里的 X 和 Y 是构成该行为事件所不可或缺的成分，所以叫作主要参与者。其他与[打]相关的参与者如"工具"（用棍子/椅子）、"时间"（昨天、今天或某时刻之前）、"空间"（在家里/教室/大街上）、"动机"（包括"原因"和"目的"）等不是构成该行为事件的最基础部分，大多情况下可能隐现或以次要参与者出现。在下文的论述中，如非专门标识，我们所说的参与者就意味着主要参与者。后文还会谈到，从逻辑配价向语言配价投射的时候，一般是主要参与者投射为价语（即语义价中的"必有题元角色"，如"施事""受事"），次要参与者投射为非价语（即语义价中的各类旁格成分如"处所""目标"等）或受抑制不发生投射，但在实际的语用中也可能出现相反的情形。不同的行为事件有不同的主要参与者和次要参与者，如上文所提及的，观念上的"空间"范畴在多数行为事件中充当次要参与者，但在[居住]类（如"李老师住三楼"）事件中却充当主要参与者。逻辑配价投射到语言层面形成语言配价，语言配价由不同的层次构成（语义价、语法价和语用价），其抽象形式大致相当于人工智能领域的"框

① 现有的汉语表达中没有专门表示行为/状态的元语言代码，我们在本书中规定通过给动词加中括号的方式代表该动词所指的行为/方式。

架"或"脚本"（script）①。

客观世界的大同决定了逻辑配价具有超语言的普适性特征，生物种系遗传方面的一致性决定了人类认知的共性（共同的概念——语义结构）。因此，尽管不同民族、不同地区的人们语言表达方式各异，但经由逻辑配价投射而来的语义结构（即后文讨论的语义价）基本相同。在此意义上，我们与德国学者的逻辑配价观一致：逻辑配价是研究动词配价的出发点。不同之处在于，我们认为逻辑配价象征着客观世界，超越语言层面，而语言配价象征语言世界，是逻辑配价映射的结果。就二者的关系来看，语言配价与逻辑配价的不等价源于客观世界与语言世界的不等价：从逻辑配价到语言配价，客观事件的组成成分可以增加（增加逻辑配价中没有的部分），也可以减少（隐现/抑制逻辑配价中现存的部分）。逻辑配价、语言配价、客观世界和语言世界的交叉关系可以用图 4-1 进行表示。

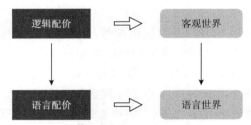

图 4-1　两类配价与两类世界的关系图

注："→"表示"投射/映射为"，"⟹"表示"象征/表征为"

与语言配价相比，逻辑配价有其固有的特性，即抽象性、静态性和不定位性。抽象性是指逻辑配价从情景事件中抽象出来并以逻辑图式（logical schema）的形式存储于个人心智中的属性，比如，一个[亲吻]（[KISSING]）事件就是由两个有生命实体（一般是人）和两张嘴接触所构成的抽象图式。静态性指逻辑配价结构一旦建立便不会随意改变，在认知里以恒态形式（constant form）出现，成为认知上的默认值，像[睡觉]事件关涉睡觉行为、睡觉的主体（事件参与者）和睡觉的处所等。不定位性指逻辑配价中的行为/状态和事件参与者之间的空间位置关系是

---

① "框架"一词最初是人工智能领域的术语，由明斯基（Minsky）提出，用于表示各种常见的常规（stereotyped）场景的数据结构（data structure），比如，一个小孩的生日宴会就是一个框架，在这个框架中有各种槽（slot）（像食物、游戏、各种礼物）可以说明该事件（宴会）的一般特征。槽与具体的填充物（filler）相关联，如表示"食物"的槽就与"蛋糕、冰淇淋"之类相关。简单地说，"框架"既包括为理解某个具体事件或场景必需的各种信息，还包括关于适合于任何槽的最可能填充物的默认信息。出于为计算机设计能理解简单（叙事）系统的需要，尚克（Schank）和阿贝尔森（Abelson）提出了与"框架"类似的"脚本"。"脚本"代表诸如"上餐馆"之类的序列事件（sequence of events），包含这样一些"槽"——或者通过关联（bind）当前场景已明晰的具体"填充物"完成填充，或者通过使默认值（default value）具体化完成填充。需要说明的是，"框架"后来运用到认知心理学被取了一个新名字"图式"（转引自 Coulson，2001）。

不确定的，它们之间只有稳固的支配和被支配的关系。譬如，[喝]事件关涉两个主要参与者（处所、方式等一般属于次要参与者），行为"喝"决定着这两个参与者的不同身份——"具有执行'喝'动作能力的主体"和"具有流体属性的可喝物"，但行为"喝"与参与者之间、参与者与参与者个体之间不存在空间上的制约关系。

　　根据平克（Pinker，1989）和沈阳等（2001）的观点，自然语言中一个动词的论元结构中最多只有三个位置，一个外部论元（一般作主语）位置和两个内部论元（大多情况下作动词、介词的宾语）位置。这种论元数目的限制与逻辑配价中的主要参与者数量是一致的。在逻辑配价结构中，动词的最低价为一价，最高价为三价。这样，逻辑配价的结构表达式就仅限于三种：$[A_1]\{P_1\}$；$[A_2]\{P_1，P_2\}$；$[A_3]\{P_1，P_2，P_3\}$。这里的 P_1、P_2 和 P_3 代表事件参与者（participant 的首字母大写形式），P 右下角的数字表示各参与者的性质和地位不同（如 P_1 往往表示参与者主体，P_2、P_3 表示受主体支配的不同客体），$[A_1]$、$[A_2]$、$[A_3]$ 代表行为/状态（act 的首字母大写形式），A 右下角的数字表示 A 的价量。具体解释如下：$[A_1]\{P_1\}$ 代表一价行为事件，其中，参与者 P_1 发出某动作或以某种状态 A 存在；$[A_2]\{P_1，P_2\}$ 代表二价行为事件，其中，参与者 P_1 对参与者 P_2 实施某种行为 A，或 P_1 与 P_2 因为行为/状态 A 形成事件关系；$[A_3]\{P_1，P_2，P_3\}$ 代表三价行为事件，其中，参与者 P_1 对参与者 P_2 实施行为 A 使之在参与者 P_3 处发生转移——进入或脱离。在语言层面 P_1、P_2 和 P_3 投射为包含语义信息和句法信息的具体价语，A 投射为具体的动词。从逻辑配价到语言配价的投射是分阶段完成的，具体的投射过程将在下面讨论。

　　逻辑配价不仅有价量的规定性，还有价质的规定性，这种规定性取决于情景事件的中心成分——行为/状态本身。也就是说，在一个具体的行为事件中，每个事件参与者到底充任一个什么样的角色是由代表这一事件的行为/状态确定的，行为/状态本身往往蕴含着潜在的参与者。反过来看，从一个具体的行为/状态自身我们既可以推知某事件有几个参与者，又可以推知有些什么性质的参与者。这种"可推知性"（predictability）最早来自我们人类的生活经验，尤其是对人体自身和周围空间的感知，是来自体验（embodied）的能力，比如，婴儿同其他哺乳动物一样生来就有主动吸奶的天性，这种"自我感知"的天性和经验为他以后认知[吃、吸、喝]一类行为事件提供了生物基础和物质前提：这类行为必须包括两个事件参与者，一个是具有[吃/吸/喝]能力的主体（人或动物），另一个是行为作用的对象——可被参与主体经由嘴传送至体内的可消化之物，像"苹果、牛奶、饮料"等。

第二节　建立逻辑配价的理论动因

一、重新确立配价的性质，界定定价的标准

研究动词配价首先自然不可回避一个最基本的问题——定价的标准是什么？这个问题涉及配价的性质。上文已谈到，过去汉语动词定价的标准分三种情况——句法的、语义的、句法-语义的。不同标准之间的差异且不用说，就是单从语义标准考察，也有不一致的地方，如文炼和袁杰、范晓等主张的语义是语法的语义平面上的"语义"，而张国宪、周国光等认为配价的语义指词语的词汇意义。这样，同为"语义"论者，由于理解的不同，结论也往往不一样（陈昌来，2002a）。"语法语义"论者坚持"价"（有的称作"向"）是动词语义结构中的支配成分或必要成分，价的确定以句法形式为依据。据此，像"吃食堂""写毛笔"之类的表达便无法得到合理解释：对动词"吃""写"而言，"食堂"和"毛笔"分别不是各自语义结构中的必要成分，不成为价，但这两个动词语义上必需的成分（可分别为"苹果""大字"）又没有出现。必须出现的没出现，不必出现的出现了，这是否意味着"吃食堂"和"写毛笔"都是不合格的汉语表达呢？"词汇语义"论者则认为动词（形容词）的词汇意义是定价的基础，词汇意义中含有多少参与者成分，该动词就是几价动词。按"词汇语义"论，"吃食堂"和"写毛笔"的问题可以解决："吃"和"写"都是二价动词，"食堂""毛笔"不是各自的配价，真正的价语在这里受到抑制。但是，"词汇语义"论遇到类似下面的问题时又显得无能为力："请教"和"求教"的词义基本相同，配价却不一样，前者有施事、受事、与事三个必有语义成分，是三价动词，后者只有施事和受事两个语义成分，是二价动词（陈昌来，2002a）。

沈家煊（2000b：291）说："评价一个配价系统的优劣，跟评价一部语法的优劣一样，应该依据三条标准：1）总括性——说明的与句子合格性相关的语法现象要尽量广泛；2）简洁性——系统要尽量简单；3）一致性——不能有循环论证和内部矛盾。"建构动词配价理论只有恪守这三条标准，才能对各种复杂的语言现象作出统一而合理的解释。在给动词定价时，我们同样主张以语义为基础，但这里的语义既不是语法语义，也不是词汇语义，而是逻辑语义。"石头死了"这样的话不能说是因为这个句子违反了语法上的语义选择限制，从根源看，主要是违反了逻辑事理，结果造成词语之间在词汇意义之间的匹配不和谐。说得简明一点，词汇意义是语法意义的基础，逻辑意义是词汇意义的基础（范晓，1993），

词汇意义来自逻辑配价。从前面的论述可知，逻辑语义寓于非语言的认知层面，可以从映射情景事件/行为事件的逻辑配价中推导出来，非语言层次的行为事件要在语言层次上表现出来必须经过逻辑配价的投射。逻辑配价在向语言投射的时候优先选择语义，再由语义投射到句法，最后投射到语用，生成现实的合适语句。具体的投射过程，我们留待下文讨论。至此，按照逻辑配价的定价标准，上面遇到的问题就可以迎刃而解了："吃食堂"和"写毛笔"中"吃""写"在逻辑配价里对应于二价行为事件——$[吃]\{P_1, P_2\}$，$[写]\{P_1, P_2\}$，从逻辑配价投射为典型语义价——吃（x，y），写（x，y），由于典型语义价在向句法价投射的过程中出现了不匹配投射——真正的价语 y 被抑制，原来表处所/方式的非价语成分 x'（分别为"食堂""毛笔"）占据价语位置/论元位置，所以"吃食堂""写毛笔"合格；"请教"和"求教"在逻辑配价中对应于同一行为事件，$[请教/求教]\{P_1, P_2, P_3\}$，从逻辑配价投射为典型语义价就是请教/求教（x，y，z），但在语义价向句法价投射的过程中发生了分离——"请教"继续典型投射，与逻辑配价、语义价一致，$NP_1 \to$请教$\to NP_2 \to NP_3$，而"求教"不典型投射，发生价语抑制（"求教"的对象即行为的受事被抑制），从而与逻辑配价、语义价不同，$NP_1 \to$求教$\to NP_3$。简而言之，类似上述不同的矛盾其实有内在的共同之处：从语义价到句法价的不同投射方式造成了不同动词的句法差异，即句法价的差异。

　　研究动词配价的第二个问题：如何按照定价标准给动词定价？这其实是定价的操作手段问题。以前的学者在定价的具体操作上存在分歧。吴为章（1993）说："'向'是动词的支配功能。决定汉语动词的'向'的因素，是在一个简单句中与动词同现的必有成分。"范晓（1991，2000）坚持"依靠动词在主谓结构中联系的名词性成分的数目"定价。马庆株（1998）主张"在最小主谓结构里"定价，与范晓的思路基本一致。周国光（1995）则与这三位学者不同，认为"不能在最小的主谓结构里确定配价，而应选取与谓词同现成分最多的配价来提取配价指数"。这里的"最多的配价形式"即最大的句法结构。不同的定价方法自然会得出不同的结果，比如"商量"一词，吴为章定为单向动词，刘丹青认为是相向动词，袁毓林认为是准双向动词，范晓则认为是三价动词。

　　引入逻辑配价的概念可以避免到底在"最小主谓结构"还是在"最大句法结构"中确定动词价量的纠葛，因为"最小主谓结构"和"最大句法结构"都是句法范畴，是语言层面的东西，而逻辑配价反映语言外的行为事件，更加真实地再现了客观事实。一个行为事件不论发生于何时何地，在每个人的感知系统中都是一样的（不同之处发生在通过认知加工进行语言再现的时候），有多少参与者以及什么样的参与者才构成一个事件不以人的意志为转移，是一种基于人类经验的客观存在。

二、主观与客观结合（或语义外在论与语义内在论结合）

语言反映客观世界，但不是对客观世界的临摹。这个论断今天听起来容易让人接受，可是一旦追溯语言研究的历史特别是语义研究的历史，我们就会发现语言学家们在各自的研究中并非都以为然。在结构主义和形式语言学时期，语言学研究一直奉行"科学主义"，认为语言是对世界的客观表达，而与人的主观领域（如情感、信念等）无关，可简称客观语言学，代表此观点的语义学可称客观语义学。近几十年来，伴随语言学界"人文主义"的复苏，特别是功能语言学、语用学、认知语法的兴起，客观语言学受到挑战。"这些新起的学派都强调，语言不仅仅客观地表达命题式的思想，还要表达言语的主体即说话人的观点、感情和态度。"（沈家煊，2001：269）在语义学领域，对语言的语义研究大致分为两派：语义外在论和语义内在论。前者以柏拉图（Plato）、维特根斯坦（Wittgenstein）、罗素（Russell）、弗雷格（Frege）、塔斯基（Tarski）（真值条件语义学）、戴维森（Davidson）、卡尔纳普（Carnap）（内涵语义学）、蒙塔古（Montague）（内涵逻辑）、巴瓦伊斯和佩里（Barwise & Perry）（境况语义学）为代表，后者以索绪尔（Sausure）、乔姆斯基（Choamsky）、莱考夫（Lakoff）等为代表。概括地说，语义外在论认为语言是客观世界的一面镜子，语义代表外界事物在人脑中的客观反映，研究语言的真值条件就是研究该语言的语义，否认主观因素（如感知、体验、认知、想象）在语义形成中的作用；语义内在论则把语言视为一种纯粹的心理/心智现象。按乔姆斯基的观点，"人生下来就有一种潜在的意念和思想，就好像是'沉睡着的思想'，在后天的语言环境中不断受到词语符号的刺激就能被'唤醒'，根本不需要外在论所说的什么'意义上的所指'"（王寅，2002：26）。本书在语义观的选择上倾向于后者——语义内在论，但又不完全认同乔姆斯基的思想，倒是在很多方面与莱考夫、兰盖克（Langacker）等为代表的认知语言学家主张的体验内在论更接近。在我们看来，语言既要能反映客观世界的面貌，又要能揭示人在生成、理解语言的过程中所表现出的主观能动性。以此为基础，语言的语义必须体现客观事件存在的真假（对应于语句的真值条件），同时表现出主观认知的参与作用，即语义的体验认知基础。

上文提出客观世界与语言世界的区分其实就是着眼于语言本身的两面性——客观性和主观性，只有把主观和客观结合起来才能真正揭示语言的本质。基于逻辑配价的动词配价理论试图以此为基础构拟出语言生成的全过程。在这个理论中，逻辑配价对应于客观世界，反映一个行为事件 A 与另一个行为事件 B 到底如何区分出来；语言配价对应于语言世界（客观世界与主观世界以加合的方式形成语言世界），可以分为不同的层次——语义价、句法价和语用价。逻辑配价首先投射为语义价，再由典型语义价投射到句法层面生成句法价（直接的匹配投射生成典型句法价，间接的不匹配投射生成不典型句法价），语义价、句法价合一后经过语用投射生成语用价。如上所述，语义价、句法价是静态的配价，生成的语句是抽象句，反映的是客观世界的真假命题，如"我写论文"；语用价是动态的配价，生成的语句才是我们日常生活中的实际话语，如"我写了论文""论文我写了""论文写了""我写了""论文写了"。由此可见，语用价以语义价、句法价为基础，但并不总是等同，其中增/减的部分就是我们通常说的语境。

为什么说语义价、句法价是静态的而语用价是动态的？逻辑配价是动态的还是静态的？这两个问题我们在下面作出回答。

三、静态与动态的结合

所谓静态指既存状态相对不变，表现出稳定的趋势；所谓动态指既存状态不定或容易受外来因素的影响而改变，呈现出变动的趋势。就语言自身的特点来看，它既是静态的又是动态的。与此相匹配，动词配价理论也应该反映出这种两面性。逻辑配价为静态配价，语言配价既有静态配价——语义价、句法价，二者合一构成语义–句法价，又有动态配价——语用价。这种规定性不是任意的，其出发点在于：根据唯物辩证法，世界的运动是绝对的，静止是相对的，但人们在认识世界的过程中往往从静止的现象开始，以静观动，致力于静与动的结合。把逻辑配价视为静态配价有利于说明世界是相对恒定的，作为认知主体的人因此能够把握并借助语言表达世界；语义价、句法价作为逻辑配价的投射对象被确定为静态配价可以直接反映客观世界的真值，并成为语言习得的基础——语言中的稳定部分；语用价称作动态配价属于名副其实，因为现实交际中的话语往往与语义价、句法价有出入（详细讨论见下文）。简单地说，客观世界里的逻辑关系，语言世界里的语义、句法关系是相对不变的，而语言世界里的语用关系是相对变动的，明确这种动静之分就是明确动词配价的研究思路：先从"不变的"语言现象中把握汉语语言常规（也应该是自然语言之常规），再以此为依据探寻不断变化中的语言演变规律，达到描述和解释语言全貌之目标。从语法研究的总体格局看，动词配价的动静之分也符合语法研究的三个平面（胡裕树、范晓，1985）的思想：动词句法价、语义价属于静态配价，动词语用价属于动态配价。

从语言研究的方法论看，静态配价与动态配价的结合实质上反映了共时研究与历时研究的结合。仍以动词"吃"为例。在逻辑配价里，"吃"的配价结构对应于一个二价行为事件，在语言配价中优先投射为典型语义价——吃（施事，受事），再投射为典型句法价——吃（NP_1，NP_2），所以"民工吃水果"显示出了该结构在逻辑、语义和句法三个层次上的高度和谐一致，自然代表了动词"吃"

的最基本的配价结构。由此可见，逻辑配价、典型的语义价和句法价似乎是配价中的最稳定成分，以汉语为母语的说话者在看到或听到"吃"这个词时首先会在大脑中激活这一成分。这是本书在中篇部分有待经过实验证明的一个主要观点。需要指出的是，我们在此谈论的动词"吃"的配价只是立足于语言的共时平面，若从语言发展的历史看，"吃"的配价结构不限于这种，具体表现在两方面：一是自六朝以来，"吃"所带宾语有逐步扩大的趋势——"工具""处所"类非价语成分进入价语位置，如"管山吃山，管水吃水""原来这倪二是个泼皮，专放重利债，在赌博场吃闲钱"（转引自陶红印，2000：32）；二是"吃"的配价结构出现历史性的收缩，即语义外延变窄——早期的"吃"包括现代汉语中的"吃"和"喝"（但在现在的某些方言中有所保留，如吴方言中说"吃烟/酒/茶/汤"），早期近代汉语中表示"接受、挨、招致"等被动义的"吃"在现代汉语中不再活跃，"吃"表原因的用法在现代汉语中消失（陶红印，2000）。历史的印迹可以抹掉也可以顺延流传，语言也不例外。无论过去还是现在，"吃"的静态配价没有改变，"受事"一定是"可食物"，"吃食堂/大碗"中的"食堂/大碗"之所以能取得受事地位并有固定为句法价的趋势是因为它们在认知上与典型受事"可食物"联系紧密——[吃]事件中除了[吃]的主体和客体"可食物"之外，最凸显的就是处所、工具或方式。对照共时和历时事实，可以看到动词"吃"的配价演变规律在很大程度上反映了动词配价的一般规律：一是无论动词如何演变，其静态的配价结构一般是不变的，表现出典型性效应——语言建构的典型事件是不变的，语言中的典型范畴是恒定的。二是配价结构的变化主要体现为价语性质的变化，特别是语义性质的变化，但这种变化是有序进行的——非价语与典型配价结构在认知上的距离越近，关系越密切，转变为价语的可能性越大，被继承沿用的可能性也越大；反之，离典型配价结构的认知距离远，关系疏远，改变身份的可能性小，即使被选用为价语，也会很快丧失地位而不会变成稳定的配价结构。在下文的典型配价与不典型配价的比较中将提供更多的语言事实，这里暂不详述。

静态研究和动态研究必须结合起来，仅仅研究静态配价不能解释语言变化中呈现的多样性，一味研究动态配价又找不到可供参考的依据。过去的研究多以静态研究为主，常囿于已有的理论圈子，对有些动词的配价性质拿不定主意，譬如，"死""跑"是一价动词，为什么在句法上却可以带宾语或者说在句法价上表现为二价动词呢？现在，我们把配价的动态研究和静态研究结合起来，解释充分性就多了，以"张三死了爸爸"为例："死"的静态配价是一价，所以"张三死了爸爸"中只能有一个参与者角色。"死"的静态配价结构是"死（x）"，而"张三死了爸爸"的句法价却是"死（NP_1，NP_2）"，明显与其静态配价结构不合，原因何在？如果只看到配价结构的静态的一面是难以作出圆满的解释的，现在把配价结构的动态的一面也纳入考虑之中，问题就容易解决了。按照原型范畴理论，语义结构"施事—动作—受事"与句法结构"$NP_1+V_t+NP_2$"之间的对应反映了一个典型的事件模型，其中的 NP_1、NP_2 分别代表典型的主语和宾语。然而，在言语交际中，范畴中的成员地位会发生动态的变化，原来非典型的成员会逐渐取得典型成员的角色，从而导致原型发生扩展。句法结构"$NP_1+V_i+NP_2$"的形成就是这种扩展的结果，用刘正光、刘润清（2003）的说法，该结果是"非范畴化"所致——某范畴在一定语境下逐渐失去其典型特征。"$NP_1+V_i+NP_2$"产生于"$NP_1+V_t+NP_2$"的"非范畴化"：当 V_i（不及物动词）在转换中取代 V_t（及物动词）的时候，NP_1、NP_2 的典型"施事、受事"地位被削弱，"及物性原型特征的消失，使及物与不及物从及物性连续体的两端接近了连续体的中间状态，使得不及物动词带宾语成为可能"（刘正光、刘润清，2003）。袁毓林（2004）对此类现象从句式套用和动词代入的角度作出了解释，可谓殊途同归："典型动词的论元结构被结构包装之后，这个结构（或称句式）也就获得了原型的格式意义并且句式作为一种形式和意义的配对具有相当的模塑性，它能把那些在语义上跟句式意义不同、但是又不相抵触的动词吸收进来……'死、飞'类动词代换了典型的'失去、损失'类动词、而进入'NP（E）+V+NP（Th）'句式。"这种代换的直接动因是表达的精细化，凸显了配价的语用变化。

　　由此可见，"张三死了爸爸"中的动词"死"是不及物动词，"张三"自然不能成为"死"的施事性主语，死去的人只能是"爸爸"，与人们的语感一致。在特定的语境中，说"张三死了爸爸"而不说"张三的爸爸死了"除了语言的经济性考虑外（后者多出了一个"的"，说话人付出的代价更大），更重要的是为了传达言外之意——"张三"蒙受了损失，说话人意在凸显"张三"的施事者地位，类似更详细的讨论可参见沈家煊（2000b）。这样就很清楚："死"的静态配价不变，对应的配价结构是 V（x），其语义价 V（感事）和句法价 V（NP）一一对应，属于不及物性结构；"张三死了爸爸"所反映的句法价 V（x，y）为二价，这是在动态的言语交际中发生语用增价的结果（关于动词增价详见后文）。说话人为了使真正的感事"爸爸"成为话语的焦点，借用及物性句式让领有者"张三"与领有对象"爸爸"分离，分别占据了主语和宾语位置，但"死"的实际对象保持不变。

　　动词配价理论要充分反映言语生成的全过程就务必将不同层次、不同层面的配价整合，走非语言到语言、静态到动态的研究路线。

四、研究方法的更新："自下而上"和"自上而下"的有机结合

　　科学的方法论一般分为两种："自下而上"和"自上而下"。前者表示在进

行科学研究时先研究局部后深入到整体,是从微观到宏观的研究思路;后者表示先把握整体后研究局部,是从宏观到微观的研究思路。在语言学研究中,这两个术语代表相对的程序或模型,"自下而上"指"从一个层级中最小的功能单位开始逐次组合成较大的单位","自上而下"即"从高层次单位开始逐渐分析到最小单位",就语法而论,从语素/词开始的模型是"自下而上语法",从句子、小句或某种话语单位开始的模型是"自上而下语法"(克里斯特尔,2000:44)。两条研究思路各有优劣,到底如何选择要根据研究对象的具体情况而定。语言学研究的历史表明,这两种研究思路都具有可行性,不过从具体的研究实践来看,"自下而上"的研究比"自上而下"的研究更多一些。

过去,汉语动词的配价研究顺应语言研究的大潮,也多采用"自下而上"的处理方法。按以往多数学者的观点,只要把一个动词(或形容词)的价语数量和价语性质弄清楚了,该动词的配价情况自然也就明白了,按配价要求生成的语句就合格了。显然,这种研究"只考察价载体对价语的支配能力,试图通过对谓词配价能力的描写来推导和说明句子的合法性"(张国宪,2002:30),把动词的配价能力等同于该动词可生成句子的能力。从上文的讨论可知,如果只研究动词配价的静态一面,这种"自下而上"的研究思路或许足以达到描述充分性和解释充分性——从逻辑配价出发得到的动词的词汇意义是定价的基础,汉语语言交际中所必需的基本句式正是依据该意义生成的。但是,语言是变化的,动词配价的描述不能忽视这种动态性,只有对实际话语作出动态的解释才能反映出语言的真实面貌。

话语是基本的交际单位,或为句子,或为短语,或为词。从理论上讲,话语是无限的,可构成话语的结构是有限的。因此,通过研究有限的话语结构无疑可以达到把握语言(话语的总和)基本规律的目的。这种研究主要是通过话语的结构形式来考察动词及其价语的配置情况,因此代表了"自上而下"的研究方法。按构式语法的观点,语言中的任何一种构式(包括各种短语和句子结构)都与一定的功能相对应。各种各样的句式作为不同的构式代表不同的心理完型(gestalt),具有不同的意义——句式义。句式义是句式本身表现出来的整体义,不是组成句式成分的意义之和,因此句式的语义-句法特征往往不能够按词汇语义规则自然推导出来,如典型双宾语结构的句式义"有意的给予性转移"(张伯江,1999)就不能从双宾语动词和两个宾语的词汇特征推知。可见,动词的配价研究不能忽视动词所依存句式的研究,句式有其固有的句式义。从句式/构式出发研究动词配价是逻辑配价的直接要求,因为逻辑配价源自现实事件,而事件在语言中一般通过各种各样的句式表现出来。动词配价包括基于动词词汇特征的词汇配价和基于具体句式的构式配价,二者不可或缺。

词汇是语言的基本单位,动词是构建句子的核心。既然本书聚焦于动词配价,我们在构拟动词配价理论时亦沿用学界提出的动词中心论，即对动词配价的考察从动词自身出发，先考察其自身的词库特征（如词汇语义特征、次范畴和题元框架等），再延伸到与之组配的各类成分（即本书的价语），最后在联系语用条件的前提下落实到现实的句法表达。这是从点到面、从微观到宏观的研究模式，即"自下而上"的配价研究路子。

　　总而言之，动词配价研究不仅要研究动词的词汇语义，还要研究动词进入特定句式后的句式义，因为动词的词汇意义会受到句式义的制约。本书的目标是力图做到"自下而上"和"自上而下"的有机结合，充分整合基于词汇语义的配价研究和基于句式义的配价研究。

第三节　逻辑配价的投射

　　任何一个话语单位都是句法、语义和语用的结合体，既反映出正确的语法规范，又体现出说话人的语用意图。语言规律的探讨可以在不同的平面上展开，但要全面揭示语言发生、发展的事实就必须把不同层面的东西结合起来，以胡裕树、范晓为代表的"三个平面的语法观"就是这种结合的范例。与他们倡导的句法、语义和语用三个平面一致，本书在研究语言配价的时候区分句法价、语义价和语用价。上文提到了这三种价，但未加以定义，在此专门作出限定。

　　语义价是语义上自足的配价——动词和搭配成分语义相容，不违背逻辑常规；句法价是句法上自足的配价——动词和搭配成分的结构位置恰当（即 V 前还是 V 后，是否借助"把、被"等语法标记）；语义-句法价是语义价和句法价的有效兼容，即语义相容、句法合格的配价，属语言层面静态配价的研究范畴，是我们研究动词配价的重点所在；语用价是以句法、语义为基础但因考虑使用者因素又可能出现变价的语义-句法价，它反映言语发生的真实状况。不过，"三个平面的语法观"是以句法为起点，通过句法连通整个汉语语法系统，按范晓等学者的观点，"三者之中，句法是基础，因为语义和语用都要通过句法结构才能表现，而要了解语义或语用，也往往离不开句法结构"（胡裕树、范晓，1985）。从语言加工视角看，这种句法至上观反映的是语言输入的情况，即听者/读者对输入语言刺激的加工过程：当一个人听到一组音（a sequence of speech sounds）或看到一组字符时，他的首要工作是辨识和分析语音组合/字符组合的可接受性；如果组合是可接受的（不合格组合就被反馈到检测系统进行处理，心理学上叫作缓冲器（buffer）），则将组合投射到语义层面，进行句法-语义分析，句法-语义分析合格（不合格者进入 buffer 系统）就进入语用分析，直到最后完成语用分析才做出判断"这句话/

短语是/不是合适的"。假设从说话人的视角入手，情况正好相反：说话人在说一句话或写一句话之前必须先有思想，用认知心理学的说法就是先建立起概念结构（conceptual structure）。概念结构的建立过程相当于本书所说的逻辑配价的建构过程——我想表达一个什么样的行为事件？是商场购物还是海边漫步？不同的事件中分别有哪些参与者？诸如此类；然后进行语义建构——如果是"商场购物"，[购买]的操纵者投射为施事，[购买]的对象投射为受事，[购买]的处所投射为处所，等等；接着根据语用需要把语义角色投射到合适的句法位置；最后用嘴说出或用手写出各式各样的现实语句——"李老师在商场""李老师在商场买东西""李老师在买东西""李老师在逛商场""李老师去商场了""李老师不在商场"等。诚然，在进行语言研究时要考虑到说话人和听话人双方的情况，只有结合刺激输入和输出两方面的信息才能全面揭示语言加工的系统机制。基于此考虑，我们主张动词配价研究应该始于语义，把句法看作是语义的载体，一个句法结构的语义既包含组成该结构成分的词汇义，也包含该结构自身的构式义（即整体义）。因此，语法研究的顺序应该是从语义到句法，最后到语用。这是一种基于说话人视角的研究路线，正好体现了本书的一个重要研究目标——揭示言语生成的配价规律。当然，这并不意味着本书忽略基于听话人的语言加工过程，后文的实验研究很大一部分其实就是考察听者/读者的语言理解情况。

在讨论动词配价的投射之前有必要说明一点，客观事件是五彩缤纷的，但建立逻辑配价所依据的事件是客观世界中的常规事件，也就是基于现实生活的一般场景。上节已经提到，要把人脑反映客观世界的认知过程和结果在语言层面再现出来必须经过投射，与静态配价和动态配价相对应，投射亦区分静态投射和动态投射。静态投射的操作分两步，第一步是将逻辑配价投射为语义价，第二步是将语义价投射为句法价。在此，需要进一步指出，静态投射是一种绝对直白式的（straightforward）投射，投射中不增减任何成分，如一个二价行为事件[A]（P_1，P_2），行为本身投射为动词 V，一个事件参与者投射为行为的主体 X——施事，另一个事件参与者投射为行为的客体 Y——受事，语义价就是 V（X$_{施事}$，Y$_{受事}$），语义价投射为句法价就形成线性序列"X$_{施事}$+V+Y$_{受事}$"，用当代语法研究中惯用的表达就是 NP$_1$+V+NP$_2$，代入具体的词类成分就生成诸如"他吃饭""我写作业"之类的句子。这种经历静态投射生成的句子只是抽象句，虽然揭示了动词与价语之间的基本关系，但还不足以满足交际的现实需要。要使抽象句变成现实交际中的话语必须经过二次投射——语用投射，投射的过程中除了填充合适的时体成分（本书不做具体探讨）外，主要受到事件透视域（即说话人看待客观事件的认知视角）的制约——什么样的参与者必须在句法上表现，什么样的参与者不在句法上表现，什么样的参与者在句法上表现与否是两可的。简而言之，静态的抽象句只有经过语用投射才能生成动态的现实句，因透视域的作用，配价结构可能发生变化，引起价语的增减，这就是为什么抽象句的配价结构与现实句的配价结构通常不等价。

　　综合上文描述，本书把基于逻辑配价建构的汉语动词配价生成过程概括为图 4-2。宏观上，整个配价由非语言层面的配价和语言层面的配价构成，前者代表逻辑配价，经由现实事件投射而来，后者是逻辑配价投射的结果。在从逻辑配价向语言配价投射的过程中，遵循一个特定的顺序，即逻辑配价先通过语义投射生成语义价，语义价通过句法投射生成句法价，语义价和句法价合一生成静态句，静态句通过语用投射生成语用价，对应于表层的动态的现实语句（简称动态句），即我们实际使用的句子。无论语义投射还是句法投射，都存在典型和不典型之分，派生出相应的[±典型语义价]和[±典型句法价]。一般情况下，[+典型语义价]投射成[+典型句法价]，[-典型语义价]投射成[-典型句法价]。其中，图 4-2 表示以逻辑配价为起点的总体配价模式：逻辑配价首先经过语义投射生成语义价，语义价经过句法投射生成句法价，句法价和语义价合一形成静态句，静态句经过语用投射生成语用价，实现为动态句；图 4-2 中的语义投射反映语义价的具体生成过程，[-典型语义价]表示"不典型语义价"，[+典型语义价]表示"典型语义价"；图 4-2 中的句法投射反映句法价的生成过程，[+典型句法价]表示"典型句法价"，[-典型句法价]表示"不典型句法价"。

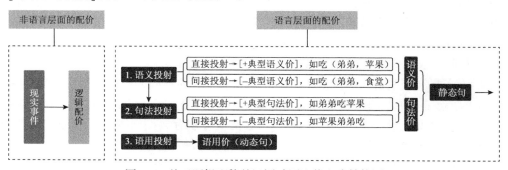

图 4-2　基于逻辑配价的汉语动词配价生成结构图

第五章

典型配价与不典型配价

　　认知语言学中经常提到的典型性，如果从非专业性的角度解释，其实就是一种常规性。李宇明（2003）在谈到儿童词义的发展时曾区分三种类型的词义（日常词义、科技词义和文学词义），其中日常词义是"在典型的日常语言环境中人们所使用的词的意义"。从配价的角度看，日常词义是构成典型语义价的核心和基础，它促成动词和名词之间的匹配显示出常规性。这种常规性代表着动作和事物之间蕴含的常规联系（类似于我们所说的逻辑配价），"这种常规联系，为说汉语的人所共同认识和共同接受"（邢福义，1991：77）。不典型性是与典型性相对的一个概念，表示某范畴在常规性方面有较低的量度（dimension）或者说缺少常规性。本书所说的典型配价与不典型配价就是建立在这种常规性的区分之上的，反映了汉语母语者的认知共性。

　　语言配价是逻辑配价投射的结果，因投射方式的不同，投射的结果自然不一样。为描述的需要，本书把这种不同的结果进行二分（binary cutting），称为典型配价与不典型配价。这样，语义价和句法价就分别有典型/不典型语义价和典型/不典型句法价之分，如图5-2所示。

　　典型语义价是指动词的必有题元可以直接从动词自身的语义蕴涵中推导出来，因而与动词在语义关系上保持高度匹配（相融），如"吃（弟弟，苹果）"；不典型语义价指动词的部分必有题元发生了变化，表层的语义关系偏离了常规，如"吃（弟弟，食堂）"。这种偏离由隐喻或转喻机制触发，一般也不会引起识解困难。

　　"对论元重新排序聚焦于或彼论元或此论元，可能影响语句的修辞结构，但不改变语句为真的条件。"（Dalrymple，2001：13）这意味着同一语义结构可以实现为不同的句法结构。按结构主义和生成语法的说法，这些句法上的不同结构是经由"变换"（transformation，哈里斯语）或"移位"（movement）从同一底层结构派生出来的，底层结构象征语义结构。不经历"变换"/"移位"的句法结构直接对应语义结构，可看作是语义结构的直接投射，我们把这类句法结构称作典型句法结构，即典型句法价。与之相对，必须经历"变换"/"移位"或增加词汇标记（如"把、被"等）的句法结构是语义结构间接投射的结果，因而代表了不典型句法结构，称作不典型句法价。

总体说来，典型配价是直接投射的结果，投射的主体与被投射的客体一一对应，即逻辑配价中的动作/状态在语义价中投射为动词，参与者投射为各种不同的语义角色/题元角色（如施事、受事、工具、处所等），在句法价中题元角色投射为句子的主语和宾语，即 SV、SVO 或 SVO_1O_2 序列。根据道蒂（Dowty, 1991），典型施事和典型受事自然是很多动词的典型语义价，但反过来未必如此——动作/行为的特殊性决定主要参与者的特殊性，映射到语言层面就反映出配价的特殊性。譬如，二价动词"住"牵涉两个事件参与者（[住]事件的实施者"人"和[住]事件的施为对象"处所"），因而在句法上可以直接投射为"哥哥住二楼"这类典型句法价，尽管"二楼"不是典型的受事。

与典型配价相对，不典型配价是间接投射的结果。在从逻辑配价到语义价的投射过程中，逻辑配价中的次要参与者取代主要参与者投射为必有题元角色（obligatory thematic role）或题元角色的主要参与者发生了性质的改变（如发生隐喻化，"埋下种子"vs."埋下祸根"），在句法上一般占据主语、宾语位置，形成不典型语义价。不典型句法价则是因为语义价里的必有题元角色不是/不全是直接投射为句法上的主语、宾语，而是发生了变换/位移（如从动词后移到了动词前）和/或增加了标记词（如"被、把、向"等），像 V+NP 变成了"NP+V"，NP_1+V+NP_2变成了"NP_1+把 NP_2+V"等，具体细节在下面讨论。

按动词中心论，任何动词都可看作是一个特定事件的表征。无论价量或高或低，每个动词都负载着特殊的语义、句法规定性，在语用中的表现也不尽相同。因而，一、二、三价动词就呈现出不同的典型配价与不典型配价。

第一节 一价动词的典型配价与不典型配价

一价动词的配价结构（简称一价结构，二、三价动词的配价结构分别叫作二价结构和三价结构）由一价行为事件投射而来，根据前面给出的定义，一价结构由一个动词和一个价语组成，表示为 V（x）。因此，一价动词的典型语义价可以抽象为[AV]，这里的 A（actor or agent）代表行为/状态得以发生/形成的主体，就是唯一的价语，可理解为广义的施事（如细分的施事、感事、系事、对象等）。实质上，因为 V 的类别不同，A 的性质也不一样。当 V 为动作动词时，A 是施事；

当 V 为性状动词时，A 是系事；当 V 是心理动词时，A 是感事（陈昌来，2002a：83-97），比如：

（6-1）犯人逃走了/工人们劳动。（犯人/工人们：施事）

（6-2）小王落选了/圣火熄灭了。（小王/圣火：系事）

（6-3）这孩子很懂事/我们都很生气。（这孩子/我们：感事）

当一价结构 V（x）中的 x 不经过逻辑配价的直接投射成为 AV 中的 A 时，价语的性质便发生了改变，语义价也就变得不典型。从观察中我们发现，一价结构的不典型语义价的主要动因是动词的论元位置被经过拟人化的伪价语占据（如"山河在流泪"）。按认知语言学的观点，拟人化是广义隐喻的一种，我们在"配价的隐喻、转喻机制"部分再作详细阐述。

作为一条基本规律，可有题元角色不仅要占据主语、宾语位置而且要取得部分的施事/受事角色资格（通过后文要谈到的"隐喻化和转喻化"途径）才有可能成为价语。一价语义结构只有唯一的必有题元角色，其地位从来不可动摇，否则一价行为事件就不能存在。譬如，可以把"犯人逃走了"扩展成"犯人昨天从保卫处逃走了"，扩展后的句子中增加了可有题元角色"昨天"和"保卫处"，但这两个角色皆不具备提升为必有题元角色的资格，所以汉语中就没有"昨天逃走了"/"逃走了昨天"和"保卫处逃走了"/"逃走了保卫处"之类的话语表达。

一价动词的句法价由其对应的语义价投射而来，按理不应有典型与不典型之分，但如前所述"同一语义结构可以实现为不同的句法结构"，所以一价结构同样存在典型句法价和不典型句法价之分。从逻辑配价出发，一价动词的典型句法价是 NP+V，不典型句法价是 V+NP。同样因为动词自身的属性差别，在一价结构的三类动词中只有动作动词有 NP+V 和 V+NP（如存现结构"门口停着一辆汽车"）两种配价形式，而性状动词和心理动词只有 NP+V 一种配价形式。即是说，一价性状动词和心理动词的句法价唯一，不存在典型与不典型之分，或者说，这两类一价动词只有典型句法价而无不典型句法价。

既然 NP+V 是典型句法价，V+NP 是不典型句法价，我们也就可以认为后者是由前者派生的，而且持这种观点似乎与我们的语感容易保持一致，比如：

（6-4）老张站在树下。→树下站着老张。

（6-5）很多客人来了。→来了很多客人。

（6-6）几个孩子躺在地上。→地上躺着几个孩子。

但是，有人不赞同这种观点（徐杰，2001），其理据是生成语法理论中的"名词短语移位"（NP-movement）原则——名词移位都是上升的，即从动词的右边往动词的左边移动，而不可能出现方向截然相反的移动。这样推论的结果正好与我们的相反，V+NP 是基础的，NP+V 是从基础派生的。到底是语感正确还是理论推导正确，最终需要基于语言的神经心理学实验来检验。我们在此提出一价动词的句法价 NP+V 是基础的，V+NP 是派生的，不是仅为了理论上的标新立异，而是觉得（除了语感因素外）这样处理更能对一价动词的复杂句法现象作出统一的解释。比如，一价动词只与一个价语相关联，为什么又能以二价动词的典型句法价形式出现呢？如果说名词移位只能"从右至左"，"小王的一条腿断了"是从"断了小王的一条腿"这一"底层结构"派生而来的吗？

另外，很多情况下，一价动词不是以 NP+V 或 V+NP 这类句法价表达，而是以二价结构（句法价为二价）NP_1+V+NP_2 出现的，除了这里举的例子外，还有汉语中的存现句（如"门口停着一辆车"）和分裂式领属结构（如"张三死了爸爸""老张聋了一只耳朵"）。这些都是动词变价的情况，留待"配价连续统"部分去讨论。但一价动词的句法价变化在此仿佛反映出一个规律：从配价结构的句法实现方式看，一价动词有向二价结构靠近的趋势。在下文的分析中，还可以看到这一趋势同样在三价动词上表现出来——三价动词也常以句法变异形式"二价"表达。这似乎暗示着，二价动词是动词中的典型，二价结构是动词的典型配价结构。

第二节　二价动词的典型配价与不典型配价

二价结构 V（x，y）在逻辑配价中由一个行为/状态和两个主要参与者构成，在语义价中映射为一个动词和两个必有题元角色。二价动词的典型语义价可以抽象为[AVP]，其中题元角色 A 可以是施事，也可以是感事，即上文所谓的广义施事；V 表示动词，P 可以是受事，也可以是结果或处所，按学界习惯称作广义受事。实验心理学已经证明"施事在前，受事在后"与人们对事件的认知习惯一致，具有很大的心理现实性，理论语言学也认定语义结构"施—动—受"是汉语的无标记语序（如石毓智，2001），所以[AVP]是无标记的语义价——典型语义价，可以达成共识。[AVP]直接投射便形成典型句法价，二价动词的典型句法价是NP_1+V+NP_2，这里，NP_1 由施事 A 投射而来，在句法上充当主语，NP_2 由受事 P 投射而来，在句法上充当宾语。典型句法价是现代汉语中的无标记句法结构，比如（朱晓亚，2001：26）：

（6-7）二狗子正在揍他媳妇。
（6-8）后面的人老推我。

（6-9）我拆了那条破被子。

（6-10）他变卖了家里所有的东西。

　　二价动词的不典型语义价指语义价中的题元角色的典型性发生了变化，改变了原来的施受关系。具体又可以分两种情况：一种情况指逻辑配价中的主要参与者 P_1/P_2 在投射的过程中因为隐喻、转喻机制的作用发生了性质上的变化，改变了与行为/状态之间的原有常规关系，如从具体变得抽象，从特殊（个体）变得一般（类属），如从"我们播种了玉米"到"我们播种了希望"、从"同学们在表演舞蹈"到"同学们在表演节目"即属此类。另一种情况指逻辑配价中的主要参与者 P_1/P_2 在投射的过程中受到抑制（suppressed），次要参与者因承袭 P_1/P_2 的部分语义特征而取代了其地位，如从"吃米饭"到"吃食堂/大碗"就属这种情况。我们把第一种不典型语义价叫作 A 类，由隐喻机制所致，第二种不典型语义价叫作 B类，由转喻机制所致，分别举例如下。

　　A 类（隐喻机制的结果）

　　（6-11）我们要尊重知识。（对比：我们要尊重人才。）

　　（6-12）他们遇到了麻烦。（对比：他们遇到了校长。）

　　（6-13）村民在躲避灾难。（对比：村民在躲避轰炸。）

　　B 类（转喻机制的结果）

　　（6-14）小明在听耳机。（对比：小明在听音乐。）

　　（6-15）王老师教大学。（对比：王老师教数学。）

　　（6-16）女儿在织毛线。（对比：女儿在织毛衣。）

　　还有一类（不妨叫 C 类）与 A 类相似但又不同于 A 类，如"吃回扣/丈人""喝西北风"等，因为隐喻的作用，动词原有的配价结构发生了改变，这种改变既有动词词汇语义的改变（如"喝西北风"中的"喝"不同于"喝稀饭"中的"喝"），也有价语性质的改变（如"吃回扣/丈人"中的"回扣/丈人"都是行为的方式，是不典型的价语）。有关问题留待"配价的隐喻机制"部分作专门探讨，这里集中讨论 A 类和 B 类及其投射。

　　语义价（包括典型语义价和不典型语义价）经过直接投射产生典型句法价，经过间接投射产生不典型句法价。上面所举的二价语句都属典型句法价，在结构上共享 NP_1+V+NP_2。二价动词的不典型句法价主要包括以下六种配置格式：NP_1+NP_2+V，NP_1+把 NP_2+V，$NP_1+PP+NP_2+V$，NP_2+NP_1+V，NP_2+被（NP_1）$+V$，NP_2+V+NP_1，其中 PP 代表介词（下文同），分别举例如下。

　　NP_1+NP_2+V：

　　（6-17）我们午饭吃了。　　　　　（6-18）张权笔试考了。

NP$_1$+把 NP$_2$+V：

（6-19）妹妹把衣服洗了。　　　　　（6-20）弟弟把绳子绑好了。

NP$_1$+PP+NP$_2$+V：

（6-21）我们为人民服务。　　　　　（6-22）她跟邻居吵起来了。

NP$_2$+NP$_1$+V：

（6-23）火车他没赶上。　　　　　　（6-24）作业老师明天批改。

NP$_2$+被（NP$_1$）+V：

（6-25）窗户被（同学）关上了。　　（6-26）秘密被（他）泄露了。

NP$_2$+V+NP$_1$：

（6-27）一瓶酒喝了三个人。　　　　（6-28）一匹马能骑两个人。

　　按陈昌来（2002a）的观点，二价动词分为动作动词、致使动词、心理动词、性状动词和关系动词五类。各小类在内部语义特征方面的差异决定了二价动词的不典型句法价不完全相同。说得更具体一点，有的二价动词可以进入这里的大多数句法价结构式，而有的动词仅进入其中的一个或几个，甚至不能进入。通过比较，我们发现这里有两条基本规律制约着一个动词到底能进入多少个不同的句法格式：一是典型语义价比不典型语义价对应的句法格式多，二是动作性越强的动词能进入的句法格式越多，其对应的句法价也越多。

　　二价动作动词是二价动词中动作性最强的一类。以"洗"为例，"妹妹洗衣服"是典型语义价（和典型句法价）的代表，所以动词"洗"能进入NP$_1$+NP$_2$+V，NP$_1$+把NP$_2$+V，NP$_2$+NP$_1$+V和NP$_2$+被（NP$_1$）+V等四种格式。此外，虽然二价动词是动词中成员最多的一类，因为语义特征和动作性的差异，不同的二价动词在进入不典型句法价时也表现出不一致。譬如，有的二价动词进入的不典型句法价结构式很有限，表示位移的动作动词能进入NP$_2$+NP$_1$+V（上海他已经到达）但不能进入别的结构式即是例证。

　　与二价动作动词相比，二价性状动词的动作性相对较弱。以"遇到"为例，"他们遇到了麻烦"是不典型语义价（和典型句法价）的代表，因此动词"遇到"进入不典型句法价时受限，只可进入NP$_2$+NP$_1$+V和NP$_2$+被（NP$_1$）+V两种格式，而且在语用中单独出现的语境也有限，比如"麻烦他们遇到了"/"麻烦被（他们）遇到了"似乎很少能单独站得住脚，而"衣服妹妹洗了"/"衣服被妹妹洗了"则不大受约束。

　　二价致使动词的动作性也强但比二价动作动词弱，所以都能进入 NP$_1$+使NP$_2$+V，如"双方使关系断绝了""雷声使小王惊醒了"（陈昌来，2002a：141）。部分致使动词还可以进入 NP$_1$+把 NP$_2$+V，NP$_2$+NP$_1$+V 和 NP$_2$+被（NP$_1$）+V$_1$ 等三种句法格式，如"司机把汽车开动了""矛盾他们已经缓和了""敌人被突击队瓦解了"。

二价心理动词的动作性总体上看比二价动作动词弱但比二价性状动词强，所以大多能进入三种句法格式 NP_2+NP_1+V，对 NP_2+NP_1+V 和 NP_1+对 NP_2+V，如"（对）看足球大家都喜欢""同学们对刘老师都很尊敬"等，少数动作性较强的心理动词还能进入 NP_2+被（NP_1）$+V$ 和 NP_1+把 NP_2+V，如"宋经理的话被他听见了""我把你说的话忘记了"。

二价关系动词（如"是、如、有、等于、姓、属于"等）表示两事物之间的某种关系，动作性最低，基本上不能进入不典型句法价格式，唯一的例外动词"是"可以进入 NP_2+V+NP_1，而且以 NP_2 与 NP_1 具有语义上的同位等价关系为前提，如"北京是中国的首都"="中国的首都是北京"。另外需要说明的是，不典型句法价格式 NP_2+V+NP_1 和对 NP_2+NP_1+V，NP_1+对 NP_2+V 一样，所适合的动词数量极少。

至此，我们可以根据不同二价动词在不典型句法价中的句法表现总结出这样一个优先序列：

动作动词＞心理动词＞致使动词＞性状动词＞关系动词

这个序列的意思是说，从动作动词到关系动词，对应的不典型句法价呈逐渐减少的趋势。由于每类动词的典型句法价是唯一的或缺省的，这个序列也可以说是表达了动词对应的句法格式由多到少的趋势。当然，并不能绝对说每个大于号"＞"左边的动词都比其右边的动词对应更多的句法格式，这个序列所反映的只是一个总体趋势。

以上所谈及的代表了现代汉语二价动词在语义-句法方面的基本规律，但这种规律的背后还隐藏着一些不规则的现象。这里先把其中的两类提出来加以讨论。这两类动词的共同点是没有我们所说的典型句法价格式 NP_1+V+NP_2。不同之处在于，一类的常规格式是典型的主谓谓语句 NP_2+NP_1+V，如"这件事情我们要保密""质量你把关"，另一类的常规格式是 NP_2+被 NP_1+V，即无相应主动句式的被动句，如"那封信已经被他封口了"（"那些信他已经封口了"），"本文由朱静芳供稿"（"*朱静芳供稿本文"）（陈昌来，2002a：128-129）。从形态结构上看，这两类动词都是 VO 结构，再带宾语便形成了 VOO 结构（即双宾语结构），表面上似乎违背了二价动词的语义价的成立条件（因为易混同三价动词的句法价），但汉语中确有这样的句式存在，如"年内分流下岗待工人员 3000 人"（分流），"民心工程造福八万人家"（造福）。这里就存在一个疑问：有些 VO 结构的二价动词能带动词后宾语，而有的却不能，原因何在？笼统地说，同一语义结构可以实现为不同的句法结构，但"语义上有带宾语的要求并不意味着语法上一定能够实现"（刘大为，1998：24），即语义上的施受关系不一定在句中的主、宾语位置上体现出来。为了表达这一语义要求，受事成分只好在其他非宾语位置出现，句首位置和被动标记（如"被""由"等）后位置正好满足这一要求。可见，上述两类句式是 VO 型动词带宾语回避矛盾的理性选择，否则，VO 型动词直接带宾语便沦为三价结构，而 VO 结构中的 V 不能带两个内部论元的语义要求，导致语义与句法之间的不相容。但是，言语交际不只是受到理性原则的驱动，还受到其他语用原则（如习性原则、经济原则等）的驱动，现代汉语中新近出现的VO 结构带宾语即是经济原则的体现，譬如，可以说"10 万书友赠书希望工程"（赠书），"这家公司存款开发银行"（存款）。通过仔细甄别可以发现，VO 型动词能否直接带宾语其实受到两个条件的制约：第一，VO 型动词必须是双音节词，三音节词或多音节词绝对不能再带宾语，这归因于汉语的韵律要求（冯胜利，2011）；第二，词汇化程度越高的 VO 型动词带宾语的可能性越大，也就是说越接近于一个普通二价动词。其标志有两个：一是 VO 中的 O 在语义上已经相当弱化，二是这类 VO 型动词所构成的句法价较多，如"质量你把关"还可以说成"你对质量把关"/"质量由你把关"/"你把质量关"。"造福""赠书""存款"之类的词汇化程度最低，能够带宾语纯医简洁性考虑，在很大程度上应属临时性用法，所以类推性差，可出现的语境也极受限（这里所举的例句一般限用于文章标题或广告语之类的特殊文体中），句法价也因此不能扩展（如*"希望工程被 10万书友赠书了"，*"开发银行这家公司存款了"）。"供稿""停职"一类的词汇化程度居中，所以可出现的句法价比"保密""把关"一类少，但比"造福""赠书"一类多，所以还可以说"他给校报供稿"/"校报他供稿"，"公司把他停职了"/"公司停了他的职"。

　　二价动词内部次类很多，对配价的要求也各异。譬如，有的二价动词可以带具体名词和抽象名词作宾语（如"吃、喝、保护、搜集、抓住、害怕"等），而有的二价动词只可以带抽象名词作宾语（如"开展、开辟、打破、脱离、恢复"等）。二者之间又有什么不同呢？通过比较发现，这两类动词带宾语的差别主要来自自身范畴特征上的区分：能带具体名词和抽象名词作宾语的动词一般是具体动词，只能带抽象名词作宾语的动词一般是抽象动词，与人们的普遍认知体验（embodiment）一致。具体动词是逻辑配价中具体行为的投射，与人们的现实生活直接相关，行为本身的可感知度高；抽象动词是逻辑配价中抽象行为的投射，与人们的日常生活距离较远，行为本身的可感知度低。所以，相比之下可以说具体动词是动词家族中的典型成员，属无标记动词，抽象动词是动词家族中的不典型成员，属有标记动词（关于典型与非典型动词，参见李晋霞，2004，2005）。根据标记理论（markedness theory），典型范畴包含的范畴特征最多，最容易扩展或延伸，而不典型特征包含的范畴特征较少，不容易扩展。虽然大多数二价具体动词和抽象动词有相同的典型句法价 NP_1–V+NP_2，但前者可进入的不典型句法价的数量比后者可进入的多得多。说简明一点，具体动词可进入的句法格式多，抽象动词可进入的句法格式少。无论从逻辑配价向语义价投射还是从语义价向句法价投射，投射的次序都是先典型配价后不典型配价，只有当典型配价空缺或为了凸显信息焦点（信息焦点属语用层面的内容，我们留待后文讨论）时才选择不典型配价。以"发动"（具体动词）和"提高"（抽象动词）为例对比如下。

（6-29）a. 这个人发动了汽车。

　　　　b. 这个人把汽车发动了。

　　　　c. 汽车这个人发动（起来）了。

　　　　d. 汽车被这个人发动（起来）了。

（6-30）a. 这个人提高了水平。

　　　　b. 这个人把水平提高了。

　　　　c.*水平这个人提高（起来）了。

　　　　d.*水平被这个人提高（起来）了。

　　总之，二价动词是动词家族中最多的一类，其内在的语义结构和外在的句法结构在各小类之间表现出显著差异。但根据范畴论的一般要求（对内具有一致性，对外具有排他性），可以从这些差异中找到二价动词的深层共性：二价动词是现代汉语中的典型动词，其典型语义价由一个施事和受事构成，典型语义价和不典型语义价都可以经过直接投射生成典型句法价。二价动词内部也有典型与不典型之分，具体动词是典型动词，抽象动词是非典型动词，它们在句法价上的不同表现为：前者可进入的句法格式多，后者可进入的句法格式少。根据标记理论中的频率原则和分布原则，再结合前面的论证，可以得出一个自然的结论：典型配价是无标记配价，不典型配价是有标记配价。这一结论适合一、二价动词，但是否适合三价动词呢？从下面的论述中可以看到，答案是肯定的。

第三节　三价动词的典型配价与不典型配价

　　三价结构 V（x，y，z）由逻辑配价中的三价行为事件$[A_3]\{P_1，P_2，P_3\}$投射而来，其语义价可表示为[AVPD]，其中，A、V、P的意义同二价结构，D代表广义的与事（包括传统的与事和处所）。语义价的典型与不典型之区分主要体现在受事 P 和与事 D 的性质上，当 P、D 为具体名词时形成典型语义价，当 P、D 为抽象名词时形成不典型语义价。试比较：

（6-31）小张和小李交换了**手机**。→ 小张和小李交换了**意见**。

（6-32）他没把那本书放在**桌**上。→ 他没把那本书放在**心**上。

（6-33）舅舅送给我们**一箱苹果**。→ 舅舅送给我们**几句话**。

从上文的论述已经明确，典型语义价对应的句法价多，不典型语义价对应的句法价相对较少，这里不再赘述。

与二价动词的投射一样，三价动词的典型语义价和不典型语义价经过直接投射形成三价动词的典型句法价，即 A 投射为 NP_1，D 投射为 NP_2，P 投射为 NP_3。根据动词小类的不同，三价动词的典型句法价可分为两种，$NP_1+V+NP_2+NP_3$ 和 $NP_1+PP+NP_2+V+NP_3$，前者适合"给予类"动词、少数"索取类"动词和"告知/探问类"动词，后者适合多数"索取类"动词、"放置类"动词和"互相类"动词[1]，比如：

（6-34）政府奖励他一套房子。　（"给予类"）

（6-35）我报告你一个好消息。　（"告知类"）

（6-36）学生问老师一个问题。　（"探问类"）

（6-37）小偷偷我五十元钱。　（"索取类"）

（6-38）小李向朋友借一笔钱。　（"索取类"）

（6-39）他在纸上写一串数字。　（"放置类"）

（6-40）她在和同学讨论问题。　（"互相类"）

按乔姆斯基的管约论，需要经过"变换/移位"或/和"增加/删减"成分而派生出来的结构一般是有标记结构。上文已有论证不典型配价是有标记配价，不典型句法价自然也是一种有标记结构。三价动词的不典型句法价大体上可分为以下几类：NP_1+ 把 $+NP_3+V+NP_2$，NP_3+ 被 NP_1+V+NP_2，$NP_3+NP_1+V+NP_2$，$NP_3+NP_1+PP+NP_2+V$，NP_1+V+NP_3+ 给 NP_2。同样因为三价动词内部的差别，各小类动词可进入不典型句法价的情况也不一样，这从下面的对照举例可见一斑。

NP_1+把$+NP_3+V+NP_2$

（6-41）政府把那套房子奖励给他了。

（6-42）我把那条消息报告你了。

（6-43）他把那个问题和同学讨论了。

（6-44）他把一串数字写在纸上了。

（6-45）小李把那笔钱向朋友借了。

（6-46）*学生把那个问题问老师了。

---

① 袁毓林（1998）称"表协同义的准三元动词"，陈昌来（2002a）称作"互向类"动词。

（6-47）*小偷把五十元钱偷了我。

NP₃+被 NP₁+V+NP₂
（6-48）那套房子被政府奖励给他了。
（6-49）那条消息被我报告你了。
（6-50）那个问题被他和同学讨论（过）了。
（6-51）那串数字被他写在纸上了。（比较：纸上被他写了一串数字。）
（6-52）*那个问题被学生问老师了。（但：老师被学生问了一个问题）
（6-53）*五十元钱被小偷偷了我。（但：我被小偷偷了五十元钱。）

NP₃+NP₁+V+NP₂
（6-54）那套房子政府奖励给了他。
（6-55）？ 那条消息我报告你了。
（6-56）那个问题学生问老师了。
（6-57）那串数字他写在纸上了。
（6-58）*那个问题他讨论同学了。
（6-59）*五十元钱小偷偷了我。
（6-60）那笔钱小李借朋友了。（但≠*那笔钱小李向朋友借了。）

NP₃+NP₁+PP+NP₂+V
（6-61）*那套房子政府给了他奖励。
（6-62）那条消息我向你报告了。
（6-63）*那个问题学生向老师问了。
（6-64）那串数字他在纸上写了。
（6-65）那个问题他和同学讨论（过）了。
（6-66）*五十元钱小偷从我（这里）偷了。
（6-67）那笔钱小李向朋友借了。

NP₁+V+NP₃+PP+NP₂
（6-68）政府奖励了一套房子给他。
（6-69）*我报告了消息向你。
（6-70）*学生问了一个问题向老师。
（6-71）他写了一串数字在纸上。
（6-72）*他讨论了那个问题和同学。
（6-73）*小偷偷了五十元钱从我（这里）。

（6-74）*小李借了一笔钱向朋友。

从这些例句中可以看到，"给予类"动词可进入的句式最多，按标记理论中的频率原则和分布原则，这类动词可以说是三价动词中的典型。

过去对三价动词的研究多从其内部的语义分类着手，进而对不同小类动词进行句法描述，这种研究方法一直沿袭至今。客观地说，这种研究方法有利于达成描述充分性的目标，但在解释充分性方面往往有所欠缺。为此，本书试图在三价动词的解释充分性上有所创新。按构式语法的观点，语言的形式和功能（意义）之间具有对应关系。一、二、三价动词的划分理应遵循这一基本原则，各种配价结构应该具有不同的构式义。以此为出发点，基于逻辑配价的配价理论认为三价结构是两个不同但有关联的二价结构合一的产物——第一个二价结构是 V(x,y)，其对应的语义价即本章第二节讨论过的二价动词的典型语义价[AVP]，第二个二价结构是 GOto（y, z/x+z），这里的 GOto 在语义上代表"抽象位移"的一类动词，三价结构因此可表达为 a=b+c，这里 a=V(x, y, z)，代表原三价结构，b=V(x, y)代表一个分解后的二价结构，c=GOto（y, z/x+z），代表另一个经过分解的二价结构，比如，"我送他一本书"="我送一本书"+"书转移给他"（GOto 为"转移给"），"你把茶杯放桌子上"="你放茶杯"+"茶杯进入桌子（表面）"（GOto 为"进入"）。三价动词各小类的具体词汇意义不同，但三价结构使它们具有共同的构式义：施事作用于受事，受事在作用之下发生位移。三价动词内部小类之间的差别体现在构式义的第二部分，即受事发生位移的方向和终点/目标——与事或/和施事，比如："给予类"动词/"告知类"动词/"探问类"动词/"放置类"动词的语义结构中发生顺向位移——受事 GOto 与事，与事一般是人、具有收受能力的单位或空间位置；"索取类"动词的语义结构中发生逆向位移——受事 GOto 施事，受事一般是人或具有收受能力的单位；"互相类"动词的语义结构中发生双向位移——受事 GOto"与事+施事"，与事和施事是人或具有收受能力的单位，并且具有逻辑上的互换关系。这样，我们就可以把三价动词表达的三类抽象语义关系表示如下（→、←表示转移的方向）。

Ⅰ. AVPD：AVP+P→D；

Ⅱ. AVPD：AVP+P←A；

Ⅲ. AVDP：AVP+P→"A+D"

张伯江（1999）曾把双宾语结构的语义抽象为"有意的给予性转移"，很有见地。不过，双宾语结构只是三价结构的一种，其抽象语义自然不能反映三价结构的全部语义内容。根据上面的探讨，我们可以试着将三价结构的语义抽象为"受事在施事支配下发生转移"。这样，就可以说，"我送他一本书"是"书在我发出的动作'送'的作用下，书向他转移"；"他向老师问了个问题"是"问题由他转移给了老师"（当然，这里的转移是一种"可复制"的抽象转移，转移后施事依然拥有被转移物）；"小偷偷了我十元钱"是"钱在小偷的'盗窃'行为作用下从我这里转移"，这里的转移方向正好与前面两个例子相反；"我和他讨论过这个问题"是"问题在我的'主观驱使'作用下向他转移"，这种转移也是一种"可复制"的抽象转移，转移的结果不仅使与事"他"获得了转移物而且使转移者（施事）参与转移物的"分享"，这就是"互相类"三价动词的受事在语义上同时指向施事和与事的认知动因。

　　以上我们主要从语义的角度对三价结构的构成给予了阐释，下面我们再从句法的角度进一步说明"三价结构是两个二价结构合一的产物"的合理性。在实际的话语中，三价动词的受事或/和与事可以省略，使三价结构出现"二价表达"的情形，例如：

$\text{NP}_1 + \text{V} + \text{NP}_3$" 结构 　→ 　"$\text{NP}_1 + \text{V} + \text{NP}_2$" 结构

（6-75）政府奖励了一套房子。 → 政府奖励了他 　　（"给予类"）

（6-76）我报告了一个好消息。 → 我向你报告。 　　（"告知类"）

（6-77）学生问了一个问题。 → 学生问了老师。 　　（"探问类"）

（6-78）小偷偷了五十元钱。 → *小偷偷了我。 　　（"索取类"）

（6-79）小李借了一笔钱。 → *小李向朋友借了。 　　（"索取类"）

（6-80）他写了一串数字。 → 他写在纸上了。 　　（"放置类"）

（6-81）她在讨论问题。 → 她在和同学讨论。 　　（"互相类"）

　　其实，无论三价动词还是一价动词在交际中几乎都有向二价结构靠拢的倾向，这可以成为论证"二价动词是动词的典型"的另一论据。对三价动词而言，配价结构中的价语在语境的帮助下可省略，但到底哪些成分可以省略、哪些成分不可以省略首先受制于动词的内部语义规约。从这些举例中可以发现，有的三价动词既可以在语用中表达为二价结构 $\text{NP}_1 + \text{V} + \text{NP}_3$，也可以表达为二价结构 $\text{NP}_1 + \text{V} + \text{NP}_2$，但有的只限于其中之一，区分出来的三价动词是所谓的受事优先/与事优先动词（这种优先选择性在主动句、被动句的转换中也有明显表现）。具体说，大部分"索取类"三价动词不能在语用中生成二价结构 $\text{NP}_1 + \text{V} + \text{NP}_2$，原因是该类动词的语义价中 NP_3 语义上指向 NP_1。可见，三价结构中只有 NP_3 在语义上指向 NP_2（或同时指向 NP_1）才能生成二价句法表达式 $\text{NP}_1 + \text{V} + \text{NP}_2$，这从一个侧面证明了三价结构具有三类不同语义关系的合理性。其他少数动词（如"讹诈、哄、诓、骗、抢、诈、敲"等）可以看作"索取类"中的例外，也可以从不同动词的理想认知模型（idealized cognitive model，ICM）作出统一解释（沈家煊，2000a）。

　　从静态的语义关系看，"受事在施事支配下发生转移"意味着三价结构的组成部分 b 是该结构的语义主体（即[施事支配受事]），c 是该结构的附属成分（即[受事发生位移]）。在乔姆斯基的转换生成语法理论中，语义结构代表深层结构（或称 D-结构），句法结构代表表层结构（或称 S-结构）。就三价结构而言，这里的 b、c 可视为 D-结构，a 可视为 S-结构。三价结构从语义价到句法价的投射过程就是 b、c 合一，转换生成 a 的过程。在转换的过程中，b、c 的主属关系也得以实现。既然双宾语结构是三价结构的典型，那么从双宾语结构的内部转换关系也就可以顺理成章地推导出三价结构的转换过程，从而达到我们的论证目标。

拉森（Larson，1988）认为英语的双宾语结构是通过被动化由相应的与格结构转换而来的，顾阳（1999）根据拉森的研究并结合西方语言学界的相关理论得出汉语的双宾语结构限于以下两种形式，而且 S_1（与格结构）是基础形式，S_2 是派生形式。

$$S_1——NP_1 \quad V \quad NP_3 \quad 给 \quad NP_2$$
$$S_2——NP_1 \quad 给 \quad NP_2 \quad V \quad NP_3$$

顾阳还说另外两种句式 S_3——NP_1 V 给 NP_2 NP_3 由 S_1 衍生出来（动词和介词经过合并），S_4——NP_1 V（给）NP_2 NP_3 是 S_3 的子结构。按拉森（Larson，1988）的观点，双宾语结构中动词和两个宾语的关系可以看成是一种复杂谓语（complex predicate），即动词和与格论元先组合成一个谓语，该谓语再取客体论元为"内部主语"（inner subject）。顾阳认为汉语的双宾语结构遵循与英语类似的规律，比较：

与格结构（S_1）：小明送一本书给音音。
双宾语结构（S_3）：小明送给音音一本书。

用生成语法理论中的结构树表示动词与其两个域内论元之间的关系就可以得到图 5-1 和图 5-2，其中图 5-2 插入了主语"小明"（沈阳等，2001：212-214）。

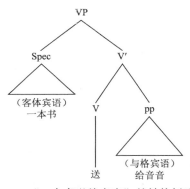

图 5-1 "一本书送给音音"的结构树形图

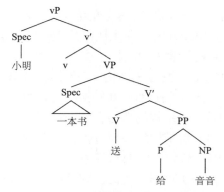

图 5-2　"小明一本书送给音音"的结构树形图

从图 5-1 到图 5-2 的转换是在拉森分析的基础上按最简方案（minimalist program）（参见 Radford，1997）的理论精神进行的，把双宾语结构看作是一个嵌套结构（VP-shell），即一个大 VP 上面嵌套一个小 vP（习惯上叫作"轻动词短语"）。在大 VP（一本书送给音音）里，只有动词和宾语，双宾结构的主语（小明）在小 vP 里的指示语（specifier）位置。从论元结构上看，轻动词 v（一般表示为 φ）给外部论元（即这里的主语）指派题元角色（这里为施事），谓语动词 VP 给内部论元（即这里的宾语）指派题元角色（这里指受事和与事）（Radford，1997）。这样一来，双宾语的生成过程就成了大 VP 和小 vP 里的指称语合一的过程，表示为图 5-3。在图 5-3 中，动词提升到了上层的 vP 中心语位置，提升的原因来自轻动词 v 的强语素特征：v 吸引下层 VP 中的动词 V（送）移位，V 并入 v 的目的是核查 v 的语法特征。V 移位后在原来的位置留下语迹 t（代表 trace），i 表示移位的动词与语迹有照应关系或叫共指（co-indexing）关系。简而言之，S_1 的生成过程就是从图 5-1 到图 5-3 的派生过程。

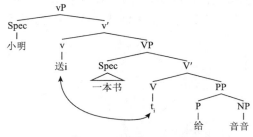

图 5-3　"小明送一本书给音音"的结构树形图

S_3 由 S_1 派生而来，派生过程用结构图按顺序就是图 5-1→图 5-4→图 5-5→图 5-6。简要说明如下：根据"中心语至中心语移位"（head to head movement）原则，图 5-1 中的介词 P（给）移位并入动词从而形成复合动词[V+P]，原来的介词短语 PP（给音音）变成名词短语 NP（音音），出现的结果是图 5-4；按照拉森提出的与格结构的被动化（passivization）原理，把 VP 中处于指称语位置的外部论元"一本书"（实质上是动词的内部论元）降格到一个附加语的位置，结果形成图 5-5；被动化的结果既使动词失去了外部论元，又使动词散失了给宾语指派格位的能力，所以 VP 的内部论元"音音"必须通过移位上升到"一本书"的原来位置才能被赋格，这就是最终结果图 5-6，代表 S$_3$ 的生成。

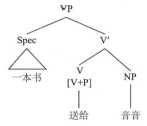

图 5-4　介词并入动词后形成的"一本书送给音音"的结构树形图

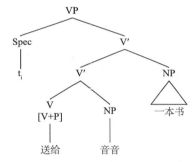

图 5-5　"送给音音一本书"的结构树形图

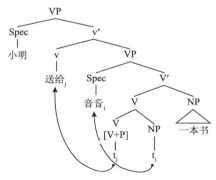

图 5-6　"小明送给音音一本书"的结构树形图

从 S$_1$ 和 S$_3$ 的生成过程可以看出，虽然顾阳的描述富有解释力，但在句式生成的过程中所用到的转换步骤太多，在理论解释的经济性方面有所欠缺。另外，双宾语结构只是三价结构中最典型的一种，仅描述双宾语结构的生成过程不等于说描述了三价动词的句法衍生过程。为此，在部分借鉴顾阳和拉森研究思路的基础上，我们尝试以另一种方式来刻画以双宾语结构为代表的汉语三价结构。上文提出的三价结构 a=b+c 是一个语义结构表达式，如果直接转换成对应的句法表达式就应该是：$a=NP_1+V+NP_2+NP_3$，$b=NP_1+V+NP_3$，$c=NP_3+GOto+NP_2$（或 NP_1+NP_2）。但是，语义结构不总是直接对应于句法结构，从实际话语的运用情况看，把三价结构认定为这样两个配价结构的合一更合理："NP_1+V+NP_2" + "$NP_1+\phi+NP_3$"（φ 代表 V 的零形式，即下文所说的空动词）。

与顾阳不同，我们认为以双宾语结构为代表的三价动词的基础结构是 S_3：NP_1+V（给）$+NP_2+NP_3$，表示为图 5-8（省略了 NP_1，下同），其他结构都是从这一结构通过移位、合并等手段从 S_3 派生来的。在图 5-8 中，"给予类/探问类/索取类"动词（这里以"奖励"为例）被看作是一个词语动词 V（lexical verb）和一个介词 P 的合并形式，叫复杂动词（complex verb），合并前的原始形式如图 5-7。这里的 P 具有和 V 相似的功能特征（如可以给相关的名词指派格位），这也是合并的前提条件。整个结构由两个姐妹节点（sister node）VP_1 和 VP_2 构成，VP_1 统制（dominate）V 和 PP，VP_2 统制 φ 和 NP_3，φ 受 V 的约束，可看作是与 V 在功能上等价的零形式/空动词（满在江，2003）。因受 V 内在语义的制约，介词 P 时隐时现，既可以是词汇形式也可以是零形式，当 P 以零形式出现时本书称之为空介词，空介词以括号形式表示。

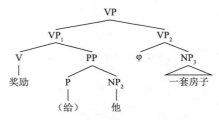

图 5-7　介词"给"与动词"奖励"合并前的结构树形图

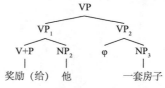

图 5-8　介词"给"与动词"奖励"合并后的结构树形图

图 5-10 是图 5-8 中的 φ 通过移位和 V+P 合并的结果，移位的过程如图 5-9。因 V 不可能同时和两个成分合并，φ 移入后，P 必须移出成为有形形式，与 NP_2 合并形成一个 PP（由 $P+NP_2$ 组成），从而生成 V+PP（$P+NP_2$）$+NP_3$，即 S_4（如

"奖励给他一套房子"）。

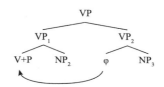

图 5-9　空动词移位并与动词合并的结构树形图

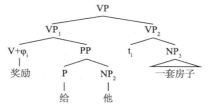

图 5-10　"合并+移位"后的结构树形图

注：空动词与动词合并，同时介词 P 移出，与 NP_2 构成 PP

既然包含 NP_2 的 PP 和 NP_3 都受动词 V 的管辖，当在语用中有认知需要——凸显与事时，它们之间互相换位便成为可能，图 5-10 中的 PP 和 NP_3 换位（图 5-11）就可以得到图 5-12，生成结构式 V+NP_3+PP（P+NP_2），即 S_1（如"奖励一套房子给他"）。

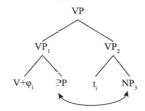

图 5-11　PP 与 NP_3 换位的结构树形图

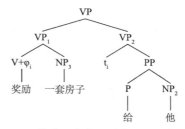

图 5-12　"奖励一套房子给他"的结构树形图

图 5-13 是"互相类"三价动词的结构树形图，因这类动词的内部语义规定性（动词的语义指向是双向的，既指向施事，又指向与事），PP 的位置是恒定的，

所以该类动词的结构树形图简单且唯一。

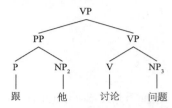

图 5-13 "互相类"三价动词的结构树形图

图 5-14 是"放置类"三价动词基础结构树形图，形式与"给予类/探问类/索取类"三价动词的结构树形图相同，其中的 PP 经过节点提升（node-raising）位移至附加语位置，从而与原来的 VP 构成姐妹节点关系（sister-node relationship），位移过程如图 5-15，结果派生出结构 PP（P+NP$_2$）+V+NP$_3$，即图 5-16（"在桌子上放一本书"）。

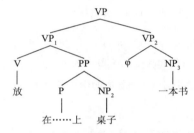

图 5-14 "在桌子上放一本书"（放置类）三价动词的基础结构树形图

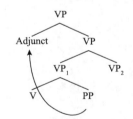

图 5-15 "在桌子上放一本书"（放置类）三价动词结构的移位过程树形图

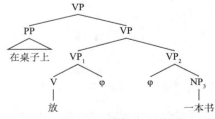

图 5-16 "在桌子上放一本书"（放置类）三价动词的表层结构树形图

　　由于三价结构中的动词和介词具有共同的语义内容，共享一些论元，所以换位后的语义关系不变。这种换位的依据来自"共同述谓或论元共享"（co-predication or argument-sharing）条件（Wechsler，1995）：客体和与事不仅受动词支配，而且受介词支配。由此可见，我们把三价结构中的动词看作是 V+P 这一复合动词是合乎理据的。

　　至此，已经不难看出本书提出的"三价结构由两个二价结构合并生成"（即a=b+c）的经济性与合理性。从转换的步骤看，顾阳用六个结构图描述了三价结构之一的双宾语结构的派生关系，我们在此用十个结构图大致描述了全部三价结构（共三类）的派生关系。从理论假设看，顾阳借用嵌套结构和与格结构的被动化规则来解释双宾语结构的生成，本书仅通过假定空介词和空动词的存在来刻画全部三价结构的各转换环节，而不需要增加任何新的理论假设以适应解释的需要，提高了理论描述的经济性。

　　话语生成的过程是从逻辑配价开始投射的过程，静态的抽象句和动态的现实句的差别体现了静态配价和动态配价的差别。一、二、三价动词无论在语义上还是在句法上都有典型与不典型之分。从投射的方式看，典型配价是直接投射的结果，不典型配价是间接投射的结果。由于动词内部语义差异的存在（语义价不同），即使相同价量的动词也表现出句法上的差别，就是说有不同的句法价。从比较和分析中可以发现，二价动词是动词中的典型，二价结构是动词的典型配价结构，所以语用中一价结构和三价结构都有向二价结构靠拢的倾向。严格地说，汉语中的三价结构其实是一种派生结构（derived structure），因为无论从功能上还是从形式上都可以证明三价结构是两个二价结构合并的结果。这是对本节作出的一个基本总结。

第六章

配价的隐喻、转喻机制

　　过去人们一直把隐喻和转喻看作不同却常用的两类修辞，其研究领域分属传统修辞学的研究范畴。后来，随着认知科学尤其是认知语言学的兴起，人们对隐喻和转喻开始有了新的认识："所谓隐喻，主要是因为所用语言字面意义与语境发生冲突时所选择的与语境相符的另外一种理解。"（束定芳，2000：36）"概念转喻来源于两个具体事物之间的经验关系（如 PART FOR WHOLE），或来源于同一具体事物与某隐喻概念化的具体事物之间的关系（如 THE PLACE FOR THE EVENT，INSTITUTION FOR PEOPLE RESPONSIBLE）。"（转引自张辉、卢卫中，2010：32）。在莱考夫和特纳（Lakoff &Turner，1989）等认知语言学家看来，隐喻和转喻都牵涉两个不同概念之间的映射，二者的本质差别在于：隐喻是在不同认知域中完成的认知操作，如在"他就像一条狗"中，"他"和"狗"分属两个认知域[+人类]和[−人类]；转喻则是在同一认知域中完成的认知操作，如在句子"壶开了/The kettle has boiled"中，"壶/kettle"映射[壶里的水]，二者之间是[器皿]和[器皿容纳物]之间的关系，共享认知域[容器]。受认知语言学的影响，学界已经达成共识：隐喻和转喻都是人类语言中的普遍现象，隐喻、转喻机制不仅是言语行为的一般机制，而且构成人们思维的方式。

　　本章将讨论由隐喻和转喻引起的配价改变，包括两方面的内容：一是配价结构中因价语变化引起的配价变化，这种变化因隐喻机制所致，称作配价的隐喻化或称配价的隐喻机制；二是配价结构中因动词和价语的变化引起的配价变化，这种变化由转喻机制所致，称作配价的转喻化或称配价的转喻机制。

第一节　配价的隐喻机制

　　按生成语法理论，动词跟其他词类一样，其词汇特征（如论元的数量和题元角色的差别）是词库中预先规定好的。在我们看来，这种规定性的最终来源是逻辑配价，即行为事件的特性决定了词库的特性。但随着认知领域的扩展，原来配价结构中的论元/价语的内涵和外延会发生变化，隐喻机制正是促成配价改变的直接动因之一。我们上文谈到的不典型语义价其实就包含这种因价语变化引起的隐喻配价，即配价的隐喻化。一、二、三价结构都存在价语隐喻化的情况，下面从上文谈到的不典型语义价开始分析配价的隐喻化问题。

动词配价的隐喻化，最突出的是配价成分（价语）的隐喻化。二价结构中的不典型语义价 A 类（如"我们播种了希望"）就是典型代表。这类配价结构的特点是，逻辑配价中的主要参与者经由具体到抽象（或经由特殊到一般）而改变了动词与价语的常规支配和被支配关系，即一个本来与动词配价结构无关的名词成分替换了结构本身的价语，就是说该成分在逻辑配价中不是事件参与者。在"我们播种了希望"这个结构中，"希望"不是[播种]这一行为事件中的逻辑参与者。说话人说"播种希望"，其实是在认知上将抽象概念"希望"与具体的"水稻/玉米"一类实体作类比。借用认知语言学的说法就是在分属不同认知域的两个概念之间进行认知映射，把具体实体"水稻/玉米"映射到抽象概念"希望"上以期达成对"希望"的理解，这一过程就是认知隐喻化的过程。这类配价结构中，隐喻价语与其常规价语（即典型语义价门的价语）之间的关系是外在的，"水稻/玉米"与"希望"的逻辑关联不必然，二者之间有很强的语境依赖性，或称临时性。当然，长期语用的结果也可能使这种临时的关联性固定下来，从而使"希望"的隐喻化识解成为必然。下面是价语隐喻化的类似举例。

（7-1）一部**法律**戴着试行的帽子，试行 10 年，在中国立法史上是鲜见的。

（《南方周末》，2003-11-06，A10 版）

（7-2）……科技**大楼**亦拥入了大地建设集团的怀抱。

（《新华日报》，2003-12-16，第四版）

（7-3）中国向高级干部的**腐败**开刀。

（《参考消息》，2004-03-24，第八版）

在现实的言语交际中，这类隐喻价语与其常规价语之间一般基于语用的外部联系，说话人使用这类隐喻配价的自由度大，所以其类推性也较强。譬如，在一定的语境中，不仅能说"法律戴帽子"，还可能有"民主戴帽子""人事制度戴帽子""体制戴帽子"之类的说法。但需要说明的是，这类配价结构的稳定性差，结构内部发生语法化的可能性小，所以"法律戴帽子"之类难以成为一个凝固的表达。尽管如此，这类配价却使我们的语言表达显得鲜活而生动。汉语中的不少修辞表达就是价语隐喻化的具体示例：哥吃的不是面，是<u>寂寞</u>（粘连）；当你们

的<u>爱情</u>降温的时候，想放弃还是挽回？（暗喻）

人类思维的本质是隐喻的，价语隐喻化就是这种本质的外在表现。这种表现不仅反映到我们的语言创新（如当下的很多流行语）上，而且还反映到我们很多习以为常的表达方式中，比如，我们常说"我现在没有时间"，这里就蕴含着价语隐喻化（尽管我们可能已经意识不到），即抽象的"时间"被识解为具体的"实体物件"，如书、小狗等之类，因而成为我们可以"拥有"的对象。

第二节　配价的转喻机制

与隐喻一样，转喻既是思维的本质，又是语言的基本属性。有的学者甚至把隐喻视为转喻的一个次类（也有正好相反的观点）。可见，配价的转喻化是一种十分普遍的配价建构机制。配价的转喻机制包括价语的转喻化和动词的转喻化两类。

价语的转喻化也是因价语的语义变化所致，二价结构中不典型语义价 B 类（如"小王在听<u>耳机</u>"）就是典型代表。在逻辑配价层面，事件的主要参与者被抑制，次要参与者获得了替代地位，映射到语言配价层面，就是一个与动词配价结构相关的可有成分（非论元）取代了必有成分（论元）的位置。换言之，从语义价向句法价的映射过程中，由逻辑配价中的主要参与者映射而来的题元角色被抑制，次要参与者则"顶替"该角色从而映射为句法上的论元。

与上节中谈到的隐喻化价语不同，这类转喻化价语与其常规价语之间的关系是内在的。例如，"小王听音乐"和"小王听耳机"中，"耳机"是"听音乐"的常用工具，以"耳机"替代"音乐"属于"以工具替代内容"的转喻，因此具有自然的关联性。类似的例子还可以举出很多，如下所示。

（7-4）他经常卖**高价**。（比较：他经常卖**蔬菜**。）
（7-5）他们在刷**油漆**。（比较：他们在刷**窗户**。）
（7-6）不应该骂**脏话**。（比较：不应该骂**邻居**。）

转喻化价语和其常规价语之间因存在固有的内部联系，说话人使用这类配价的自由度受限，也就是说这类转喻配价的可类推性较弱。以"卖"为例，"卖低价""卖中价""卖平价"之类就很少见。内部属性是行为事件存在的依据，也是配价结构形成的前提，所以这类结构的稳定性强，结构内部发生语法化的可能性大，这就是"吃食堂""吃小灶""喝大杯""写毛笔""存定期"之类在现代汉语中有熟语化倾向的原因所在。

　　动词的转喻化是配价转喻化的另一种表现方式。二价结构中不典型语义价的C 类（如"他经常吃回扣"）是这类配价的典型代表。动词的转喻化，顾名思义就是动词的语义变化由转喻所致。与其对应的常规配价（即典型语义价）相比，这类配价结构中的动词已经不能按其常规词汇义进行识解，听话人需要借助经验知识才能在动词本意与其可能的"替代义"之间建立起语义关联，比如：

　　　　（7-7）这段时间他在**跑**材料。
　　　　（7-8）前几天老张在家**养**病/伤。
　　　　（7-9）你去**挤**门票！
　　　　（7-10）妈妈要**走**亲戚。

　　很明显，我们不能从字面上去理解句子（7-7）～（7-10），因为从静态配价的角度看，这类配价结构既违背计量的规定性（一价动词只能支配一个价语成分）又违背了价质的规定性（动词跟价语在语义上不相容，自然也不能给价语指派题元角色，如"跑"不可能对"材料"产生"使役"行为）。通过比较甄别可以发现，导致这一现象的根本原因是这类结构中的动词发生了语义偏离，即动词经历转喻化。所谓动词的转喻化指这样一种现象，在一类行为事件中，行为由两部分构成——行为本身和行为的方式，如果直接投射/匹配投射，语言层面应该反映为两个部分"动词+动作实现的方式"，如把行为事件[四处东奔西跑购买材料]表达为"以跑的方式购买材料"。但在言语交流中，人们为追求表达的经济性往往说成"跑材料"——用行为的方式取代了行为的全部，也可以说是用行为的一部分取代了行为的整体，即转喻机制在这里发生了作用。所以，"**养**病/伤"="以养的方式治病/伤"，"**挤**门票"="以挤的方式购买门票"，"**走**亲戚"="以行走的方式拜访亲戚"。

　　有人可能会质疑：既然可以用行为的一部分取代行为的整体，为什么不能把"跑材料""养病/伤""挤门票""走亲戚"分别说成"购买/买材料""治病/伤""买门票""拜访亲戚"，即用行为的主体代替行为的全部呢？如果笼统地回答，我们可以从语用中找答案，即使传递的基本指称意义相同，不同的语境也要求不同的表达方式。但这种回答因太泛而显得缺乏说服力，事实上任何一种语用表达的背后都有对应的语义动因、句法动因。既然"跑材料"类和"买材料"类的句法结构相同，那么造成差别的一定是语义上的因素。通过比较发现，一方面，因为"材料"是"买"的语义价而不是"跑"的语义价，所以"买材料"类比"跑材料"类在语义上更透明。实验心理学的研究表明，一个结构的语义透明度越高，加工阈限就越低，言语输入的速度越快；反之，透明度越低，熟语化程度越高，加工阈限也高，言语输入的速度越慢。因此，"跑材料"就比"买材料"理解起来慢。另一方面，"跑材料"类比"买材料"类传递的信息更生动，具象性更强。按张云秋（2002）的说法，对于一个动作整体而言，动作方式比动作本体在表达上更具体、更形象。这样的话，人们就不难理解在交际中为什么不自始至终"平铺直叙"的道理了——交际不仅仅是为了表达实质性的指称信息，还需要幽默、诙谐和生动，"跑材料"之类的转喻结构正好满足了这一要求。

前文提到，配价结构是语义、句法的接口。若如此，"跑材料"类和"买材料"类的语义差异必定在句法上有所反映。"他在跑材料"和"他在买材料"尽管在句法上都好像是二价结构，但只有后者是真正的二价结构——句法价和语义价都为二价，前者是伪二价结构——语义价和句法价都是一价，只在语用中才获得二价，即后文将要谈到的一价动词的二价表达。从句法结构的派生能力方面考察，可以看到经过转喻化的配价与非转喻化的配价相比十分受限，除典型句法价格式 NP$_1$+V+NP$_2$ 外，大多只能转换成 NP$_2$+NP$_1$+V，有的还不能转换，比如：

（7-11）这段时间他在跑材料。→ *这段时间材料他在跑。
（7-12）前几天老张在家养病/伤。→ *前几天病/伤老张在家养。
（7-13）你去挤门票！→ ？门票你去挤！
（7-14）妈妈要走亲戚。→ ？亲戚妈妈要走。

第三节　熟语的隐喻、转喻机制

熟语是语言中的固定搭配，具有结构上的稳定性和意义上的完整性两方面的特点。在汉语中，熟语是成语、谚语、歇后语和惯用语的统称。尽管不同于普通的配价结构，熟语也有其配价构成，自然也牵涉隐喻、转喻机制的运作。而且，转喻、隐喻的应用在熟语中更为普遍。

一般说来，大多熟语具有非组构性（non-compositionality）和不可分析性（unanalysability）的特点，即熟语在语义上不可分（不能从词汇构成推断结构的基本意义），在结构上不可变，所以熟语经常不被纳入配价研究的范畴。其实，非组构性和不可分析性都只是一个相对的概念，熟语相对常规表达如此。王德春曾按词义的结合程度将熟语分为三类：组合性熟语（意义大致由各个词的意义集合而成，如"事半功倍"）、综合性熟语（词有潜在意义，服从于整个熟语的形象性意义，离开熟语就不存在，如"鹤立鸡群"）和溶合性熟语（要借助词源分析才能获得意义，如"胸有成竹"）（张辉，2003）。在这三类熟语中，前两类无疑具有一定的可分析性，语义透明度较高，最后一类的隐喻/转喻化程度最高，所以语义透明度最低。可见，熟语内部也有隐喻义的强弱之别。与第一、二节中讨论过的三类配价相比，很多熟语不仅动词发生了隐喻/转喻化，价语也发生了隐喻/转喻化，也就是说其整体结构发生了隐喻/转喻化。以"打酱油"和"走后门"为例，前者在二十多年前还是一个普通的动宾组合，但在 2008 年成为中国网络十大流行语之一，其语义也因此变化并固化，意为[路过、凑数]/[与己无关]；后者成为一个熟语源自历史典故，现在的意思是[以不正当的手段来谋求达到某种个人目的]。熟语因为整体结构发生隐喻化/转喻化，读者已经难以通过成分分析解构其语义（即"一个熟语关联一个故事"），所以这类熟语的语义透明度最低。

　　隐喻/转喻配价是语义增容或语义延伸的结果。但不同类型的隐喻/转喻配价在地位上是不等的，从前面的论证中可以看出它们在使用频率和可进入的句法结构上有差别，这种差别归因于配价的隐喻/转喻化等级。根据配价结构中动词和价语的不同隐喻/转喻化情况，本书把不同配价的隐喻/转喻强弱等级大致概括如下。

　　　　①价语隐喻化的配价结构＜②价语转喻化的配价结构类＜③动词转喻化的配价结构＜④熟语（组合性熟语＜综合性熟语＜溶合性熟语）

　　这里，隐喻/转喻等级从前至后依次递增，即价语隐喻化的配价结构的隐喻/转喻化程度最低，语义透明度最高，熟语类配价结构的隐喻/转喻化程度最高，语义透明度最低。

第七章

逻辑配价理论的解释力

第一节　零价动词的虚无论证

学界所谓的零价动词指"在句法结构中只有一个形式主语，语义上却没有一个真正的参与者成分"（陈昌来，2002a：77）的一类动词。据已有研究，英语、法语和德语的配价语法中都有零价动词这一概念，例如：

（8-1）It is raining.（英语）　　Il pleut.（法语）　Es regent.（德语）

（8-2）It is snowing.（英语）　　Il neige.（法语）　Es schneit.（德语）

在这些句子中，英语的 it、法语的 il 和德语的 es 都是传统语法研究中公认的形式主语，即徒有形式而无实质意义的语言成分。换句话说，这些句首成分虽然在句法上充当动词的主语，但在语义上却是虚无的，因而不成为这类语句中动词的价语。按生成语法理论的说法，这类成分不可能接受动词的格位指派，所以不算是真正的主语，标以形式主语可谓名副其实。从这类词所蕴含的语义内容看，它们都是与天气、气象有关的动词，所以有的学者干脆称之为气象动词（weather verb）。

气象动词所反映的是客观世界的共存现象。无论在哪个国度，无论处于哪个民族，"打雷、刮风、下雨"等都是现实世界的一个组成部分。所以，无论哪种语言都有相应的气象动词。在汉语中，这类气象动词包括两类：①"下雨、下雪、打霜、起风、刮风、起雾、打雷、打闪、变天"等；②"地震、着火、封港、涨潮、塌方、涨水、落潮"等。简而言之，气象动词就是零价动词。

通过进一步考察，我们发现汉语中还有两个非气象动词也应包括在所谓的零价动词之内。一个是寒暄语"再见"，另一个是"例如"。原因是它们在语用中从来不携带任何价语。主张不把"例如"当作零价动词处理，笔者赞同陈昌来

（2002b）的观点。至于"再见"，陈昌来没有提及，本书将在下节作出解释。从静态研究的角度看，动词分为一、二、三价基本达成共识。气象动词到底归属为一价还是零价，这一争论的实质涉及对动词配价本质的认识：配价是什么？确定价量的标准是什么？笼统地说，配价所研究的是动词（支配者）及其受支配成分（价语）的句法、语义关系。在语言层面，配价一头连着语义，另一头牵着语法，成了句法、语义的接口。前文提到，有关配价的属性认定在学界曾出现三派不同的意见：配价是句法的，配价是语义的，配价是句法-语义的。本书试图探索一条不同的路径来认识动词配价，且在前文已证明：配价研究要区分非语言层面的配价和语言层面的配价，认识配价要从（非语言层面的）逻辑配价出发，甄别在以行为（在语言中投射为动词）为中心枃成的情景事件中有几个行为参与者（或称逻辑论元）。配价的本质是语义的，但这里的语义不是语言层面上的语义，而是非语言层面上的逻辑语义。语言层面的语义价、句法价是逻辑配价投射的结果（如行为投射为动词，行为参与者投射为名词性成分）。

在英语中，像 snow、rain、freeze、blow、thunder、lighten、hail 等动词一般被看作是零价动词。理由很明确，这些动词在语义上不支配任何成分，句法上需求的主语位置由一个仅有形式而无实质意义的虚指代词 it 填充（因为英语中的句法主语不能空缺），例如：

（8-3）It was freezing last night.（昨夜天气酷寒。）

（8-4）It was thundering and lightening.（当时雷电交加。）

（8-5）It hailed in the late afternoon.（傍晚时下了冰雹。）

在汉语中，学者们对与英语中相应的"下雪、下雨、结冰、刮风、打雷、打闪、下冰雹"等动词的看法不全一样。有的认为这类动词是零价动词（如袁毓林，2005），它们与英语中的情况相同，在句法上没有必有补足语，在语义上不支配任何论元。有的认为这类动词是一价动词（如鲁川，2001；陈昌来，2002a，2002b），原因是这类动词与英语中的 rain、snow、blow、freeze 等动词并不相同，在汉语中这类动词是述宾短语，而且可以进行句法扩展。我们认同后一种观点，把这类动词看作一价动词。从这些动词的内部结构看，"下/打/刮"是支配成分，其后的"雨、雪、冰、风、雷"等是被支配成分，是句法上的宾语。但是，仅仅停留在这里似乎还不足以给出令人信服的解释。

辩证唯物主义认为，运动是物质的基本属性：运动只能是物质的运动，离开物质的运动是不存在的。与此对应，语言的重要属性表现为对客观世界的述谓，而述谓功能是动词的主要功能。简而言之，语言对世界的描述主要表现为动词对客体的述谓，离开客体的述谓是不存在的。"世上没有离开物质的运动，语言中也没有离开主体的谓词。"（鲁川，2001：101）这是零价动词在语言中不存在的哲学前提。虽然有学者把气象动词分析为一价动词，也主张零价动词在语言中站不住脚，但他们的立论根据尚有待商榷。

鲁川（2001）认为英语中的 rain、snow 之类属于一价动词，其句法上的形式主语 it 是它们的唯一"配元"（相当于本书的价语）。这明显与人的普遍认知相悖，因为 it 只是一个徒有形式而无实质词汇意义的语法填充词（grammatical expletive），而一个语言单位成为论元/价语的前提条件是必须有所指称。

陈昌来（2002a，2002b）认为，现代汉语中的气象动词与英语中的 rain、snow 等词不同，前者是短语，后者是词，二者分属不同的语言层次。而且，"汉语中没有形式主语这一概念，'下雨'一类词语在句子中也不要求所谓的形式主语……"，所以，可以说英语中有零价动词但汉语中不存在零价动词。针对前文中提到的气象动词，陈昌来声称，这类动词"在不扩展的情况下作为一个词，表示某种自然现象总是跟某一具体事物、地点相联系，这些具体的事物或地点也不妨看作其配价成分，否则，这些动词行为将无所着落"。我们认为为证明这类动词是一价动词而把与之经常同现的处所成分当作唯一的价语缺乏说服力。理由很明确：几乎所有的动词都可以与处所成分同现（从逻辑上看，任何动作的发生、发展都离不开特定的时间、空间）；况且，与"住"类动词（二价动词）不同，这类动词并不强制性地要求一个处所成分与之在句法上同现。

确定动词配价的依据是语义，而确定动词配价的标准却是句法上的。这明显存在矛盾，因为语义和句法在语言中不是一一对应的，汉语中的这种非对应关系更为凸显。显然，无论鲁川的"一价论"还是陈昌来的"一价论"都没有真正走出从语言的外在形式（句法）来理解配价的圈子。如何解释同一自然现象在不同语言中却反映出不同的配价结构呢？我们认为只有借助逻辑配价的概念才能消除表面的价量分歧，使问题得到合理的解决。

在逻辑配价中，上面提到的英语、汉语等语言中表示天气、气象的动词都表达同样的行为事件，因而具有共同的意象图式（image schema）——自然存在物（逻辑参与者）和使自然物发生变化的绝对运动，因而是一价动词。进入语言层面，因为经由了人的主观干预，相同的逻辑配价可以投射为不同的语言配价——语义价、句法价。由于语言间的差异，当逻辑配价投射到汉语中时逻辑参与者转换为语义、句法上的价语，与逻辑配价一致，成为一价动词；当逻辑配价投射到英语（或法语、德语）中时，逻辑参与者在句法层面隐现，语义上与逻辑谓词合并为一体，从而形成零价动词。换言之，在汉语中，这些动词的逻辑参与者与动词象征的行为本身在句法层面是分离的，所以句法价为一价；在英语中这些动词的逻辑参与者与动词象征的行为本身是合一的，所以句法价是零价。就价量而言，具有相同逻辑配价的动词在不同语言中可以具有不同的句法价，这是从跨语言比较中得出的基本结论，同时也为我们把配价研究分非语言范畴和语言范畴两个层面展开的必要性提供了一个有力的旁证。

本书把气象动词的逻辑配价认定为一价，其句法价因语言而异：在一些语言（如汉语）中表现为一价，而在另一些语言（如英语、法语和德语）中表现为零价。这一论点并非空穴来风，子虚乌有。下面通过分析其他语言中的表达方式（Lambert，1999）来佐证上述观点。

在楚克其语（chukchi，西伯利亚地区的一种民族语言）中，名词合并（noun incorporation）是一种普遍现象。这种合并就是将一个论元性名词并入到一个动词之中[如（8-6）、（8-7）中的 a～b 就经历合并过程]，合并的一个直接结果是动词的价量减少一价。请看（Lambert，1999）：

（8-6）　a. *Enan*　　　*qaa-t*　　　　　　　*qErir-ninet*
　　　　　　3SG.ERG　　reindeer-ABS.PL　　seek-3SG.S/3.PL.O
　　　　　　"he looked for the reindeer"
　　　　b. *Etlon*　　　*qaa-rer-g'e*
　　　　　　3SG.ABS　　　　　　　　　reindeer-seek-3SG.S
　　　　　　"he looked for reindeer"

（8-7）　a. *Nej-EK*　　　*'El'El*　　　*tElgE-g'i*
　　　　　　hill-LOC　　　snow.ABS　melt-3SG.S
　　　　　　"on the hill, the snow melted"
　　　　b. *Nej-EK*　　　*'ElE-igE-g'i*
　　　　　　hill-LOC　　　snow-melt-3SG.S
　　　　　　"on the hill, the snow melted"
　　　　　　lit: "on the hill, it snow-melted"[①]

在（8-6）中，及物动词的宾语（即该动词的内部论元）与动词合并，从而使及物动词变成了不及物动词（*qaa-rer-g'e*）。该动词的配价结构因此发生了改变：原来语义、句法上的二价结构变成了句法上的一价结构（语义上仍为二价）。（8-7）中的动词本来是一价动词，但因该动词的唯一论元（即句法上的主语 *'El'El*）与动词发生合并，原来的一价动词减少一价，变成了零价动词。

同理可推：英语等语言中的 snow、rain、thunder、lighten 这类词在逻辑语义中本来是一价动词———一个动词携带一个内部论元，只是为满足英语等语言的句法要求，该动词才强制性地与其唯一论元合并，从而使得原来的一价动词在句法上变成了零价动词，即句法上的"零价现象"。假设这一推断成立，有人可能会质疑：为什么英语等语言中的这类动词经历了论元合并过程，而汉语中的这类动

---

① 此处 ERG 代表作格，ABS 代表通格/游离格，FL 代表复数，O 代表宾语一致，S 代表主语一致，SG 代表单数，LOC 代表处所格。

词却没有经历类似的过程呢？笼统地回答，这归因于语言间的差异。具体地讲，汉语和英语是不同类型的语言——从逻辑配价映射而来的语义上的一价结构有以下几种句法形式可供选择：①NP+V；②V+NP；③句法填充词+V+NP。按照乔姆斯基的"原则与参数理论"（参见 Cook & Newson，2000），汉语具有空主语（null subject）语言的特征，所以选择 NP+V 和 V+NP 皆可；英语正好与此相反——句法上的主语不允许空缺，所以只能选择NP+V，不能选择V+NP，若必须选择V+NP，则只能取其变体"句法填充词+V+NP"——在主语位置增加一个徒有形式而无意义的句法填充词（如英语中的 it、there 等）。snow、rain、thunder、lighten 之类所选择的句法结构是"句法填充词+V+NP"的进一步变异，即"句法填充词+V（v+np）"。类似楚克其语中的配价合并，这个表达式中的 V 是逻辑、语义上原有的内隐名词性成分 np 和及物动词 v 合并的产物，np 和 v 来自逻辑配价中的事件参与者和事件动作的映射。

"今天的词法是昨天的句法"（Givón，2015：25），这是词类演变的一条重要规律。汉语中的一部分复合词就是句法结构经过词汇化的结果，与其他语言中的成分合并很相似。上文提到的"再见"就是这类复合词的一个示例，因此也可以从成分合并的视角进行分析。只是不同于名词+动词合并，"再见"来源于动词与附加语的合并，这在楚克其语中同样有证可查。

（8-8）*tE-ralko-waNerkerkEn*

　　　1SG-tent-sew

　　　"I am sewing in the tent"

从（8-8）可以看出，与论元和动词合并的情况不一样，附加语和动词合并后并没有引起原动词配价结构的改变。但是，在汉语中，附加语+动词这一合并却引起了配价结构的变化："再见"散失了原有动词"见"（二价动词）的句法价地位——"再见"不能以二价动词身份继续在句法上使用。是不是在汉语中一旦发生配价合并就必定导致配价结构的变化呢？在进一步考察之前，我们不敢妄下结论，不过有一点可以肯定：楚克其语与汉语不同，名词+动词合并引起配价变化，附加语+动词合并不引起配价变化。既然"再见"不是二价动词，它应该归属为几价动词呢？我们以为用"零价现象"解释似乎更合实际："再见"的语义价为二价（因为在其逻辑配价中关涉两个行为参与者），因为语法化的作用（即配价合并）在句法上表现为"零价现象"。在汉语中，虽然不能说"我下午再见了三位客人"，但是"再见"在逻辑、语义上的二价地位应该是汉语母语者认同的。

基于跨语言证据和语言共性，可以得出结论：事件由物质的运动构成，没有参与者的事件在逻辑配价中不存在；语言配价由逻辑配价投射而来（"动作/行为"投射为动词，参与者投射为价语，即受动词支配的名词性成分），零价动词之说在语义上不成立，句法上的"零价现象"是不同语言进行不同参数（形态-句法）选择的结果。

第二节　配价的合并：共价及其他

从总体上看，配价合并是服从交际经济性的需要，使说出的语句在忠实传递交际意图的前提下尽可能简洁明了。但问题是为什么有的配价成分能合并而有的又不能合并呢？经济性原则不能充分地解释这一现象。本书从考察中发现，配价合并不仅有语用方面的原因，还有认知和句法方面（即来自配价结构内部）的原因。本书的配价合并原则主要探讨后者。从表现方式着眼，配价合并可分成两类：一类是语义价的合并，另一类是配价结构的合并。下面分别讨论。

一、语义价的合并

语义价的合并也称语义格的合并。关于语义格的合并，袁毓林（2005）曾提到三种情况：①受配位方式的限制，两种不同的语义格不能在同一句式中共现，只能把一种格合并进另一种格，如：王先生只指导过三个博士生+王先生只指导过三篇博士论文≈王先生只指导过三个博士生的学位论文。②受配位方式的限制，两种不同的语义格虽然能在同一个句式中共现，但是当另一个语义格加进来以后就无法共现了；于是，只能把这两种语义格合并成一种语义格，如：这根黄瓜我切片儿+这把刀≈这把刀我切黄瓜片儿。③参照同一个动词的其他有关的语义场景，某种场景中的某一场景要素可以看作是相关场景中的两个要素的合并；相应地，反映这一要素的语义格可以看作是反映那两个要素的两种语义格的合并，如：小王用锥子把卡片穿了一个小孔→子弹把墙穿了一个洞（"子弹"的语义格相当于"小王+用锥子"的语义格，即"施事"与"工具"的合并）。

比较不同的语言现象，可以看出袁毓林在此提出的语义格的合并在两方面尚有待完善：一是他没有明确指出什么格和什么格可以合并，二是他提到的第三种情况是否该算作语义格的合并还值得商讨。如果把"子弹把墙穿了一个洞"中的"子弹"看作两个语义格的合并，难道也可以说"水果刀把手切了个口子"中的"水果刀"是"施事"与"工具"的合并？如果这样，语义价的合并就显得太泛而毫无意义。

在本书提出的配价框架中，汉语中动词语义价的合并仅限于以下两种情况，一是施事和与事的合并，二是与事和受事的合并。

（一）施事、与事合并成新的施事

施事、与事的合并发生在"相互"类动词上，包括二价动词如"结婚、分手、谈话、约会"等，三价动词"商量、协商、讨论、辩论、签订、交换、调换、分享"等。合并的动因首先源于这类动词的内部语义结构：其中的施事和与事在具体事件中具有行为上的协同性，二者之间隐含的支配和被支配关系不够典型，表现出语义关系上的平行性，因而具有逻辑上的可交换关系。与此相对应，这种可交换关系在句法上就表现为不同价语角色的合并，合并的后果是引起句法价减少一价：二价动词出现在一价结构中，简称"一价表达"，三价动词出现在二价结构中，简称"二价表达"。价语合并后形成一个新的施事或重新选择一个集合名词（如他们）充任施事，在句法上作句子的主语，举例如下。

（8-9）张三跟李四结婚了。→张三、李四结婚了。→他们结婚了。

（8-10）老板在跟杨部长谈话。→老板、杨部长在谈话。→他们在谈话。

（8-11）小张跟小李商量过这件事。→小张、小李商量过这件事。→他们商量过这件事。

（8-12）他跟工厂签订了合同。→双方签订了合同。

（8-13）一班同二班换了教室。→一、二班换了教室。

（8-14）我应该和同学们分享成功的喜悦。→我们大家应该分享成功的喜悦。

（二）与事、受事合并成新的受事

在三价结构中，当与事、受事之间存在潜在的领属关系时可能出现合并的情形，实现方式是在与事和受事之间插入领属标记"的"，比如：

（8-15）他偷了我十元钱。→他偷了我的十元钱。

（8-16）那群歹徒抢了金店很多珠宝。→那群歹徒抢了金店的很多珠宝。

（8-17）爸爸借了学校一套房子。→爸爸借了学校的一套房子。

其他外围成分（像工具、材料、处所、方式等）占据主语、宾语位置，即实现所谓的主语化、宾语化（张云秋，2002），只是获得了部分的施事、受事特征，不能算作语义价的合并。按生成语法理论的观点，这类主语、宾语只能是结构上的主语、宾语，而不是语义上的主语、宾语，前者是因为句法需要从后者派生得来的。本书把这类情况处理为不典型语义价（动词的典型施事/受事被抑制）和典型句法价（符合汉语标准序列 SVO），与生成语法理论相比较可谓殊途同归。因这类问题已经在上文讨论过，此不赘述。

二、配价结构的合并

所谓配价结构的合并指几个简单配价结构合并为一个复杂配价结构的情形。在以往的配价研究中，配价合并是按共价现象处理的，所以首先有必要介绍共价。

共价指"一个体词性成分可以同时作两个动词性成分的配价成分，满足不同动词的配价要求的情况"（马庆株，1998：286-287）。因为共价主要牵涉语义层面，所以共价本质上是语义共价。马庆株（1998）认为共价分两种：兼格共价和同格共价。兼格共价又可以下分为两小类，可分别叫作兼语共价和同格通过共价。兼语共价指传统语法上讲的兼语式句法结构，像"我派他去上海（=我派他+他去上海）""他约我在桥下见面（=他约我+他和我在桥下见面）""我请他喝酒（=我请他+我和他喝酒/他喝酒）"等。在语义关系上，第一句中的"他"是"派"的受事又是"去"的施事，第二句中的"我"是"约"的受事又和"他"一起构成"见面"的广义施事，第三句中的'他'是"请"的广义受事又是"喝"的广义施事，也可能和"我"一起构成"喝"的施事。这里的"派、约、请"等都是典型的"致使"义动词，过去的研究一般归属为三价动词。

同格共价相关的句法结构较多，动补式复合结构就是其中的典型例子。例如，"坑挖深了（=挖坑+坑深了）""文章写长了（=写文章+文章长了）"等，其中的主语既是动补结构中动词的受事又是补语形容词的广义施事，以往的研究一般把这类动补式动词视为二价动词结构。同格共价"就是一个配价成分以同一种角色和两个或更多个动词性成分相关，换言之，两个或更多个动词共用一个配价成分"（马庆株，1998：287）。同格共价现象不仅常见于部分动补式复合结构，还常见于连动式句法结构，譬如，"我们上街买菜（=我们上街+我们买菜）""他去北京学习（=他去北京+他学习）""太阳升高了（=太阳升+太阳高了）""小李吃饱了（=小李吃了+小李饱了）"。至于马庆株所说的第三种情况"有的格式有同格共价和兼格共价两种可能"（马庆株，1998：288），像"我帮你写论文"等属歧义句式，在本书中归为语用的范畴。

我们认为，在逻辑配价中不存在语义共价的情况，也就无所谓兼格共价和同格共价，因为正如前文所述，事件行为和参与者的关系是恒定的，而且是一一对应的。客观事件是复杂多样的，可以是简单事件也可以是复杂事件。如果我们把牵涉一个单一行为的事件叫简单事件（simple event），把牵涉多个行为的事件叫复杂事件（complex event）的话，投射到语言层面后的配价结构就可以分为两类：

简单配价结构和复杂配价结构。简单配价结构是由一个动词构成的配价结构，复杂配价结构是由多个动词构成的配价结构。在复杂配价结构中，动词和动词之间形成不同的关系——并列关系和从属关系，由此形成的配价结构分别叫作并列配价结构和从属配价结构。通过研究发现，马庆株提出的共价现象完全可以得到统一的解释，这个解释机制就是本书提出的"配价合并机制"（valence integration mechanism，VIM）。

> **动词配价的合并机制**：复杂配价结构通过简单配价结构（由一个动词构成的配价结构）合并得来，合并包括动词的合并和价语的合并；合并指相同的成分取其一，不同的成分要移位达到紧邻（immediate adjacency）。

下面我们应用这个机制来分析共价现象，或者说三种结构：动补式、连动式和致使式。

（一）动补式

在动补结构中，补语或者为动词（如"打**死**老鼠"），或者为形容词，可形式化表示为 Vv 和 Va。以 Va 为例，动词和形容词的配价结构是彼此分离的，像"吃饱"中的"吃"和"饱"拥有不同的配价结构，前者是"吃（x，y）"，后者是"饱（x）"。"小李吃饱"来自逻辑配价结构[吃]（P_1，P_2）和[饱]（P_1）在语言层面的投射："小李吃饱"="小李吃（饭）"+"小李饱"。根据合并机制，复杂配价结构中的相同论元进行合并，保留其一，所以，"小李吃饭"+"小李饱"="小李吃饭饱"。按汉语句法要求，动补结构中的动词和补语必须紧邻，内部论元/价语"饭"要强制性地和补语"饱"换位，结果生成"小李吃饱饭"，"饭"的语境省略导致目标句"小李吃饱"的生成，合并过程如图 7-1。语境省略不是本节的主题，在此暂不予讨论。

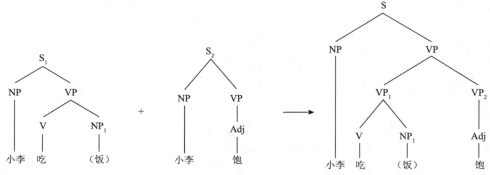

图 7-1　动补式复合结构的合并过程

（二）连动式

连动式中存在两个或两个以上动词，从逻辑配价到实际句式的生成与动补式复合结构无异。以"我们上街买菜"为例，可以简单表示为："上（我们，街）"+"买（我们，菜）"→我们上街买菜，相同论元"我们"合并后保留一个，另一个自行删除。运用结构树形图，从逻辑配价到句法语义价的投射过程可描述如图 7-2 所示。

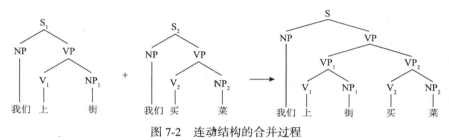

图 7-2　连动结构的合并过程

（三）致使式

根据合并机制，致使结构由两个配价结构组成。从语义关系看，致使结构中的两个配价结构有主属之分，依照线性排列，第一个动词为主动词，支配着整个配价结构（也可叫主配价结构），第二个动词为属动词，支配属配价结构或降格的配价结构（downgraded valence structure），在语言层面投射为小句。在逻辑配价中，致使结构中的动词具有"使动"义（CAUSE SOMETHING TO HAPPEN），表示某个行为主体"致使"另一行为事件发生。因此，"我派他去上海"的生成过程就可以简单描述为："派（我，S_2[去（他，上海）]）"→"我派他去上海"，其中的 S_2 代表降格的配价结构。"我派他去上海"的结构树形图刻画如图 7-3 所示：两个配价结构的合并方式与上一小节的连动式（两个 VP 并置）不同，S_2 嵌套在 S_1 之中，成为 S_1 中受动词 V 支配的姊妹节点。

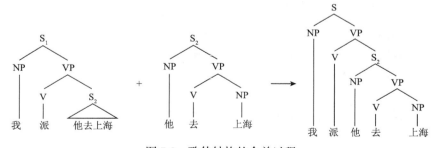

图 7-3　致使结构的合并过程

也就是说，"致使"类动词是逻辑配价[A]（P_1，P_2）直接投射的结果，应属二价动词，与一般二价动词不同的是，这类动词的内部论元不是一个名词性成分，而是一个小句——受主动词支配的属配价结构。传统的研究一直坚持"致使"类动词是三价动词，出发点在于认定这类词的受事价语有两个，一个是表示人的体词性成分，另一个是小句，像上面的"我派他去上海=我派他+他去上海"。其实很容易发现，这种语义上的等式是难成立的，因为"我派他"在逻辑配价层面不构成一个独立的事件，在语言配价层面不具备语义上的自足性，我们因此也不能说"我派他去上海"是"我派他"与"他去上海"合并的结果。从功能的角度看，把致使结构中的内部论元整体看作由一个独立事件充当的宾语受事更简洁，把典型的致使结构解读为"某人致使某事发生"，将致使动词视为二价动词更符合汉语说话者的语言直觉。

动词配价的合并机制不仅可以解释共价现象，对以下句法结构同样显示出其强大的解释力。

（8-18）他们找小王登记住宿。（↔他们找小王。）
（8-19）张小姐喜欢他忠厚老实。（↔张小姐喜欢他。）
（8-20）我恨他满嘴脏话。（↔我恨他。）

这里的三个句子都是复杂配价结构，分别由两个简单配价结构合成：他们找小王登记住宿=他们找小王+（小王）登记住宿，张小姐喜欢他忠厚老实=张小姐喜欢他+（他）忠厚老实，我恨他满嘴脏话=我恨他+（他）满嘴脏话，括号中的成分表示在合并中待省略的价语。从结构构成看，加号右边的语句既是一个价语成分，即受加号左边语句动词的支配，又是一个可独立的简单配价结构，即具有事件独立性，在语义、句法上具有自足性。但一旦这个简单配价进入配价合并程序，它原有的独立性便被消除，其价语在合并中要强制性地隐含就是独立性消除的标志。

简单配价在逻辑配价上对应为一个简单的行为事件，在语言层面常表现为一个最简单的命题，亦即说话人对世界的基本述谓。然而，人类所接触的世界复杂多样，行为事件不总是表现为简单事件，逻辑配价也因此不限于由一个或两个孤立的参与者构成，语言中动词配价结构的价语也因此不限于名词。一个可独立的配价结构降格充当另一个动词的价语，这是复杂配价结构产生的动因和条件。

第三节　配价的分解原则："同义异形"现象

配价结构不仅可以合并还可以分解。配价分解与配价合并是互为反向的过程，分解的结果引起配价结构增容，上文提到的价量增加是增容的表现之一。配价分解包括动词的分解和价语的分解两个部分，下面分别展开论述。

在逻辑配价中，一个行为事件一般由一个行为构成，但这个行为投射到语言层面时可以是一个独立的动词 A，也可以是一个动词 A'和另一个成分 B 的合并。作为一般规律，A=A'+B，我们把动词 A 可以再分为复合动词 A'+B 的这一特性称为动词的分解，比如，英语动词 fly 可以分解成 go（=A'）+by airplane（=B），因此英语句子"Tom flew to New York."也可以说成"Tom went to New York by airplane."。汉语中的情况类似，我们也可以把"我们飞上海""他们逛北京"分别说成"我们乘飞机到/去上海""他们悠闲自在地游北京"。因不同民族的语言差异，动词配价分解的方式不一定相同。这里，fly 分解成 go+by airplane 是把原来的动词分解成一个新动词和一个介词短语，而汉语中的"飞"分解成"乘飞机到"是把原来的动词分解成一个动词（"到/去"）和一个动词短语（"乘飞机"）。但无论在英语还是汉语中，行为事件的现实共性在人类认知上同样有所反映：可被分解的动词一般是一个具体的动词，语义透明度高，被分解出来的动词一般是一个概括性较强的动词（类似泛义动词），语义透明度低。

在现代汉语中，配价分解主要指价语的分解，即充当一个语义角色的名词性成分分解为两个语义角色的现象。通过考察，可以发现汉语中的动词配价分解主要包括：①一个价语分解为领属者和领有对象；②一个价语发生了量分化，分解为整体和部分。

领属者和领有对象分离（转引自张家骅，2003）。

（8-21）她的体形好。→她体形好。

（8-22）肉价跌了。→肉跌价了。

（8-23）小男孩的两腿发软。→小男孩两腿发软。

（8-24）他打我的脑袋。→他打我脑袋。

（8-25）我的一个"车"叫他吃了。→我叫他吃了一个"车"。

整体和部分分离。

（8-26）我洗了三件衣服。→衣服我洗了三件。

（8-27）他精通五门外语。→外语他精通五门。

（8-28）妈妈买了十斤美国香蕉。→美国香蕉妈妈买了十斤。

如果说配价合并的目的是表达的经济性（和生动性），那么则可以说配价分解的目的是表达的精确性。通过比较可以发现，配价分解前和分解后所表达的语义内容大致相当，按客观语义学的观点，它们具有共同的逻辑真值；但语感显示，分解后的语句还传递了规约性的话语义（implicature）——凸显了焦点信息（因为句末是自然焦点位置）。譬如，在（8-21）中，分解后的配价结构使"她"成为话题，谓语变成主谓谓语句，有关她的属性特征"好形体"成为焦点信息；在（8-26）中，配价分解导致定中结构的中心语成为话题，定语"三件"作为独立价语转化为句子的信息中心。可见，一个句子不仅传递了客观真值义，同时还传递了说话人的主观情态义，体现了主观与客观的结合。这样，语言中的语句"同义异形"现象便可得到合理解释："同义"指逻辑语义相同，"异形"暗示着主观语义"相异"。这与构式语法的基本精神相通。

第四节　配价的缺省：省略和隐含

在配价结构中，价语常有省略和隐含的情形发生，本书统称为配价的省略和隐含。众所周知，省略和隐含是两个相关但不相同的概念。说相关，是因为被省略和被隐含的成分都是动词语义结构的一个组成部分，是行为事件的参与者，在句法层面一般不显现出来。但语感告诉我们，倘若把这个参与者从相关的行为事件中"消除"，语义价就不可能存在。说不同，是因为二者归属于不同的层次范畴，即省略属语用范畴，隐含属语义范畴。从操作性上看，省略的价语可根据"可找回"（recoverable）原则在句法价里补全而不破坏句子的语义、句法合格性，隐含的价语虽然也可以"找回"，但不能两全其美——或者破坏/改变了语句的语义合格性，或者破坏了句子的句法合格性。在省略与隐含的区分上，张国宪（1993）的说法更具概括性："在某一省略句中，省略成分的确定性与添补之后结构的合法性是共现关系。……在某一隐含句中，隐含成分的确定性与隐含成分补回之后结构的合法性是互补关系，或具备隐含成分的确定性，或具备隐含成分补回后结构的合法性，二者只居其一。"注意比较下面的句子：

（8-29）小朋友想回家。

（8-30）展望未来，我们充满了信心。

（8-29）中"回家"的前面隐含着"小朋友"，如果把隐含的成分补回来[1]，就明显地违背了汉语的句法规则，如果在"回家"的前面添上别的价语（如爸爸、妈妈），又改变了原来语句的语义，形成了一个新的配价结构。（8-30）则与此不同，"展望未来"是"我们展望未来"的省略说法，从上下文的语境信息看，省略的词语十分明确，并且被省略成分添补之后，语句在句法、语义

---

[1] 在生成语言学里，这个隐含的成分被称作大代语 PRO，一种空语类成分。

上依然成立。

在现实的言语交际中，交际单位大多情况下不是结构完整、语义饱和的句子，而是有所缺省（包括句法缺省和语义缺省）的言语结构单位，可称之为话语单位。与此相联系，本书所关心的是话语出现成分省略有什么样的认知动因，即有何依据可寻。根据概念整合理论（conceptual integration theory，亦称概念合成理论 conceptual blending theory），意义不是通过组合而是通过整合获得的（苏晓军、张爱玲，2001），也就是说，话语单位的意义不是组成话语成分的意义的简单相加，而是需要再附加一些超越话语成分意义之外的意义。言语交际的实质是话语单位意义的交流，如果把话语成分意义看作是静态语义，把附加意义看作是动态语义的话，那么就可以用一个等式表达话语单位的意义构成情况：话语单位意义=（话语成分的）静态语义+（附加成分的）动态语义。从这个等式我们可以得到一个启示：语用层面的动词配价缺省是很自然的事情——出于表达的经济性考虑，说话人不必（也不能）把想交流的每个细节内容都说出来，而听话人正好与此相反，他期望听到尽可能多的细节以达到完全理解的目的。为了解决这一矛盾，听话人除了正确辨识话语成分的语义外，还要充分利用语言外的语境信息展开积极的联想、推理，努力完成信息的补全，形成信息间的最佳关联，最终促成交际成功。这里所说的细节信息或补全信息中的主要内容就包括缺省的动词配价成分，譬如，"A：你打了吗？B：打了。"对话中发话人 A 省略了动词"打"的受事，结果使得该句在句法上缺省、在语义上不饱和。单从字面上，无人能推知到底是"打人""打水"还是"打电话"，但这确实是真实的话语交流。听话人 B 能够明白 A 的意思并做出相应的回答，表明 B 不只是清楚 A 的话语的缺省，更重要的是他还能准确地补全语言外的信息，形成最佳的问-答关联，顺利完成话语交流。B 的具体推理过程不是本书关心的话题，在此不做讨论。

总之，话语中配价成分的省略有很强的语境依赖性，这里的语境既包括语言的语境（如上下文等），还包括非语言的语境（如交际环境、交际双方的背景知识等）。

逻辑配价中的参与者不一定在句法上一一表现出来，因为配价投射的过程也是个人认知主观参与的过程，在不影响信息传递的前提下，说话人能省则省。长此以往，本来需要表达的语义内容便在句法上出现缺省，凝固成一个固化的结构（entrenched structure）。这可能就是隐含形成的动因。除了前面提到的价语隐含外，还有一类因论元抑制造成的配价结构也可以划归配价隐含的范畴，这就是学界提到的非宾格结构（unaccusative construction）和中动结构。

非宾格结构

（8-31）铁门打开了/房门锁上了。

中动结构

（8-32）这本书读起来快/那句话听起来别扭。

这两种结构中的施事都没有出现，也不容易补全（除非特殊语境的帮助）。但与上面提到的隐含又有所不同：这两种结构的逻辑施事虽然有任指性，但补上一个表任指的施事如"某人"后，语句依然成立并保持基本语义不变，即"铁门打开了=铁门某人打开了""房门锁上了=房门某人锁上了"；与此相对，"小朋友想回家"≠"小朋友想小朋友回家"。也就是说，这两种结构不属于汉语中经常区分的典型隐含结构，原因是该类结构兼有省略和隐含的双重特征，具体比较如下。

配价隐含：缺省价语在结构中有照应成分，句法上不可补回，归属句法制约。配价省略：缺省价语在结构中无照应成分，句法上可补回，归属语境制约。非宾格结构/中动结构：缺省成分在结构中无照应成分，句法上的可补性受限，归属句法制约。

便于直观，可以把三类缺省成分的情况对比列于表 7-1。

表 7-1　三类缺省配价成分的对比简表

缺省对比项目	缺省价语有无照应成分	句法上可否补回	受制约性质
配价隐含	+	−	句法制约
配价省略	−	+	语境制约
非宾格结构/中动结构	−	±	句法制约

注：+表示具备该项特征，−表示不具备该项特征，±表示可能具有或不具有该项特征，即这个选项存在两可性。

由此可以看出，配价的隐含和省略之间没有绝对的界限，二者作为性质不同的两极可以构成一个连续统，连续统的中间便是非宾格结构和中动结构。

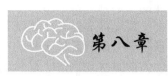

第八章

动态配价：动词配价连续统

　　配价有静态、动态之分。静态配价指由动词的论元结构映射而来的配价，这类配价属于动词词库特征的一部分，具有恒定不变的属性。动态配价是语用层面的配价，指言语活动中动词的现实配价表现（或称句法表现方式）。动态配价以静态配价为基础，但又不等同于静态配价，而是具有游移、多变的特性。在言语交际中，本书把动词配价所经历的从静态配价到动态配价的变化称为配价的变化，简称变价，比如，根据词库特征，"切"的静态配价是三价，句子"妈妈在用刀切菜"是其静态配价的典型示例，而现实语句"妈妈在切菜"（尽管也表达"妈妈在用刀切菜"的意思）则是其变价，原因是这里少了一个配价成分（工具性论元）。变价现象早有学者注意到，"动词的配价在语言的运用过程中往往不同于实质性的动词配价。有时，不但可有性补充成分可以省去，甚至连必有性补充成分在一定的上下文中也不必出现。与此相反的是，动词的实质性配价数在某些情况下还可以增加"（李洁，1986：108）。简而言之，动词变价包括增价和减价。

　　过去的配价研究多以动词的词库特征作为研究重点，强调在静态的句子里提取、研究价（即我们所谓的静态配价），往往排除了语用因素的影响（即我们所说的动态配价）。近几年，随着构式语法的兴起，配价研究的热潮开始"从动词配价走向构式配价"（郑定欧，2005：110），但研究的范围囿于有限的结构类型，即动词增价/减价的语用现象依然没有得到全面的解释。然而，语料统计显示：现实语句通常背离基于词库特征的句法需求，配价的增加/减少现象常见。为揭示汉语动词配价的语用规律，本书提出配价连续统，试图从一个全新的视角来解读以往配价理论所忽略的动词变价现象。

第一节　动词配价连续统的界定

　　本书秉承动词配价的句法-语义观，认为配价的形式与意义是相互关联的，"研究配价的目的是更好地说明句法结构的合格性、说明句法结构跟语义结构的关系"（袁毓林，2005）。动词配价的合格性理应包括配价的形式合格性和语义合格性，即满足动词配价的量效应和质效应要求（周统权，2007）。

言语的表达基于语义、句法和语用的合一，所以一个以动词为中心构成的合格句子必须满足该动词的配价条件：语义-句法合格性+语用可接受性。如上文所述，前者是动词静态配价的必备条件，后者是动词动态配价的必备条件。这样，一个动词的配价构成就包括两部分：静态配价+动态配价。偶尔，静态配价和动态配价可以完全相同，但很多情况下表现出差异，如前面提到的动词"切"的静态配价可以简单表示为 V[Na，Np，Nt]，动态配价则可能是 V[Na，Np]（如"妈妈在切菜"），也可能是 V[Na，Nt]（如"妈妈在用刀切"），也可能是 V[Np，Nt]（如"菜在用刀切"），也可能是 V[Np]（如"菜在切"），还可能是 V[Na]（如"妈妈正在切"），等等。基于此，可以把动词配价连续统界定如下。

> 动词配价连续统是动词配价在语用层面的连续统，连续统的一端是静态配价，另一端是动态配价（或称变价）。

按此定义，动词配价连续统主要揭示动态配价与静态配价之间的渐近对立关系（暂且可以忽略二者完全一致的情况）。如果把静态配价视为动词的典型配价的话，那么动态配价就是动词的不典型配价。与静态配价比较，动态配价内部的组成成员之间没有绝对的是/非区分，只有典型/不典型之别。动词的具体动态配价的选择受制于诸多因素，既有语言因素，也有非语言因素，如言语交流者的注意焦点，意欲凸显和/或隐现的情景事件视角，"切"的不同配价选择即是例证之一。从研究内容看，配价连续统主要探讨动词变价是如何在语用中实现的，具体包括价量、价质和价位的变化规律。

第二节　动词配价连续统的呈现方式

从理论上讲，语用基于语义和句法的合一，但在现实的言语交际中，配价结构（即语义-句法价）的选择不仅要考虑到静态的语义价和句法价的基本构式（basic configuration），而且要受制于许多非语言的语境因素，如前面提到的说话人和听话人的注意焦点，意欲凸显和/或隐现的情景事件视角等。因此，同一动词的语用价在很多情况下并不等于该动词的"语义-句法价"。那么，语义价和句法价是怎样完成合一实现为语用价的呢？对这个问题的探讨意义重大，它直接关系动词配价研究的基本路线——从配价的静态研究开始，再深入到动态研究，走"动、静"

相结合的道路，从而揭示言语发生的基本规律。通过比较我们发现，动词配价在语用层面是以连续统的形式表现出来的。按呈现方式，配价连续统可分为三种：价量连续统、价质连续统和价位连续统。

一、价量连续统

价量连续统指动词价语（或论元，包括语义性论元和句法性论元）的多少在实际语用中是可变的，低价动词的价量可以增加，高价动词的价量可以减少。为了区分动词的不同价类，本书以"X价动词"指代动词的静态配价，X标明其价量（如二价动词就指该动词的句法-语义价为二价，其余类推），以"Y价表达"指代动词的动态配价（或变价），Y标明其价量（如"三价表达"就指该动词在句法上的现实变价为三价，即三个必有成分与该动词共现）。以下是不同价量的动词在实际言语中的不同价量表达举例。

静态语义价中的一价动词可以在句法价里动态地"二价表达"，即增加一个价语（以斜体表示，下同）：

> （9-1）死：$P(x)$——老张死了。vs.
> $P*(NP_1, NP_2)$——老张死了*父亲*。
> （9-2）哭：$P(x)$——小娟在哭。vs.
> $P*(NP_1, NP_2)$——小娟在哭*她妹妹*。
> （9-3）跑：$P(x)$——他跑了。vs.
> $P*(NP_1, NP_2)$——他跑了*一身汗*。

语义上的二价动词在语用价中可以"三价表达"，同样增加一个价语：

> （9-4）拿：$P(x, y)$—我拿了一本书。vs.
> $P*(NP_1, NP_2, NP_3)$—我拿了*同学*一本书。
> （9-5）吃：$P(x, y)$—我吃了三个苹果。vs.
> $P*(NP_1, NP_2, NP_3)$—我吃了*他*三个苹果。

动词配价从一价到二价或从二价到三价是价量的增加，那么反过来，三价变成二价/一价/零价，二价变成一价/零价或一价变成零价就属于价量的减少。价语减少的情况在语用中很常见，这从下面的举例中可见一斑。

一价动词以"零价表达"，即价语不出现，在句法上仅有动词和时体成分（省略的价语在圆括号中表示，下同）：

> （9-6）小王走了吗？—（他/她）走了。

（9-7）你爸爸呢？——（他）睡了。

二价动词的"一价表达"——只出现一个价语：

（9-8）（你昨天打扑克了吗？）——我打了（扑克），你呢？

（9-9）玻璃杯摔碎了。（比较：弟弟摔碎了玻璃杯。/弟弟玻璃杯摔碎了。/玻璃杯弟弟摔碎了。）

二价动词的"零价表达"——价语不出现：

（9-10）（你去过香港吗？）——（我）去过（香港）。

（9-11）（你们喝不喝水？）——（我们）不喝（水）。

三价动词的"二价表达"：

（9-12）张大军（向周老师）借了一辆车。

（9-13）明天班主任过生日，我们送（他/她）什么？

三价动词的"一价表达"：

（9-14）王老板为希望工程捐了多少钱？

    ——（他）（为希望工程）捐了100元。

（9-15）爸爸把画挂墙上了吗？

    ——（他）（把画）挂墙上了。

三价动词的"零价表达"：

（9-16）你把稿费寄给李小鹏了吗？

    ——（我）（把稿费）寄（给他）了。

（9-17）小张和小李换了房间吗？

    ——（小张）（和小李）换了（房间）。

从这些例句中，我们可以看到一条基本规律，动词静态配价中的价量只是一个相对的参照标准，在具体的言语交际中，价量呈现一种游移的趋势，不同动词在价量上的区分是一种变动范围的区分，而不是一种绝对静止的定量区分。也就是说，我们不能说动词 A 是一价，动词 B 是二价，动词 C 是三价，而应该更准确地说动词 A 的价量范围是 2←1→0 价，动词 B 的价量范围是 1/0←2→3 价，动词 C 的价量范围是 3→2/1/0。这样，传统的一、二、三价动词 A、B、C 的价量变化情况就可以分别简要如图8-1所示（其中的 V 代表动词，是 Verb 的首字母缩写，下标数字代表该动词的价量）。

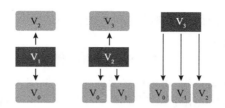

图 8-1 一、二、三价动词的价量变化趋势图

在图 8-1 中，向上的箭头表示价量增加，向下的箭头表示价量减少，带灰底的长方形方框代表动词的静态配价量的起始状态，可以视为不同价量的动词在价量连续统中的起点。这样，从左至右分别反映了一、二、三价动词整体变化趋势：一价动词可以增价形成"二价表达"，也可以减价形成"零价表达"；二价动词可以增价形成"三价表达"，也可以减价形成"零价表达""一价表达"；三价动词只会出现减价情况，形成"零价表达"、"一价表达"或"二价表达"。

汉语动词配价的传统价量区分是有缺陷的，不能反映动词在话语中的真实配价情况，本书提出的价量连续统规律有望弥补以往研究的不足。

二、价质连续统

价质亦称价类，相当于论元结构中的题元角色。价质连续统指价语的语义角色/题元角色地位不是泾渭分明的。根据道蒂（Dowty，1991）的观点，题元角色是动词对论元的一组蕴含，是个边界模糊的丛集概念，各个角色存在某些交叉特征，因此从角色 A 到角色 B 往往不是"是与非"的不同，而是反映了渐进性的变化。这样，从论元选择的角度看，则可以说某论元可能既选择了题元角色 A，又选择了题元角色 B，显示出"身兼多职"的状况。这就是价质连续统的基本思想。

西方学者从跨语言的研究中发现，价语可充当的题元角色呈现出等级规律，像凯巴斯基（Kiparsky，1987）和布列斯南与卡内瓦（Bresnan & Kanerva，1989）根据杰肯道夫（Jackendoff，1990）、平克（Pinker，1989）和道蒂（Dowty，1991）等人提出的题元等级：

施事 > 受益者 > 感事/目标 > 工具 > 受事/客体 > 处所

这里，从左至右表示题元角色从最凸显到最不凸显，即"施事"最凸显，"处所"最不凸显，居中的各角色类推，斜线左右的角色地位大体相当。

我国学者陈平受道蒂（Dowty，1991）的启发提出了汉语中充任主语和宾语的语义角色优先序列（见陈平，1994）。可以看作是汉语价质连续统的基本构成：

施事 > 感事 > 工具 > 系事 > 地点 > 对象 > 受事

其中排在左边的成分优先于排在右边的成分作主语，反之，排在右边的成分优先于左边的成分作宾语。

通过比较可以发现：汉语与其他自然语言一样，隐含在语言底层的语义关系基本一致。但语料检索的结果却显示出差别，一方面题元角色之间的交叉丰富多彩，另一方面汉语中的题元角色不限于陈平提出的几类，具体举例如下。

（9-18）工具—施事：**钥匙**打开了房门。

（9-19）处所—施事：**公园**跑了一只猴。

（9-20）工具—受事：你们搭**公交车**。

（9-21）材料—受事：我漆**油漆**。

（9-22）方式—受事：**包**包裹，**寄**快件，**打**快攻

（9-23）结果—受事：他昨天剪了**平头/分头**。

（9-24）材料—施事：**水**浇花了。

为此，本书同样基于道蒂（Dowty，1991）的思路，提出汉语动词的价质连续统，试图进一步细化汉语价语/论元选择和题元角色之间的关系。

汉语动词的价质连续统：典型施事作主语，典型受事作宾语，从施事到受事之间有许多中间成分，如工具、材料、处所等，在语用中这些中间成分可以通过主语化、宾语化完成从非价语到价语的角色转换。价质连续统可以大致描述如图 8-2 所示。

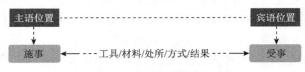

图 8-2　动词配价的价质连续统

（9-18）～（9-24）正是价质连续统的具体示例：处所、工具、方式、材料和结果等本应属于配价结构中的外围成分，但在特定的语境中分别获得了价语地位——一定的施事特征或一定的受事特征。从逻辑配价的角度看，这些外围成分都是事件的次要参与者，通过语义投射从非价语成分转变为价语成分，从而在句法上占据主语、宾语位置。这种非价语成分占位的过程就是所谓的主语化、宾语化：汉语句子中的主语位置和宾语位置分别是施事和受事的典型位置，外围成分通过抢占这两个位置获得部分的施事、受事角色。也就是说，这些变了身份的语义成分既保留了原有的部分角色（如工具、处所等），又新增了部分的"施事"和"受事"角色，从而引起不同角色之间的界限模糊，使价质连续统得以体现。

既然外围成分可以通过主语化和宾语化完成从非价语到价语这一价质的角色转换，其动因何在？从观察中我们发现引起主语化、宾语化的语用动因有两条，

一是表达的经济性原则（如"钥匙打开了房门"比"用钥匙打开了房门"更经济），二是事件描述的视角，或者说出于表运的精细化——说话人意在凸显某个非价语成分，让非价语成分成为凸显题元（价语），句子的主语、宾语位置正好满足这一要求。但仅有这两条还不能保证非价语成分实现主语化或宾语化，还有一个重要的制约条件，这就是基于动词语义的理想认知模型或称认知框架，其界定如下。

> 非价语成分在认知上与价语的距离越近，成为价语的可能性越大；
> 反之，与价语的认知距离越远，成为价语的可能性越小；如果认知上绝
> 对不相干，即认知距离无穷大，那么非价语成分成为价语的可能性为零。

以"写毛笔"和"教大学"为例，其中，"毛笔""大学"之所以成为价语是因为"写字"一定借用某种工具——"毛笔"不仅是必选之一，而且在中国古时是唯一的书写工具；"教书"一定离不开一定的场所——大学是"教书"几大专门场所之一。人们不能从"在大学里写字"和"教某人用毛笔写字"分别类推出"写大学"和"教毛笔"，这是因为"写字"可以在任何地方进行，而"大学"只是一种可能选择，与"写字"在认知上的距离疏远；同理，"教"的内容可以很广，"教人写毛笔"只是多种可能性中的一种，而且也未必是经常性的行为，因此"教"不与"毛笔"构成必然关联。其实，认知距离的远近与人们对 VO 结构的使用频率密切相关，使用频率越高，认知距离越近。用邢福义（1991）的话说："常识性越强，带有代体宾语的格式的使用频率就越高，人们对这类格式的习惯性也就越大。"这里的代体宾语指可以代入常规宾语位置的非常规宾语，就是本书中的不典型宾语论元/价语。

语料统计也显示，各外围语义角色并不均衡地向施事、受事靠拢，其中向施事靠拢的频率远远低于向受事靠拢的频率。这一现象证明了学者们的一个共识：内部论元（一般为受事宾语）比外部论元（多为施事主语）对动词配价结构起着更大的决定作用。生成语法学派更是认为主语受动词短语（由动词及其补足语组成）制约，而宾语直接受到动词的制约，暗示着动词与充当内部论元的宾语关系更紧密，20 世纪提出的"动词短语内部主语假设"（VP internal subject hypothesis）（Radford，2000）进一步强化了类似的观点。由此可见，句法上的主、宾语不对称也可以从价质连续统中得到佐证。

三、价位连续统

价位连续统指价语在句法上的位置不是唯一的、固定不变的，而是体现出可选择性。按论元结构理论的说法就是，题元角色和论元（价语）位置之间有一对

多的关系，反之亦然。在以英语为代表的西方语言中，价语位置一般可以按不同的形态标记按图索骥：主语位置（S）、宾语位置（O）和旁格位置（OBL）。一般情况下，价语的题元角色和价语位置之间对应，即典型施事进入主语位置，典型受事进入宾语位置，其他题元角色进入旁格位置（英语中多由介词引导）。汉语因为缺乏显性的形态标记，题元角色对价语位置的选择表现出很大的灵活性，但依然表现出有规律可循。下面我们列出一、二、三价结构中主要题元角色与价语位置的大致对应情况（汉语中的 OBL 既包括介词短语位置，也包括动词前、主语后的非介词短语位置），其中"→"的前后排列顺序代表位置选择的优先序列，即最左边的句法位置为所涉题元角色的最优选择，最右边的位置为最后选择（如"施事"在 S 出现的可能性最大，在 OBL 出现的可能性最小）。

　　施事：S→O→OBL

（9-25）我们学习英语。→他家来客人了。→会议由主任主持。

　　受事：O→S→OBL

（9-26）她在弹吉他。→论文不好写。→南方人馒头不常吃。

　　与事：OBL→O

（9-27）杨老师给我送了一本书。→杨老师送了我一本书。

　　处所：OBL→O→S

（9-28）他爸爸在北京工作。→他爸爸住北京。→三楼住着两个外教。

　　工具：OBL→S→O

（9-29）妹妹用剪刀剪指甲。→剪刀可以剪指甲。→弟弟不习惯写毛笔。

　　方式：OBL→O→S

（9-30）你们只能凭快攻打败他们。→你们要多打快攻。→真可惜，快攻没打成。

　　从这些举例可以看到一种趋势：施事和受事可以位置互换，也可以离开经典的主、宾语位置进入旁格位置，但更多的情况是旁格位置的题元角色占据主、宾语位置。虽然旁格位置的非价语成分既可以选择主语位置也可以选择宾语位置完成价语角色的转换，但语料统计显示，它们更倾向于选择宾语位置达到目的，即：汉语中非价语成分宾语化似乎优于与之相对的主语化，这与前文提到的主、宾语不对称性一致，也说明非价语成分更容易受到动词的约束，从而形成信息焦点。

　　道蒂（Dowty，1991）从原型题元角色和论元选择的分析中得出，典型施事作主语，典型受事作宾语，其他语义角色作介词宾语。布列斯南（Bresnan）曾在词汇映射理论中按语义上是否受限（[±r]）和是否具备宾语性（[±O]）这两条标准来给不同的句法功能成分分类，得出的结果如下（参见傅承德，1993）。

$$\begin{bmatrix} -r \\ -o \end{bmatrix}\text{SUBJ} \qquad \begin{bmatrix} +r \\ -o \end{bmatrix}\text{OBL}_\theta$$

$$\begin{bmatrix} -r \\ +o \end{bmatrix}\text{OBJ} \qquad \begin{bmatrix} +r \\ +o \end{bmatrix}\text{OBJ}_\theta$$

意思是 SUBJ（主语）和 OBJ（宾语）在语义上不受限制，即主、宾语可以是动词的任何一种语义角色，OBL_θ（间接语）OBJ_θ（下标宾语）则在语义上受限制；SUBJ 和 OBL_θ 不具备宾语性，而 OBJ 和 OBJ_θ 则具备宾语性要求。

从汉语的情况看，布列斯南提出的这一规律不太适合：不是任何一种语义角色都可以进入汉语的主、宾语位置，而且非价语成分的宾语化优于主语化的趋势也暗示着主、宾语成分的对立不能简单归因于语义受限与否。

其实，类似的连续统现象在其他语言中也存在，只不过表现方式不完全相同罢了。譬如，在英语中，有些同义、同形的词在不同的语境中既可以充当及物动词又可以充当不及物动词，因此孤立地看，很难说该动词是一价动词还是二价动词。下面是价量连续统的实例。

（9-31）John broke the vase.（二价表达）→The vase broke.（一价表达）

（9-32）John sat the robot on the bench.（二价表达）→John sat down on the bench.（一价表达）

（9-33）The heat dried the clothes.（二价表达）→The clothes dried.（一价表达）

在英语中，我们也可以说："This knife cuts easily." 和 "This book sells well."。这里的 this knife 和 this book 就打破了题元角色的常规配位原则，是价质连续统和价位连续统的实例。

如上所述，动词配价连续统包括价量连续统、价质连续统和价位连续统三部分。但是，各部分在配价连续统中的地位不是均衡的，其中，价质连续统占据支配地位，价量连续统和价位连续统处于从属位置。就一个具体的动词而言，要构成一个行为事件或形成一个事件的认知框架/图式，从逻辑配价投射而来的语义价（即逻辑上的事件参与者，在语言中表现为价语）是不可或缺的成分。只有当某个动词的语义价的具体身份（即价质）确认之后，我们才可以认定其可能数量（即价量），推断其可能位置（即价位）。这和论元结构理论的基本精神是一致的：论元成分的语义角色（即题元关系）决定论元数目和论元位置。需要强调的是，事件参与者有主次之分。一般来说，投射的顺序也遵循先主后次的顺序完成语言投射，但不必然如此。有时，因表达精细化的语用需求，主要参与者被隐含，次要参与者被凸显，不仅引起非价语成分通过主语化、宾语化实现向价语角色的转换，而且形成价质和价位的关系纠葛。此外，在实际的言语交流中，价量在一定程度上也决定着价位的选择，比如，三价结构的与事成分一般不出现在主语位置。基于以上考虑，可以推导出动词配价连续统的内在规律，或称配价连续统内部的优先序列。

价质连续统＞价量连续统＞价位连续统

第三节　配价变化及其制约条件

在化学上，大多数元素在不同的化合物里都能显示出不同的化合价，称可变化合价。从上节的论述我们已经知道，可变化合价的特性在动词的配价系统中同样存在，表现为配价连续统。这种连续统促使动词配价在语用层面呈现出动态的变化性，从而使一、二、三价结构之间的界限变得模糊。本节我们探讨这种模糊性到底是如何形成的，亦即配价连续统的形成是否有具体的制约条件，本书把这些条件称作配价连续统规律。

关于变价问题，我国已有学者（如袁毓林，2005；顾阳，2000；陈昌来，2002a；郭锐，2002）进行过探讨，但看法不太一致，也不够全面，分出的有些小类还有重复现象，因此概括性不强。在一定的条件下，价语可增可减，下面先讨论价语增加（即动词增价），后谈价语减少（即动词减价）。

一、动词增价的制约条件

基于前人的研究并通过语料比较，我们总结出以下九个方面的动词增价的制约条件。

（1）非宾格动词的施事化（agentivity）引起增价。

非宾格动词又叫作格动词，指的是其不及物动词的主语和及物动词的宾语有相同形式（克里斯特尔，2000）。当这类动词从其不及物用法转为及物用法时，就必须经历施事化，增加一个施事论元。非宾格动词的施事化是一个带有普遍性的语言现象，不仅汉语中存在，在其他很多语言中也都存在，如爱斯基摩语、巴斯克语和英语等。英、汉语对照举例如下（句中增加的价语用下划线表示）。

（9-34）The window broke. →<u>The man</u> broke the window.

（9-35）The car handles well. →<u>He</u> handles the car well.

（9-36）大门开了。→我开了大门。

（9-37）我的一支钢笔丢了。→我丢了一支钢笔。

（2）一价性状动词的致使化（causativization）导致增价，致使化的过程是增加一个致使者，即前文所说的广义施事，动词也因此变成了所谓的致使动词，例如（陈昌来，2002a：141）：

（9-38）关系断绝了→双方断绝了关系。

（9-39）小王惊醒了→雷声惊醒了小王。

（9-40）矛盾缓和了→他们俩缓和了矛盾。

把前两个方面都当作增价现象处理，只是为了尊重学界的传统观点。其实，从前文的论证已很清楚，把前两个方面处理为减价现象更合适：二价动词是动词的典型，施事价语的抑制是导致二价动词变成"一价表达"的主因。严格地讲，这个主张不能全算我们的创新，因为国外早有学者提出类似的理论假说，如莱文和拉帕波特（Levin & Rappaport，1995）就认为形态一致的及物动词与不及物动词有派生关系，前者是基础的，后者是派生的（参见顾阳，2000）。

（3）领有者和领属对象的分离引起增价，例如：

（9-41）张三的爸爸死了。→张三死了爸爸。

（9-42）我的牙齿掉了。→我掉了牙齿。

领有者有默认和非默认之分，默认领有者一般看作有价名词的一个价语，在逻辑上不能空缺，而非默认领有者则可根据语境需要任意添加，所遵循的基本原则似乎是"万物皆有所属"。（9-41）、（9-42）都是默认领有者和领属对象分离的语句，下面举三个关涉非默认领有者的实例。

（9-43）他家的小狗死了。→他家死了条小狗。

（9-44）我们的三个人走失了。→我们走失了三个人。

（9-45）那个人抢了我的一个手机。→那个人抢了我一个手机。

（4）受事出现量的分化，整体与部分分离导致价量增加。

如前所述，当整体与部分分离后，一般是整体在句法上居于主题位置，部分处于句末焦点位置。从认知的一般规律看，人们遵循从整体到部分的认知顺序，符合兰盖克提出的相对突显（relative salience）认知原则（转引自张辉，2003）。在句法上表示整体的成分居前、表示部分的成分后置正好贯彻了认知原则，同时也证明了语言中的象似性（iconicity）确实存在。

比如，从"妈妈洗了衣服"到"衣服妈妈洗了一件/领子/袖子"，"衣服"属于整体所以分离后处于主语前的主题位置，增加的论元"一件/领子/袖子"是内部论元"衣服"的一部分，因此置于句末成为自然焦点。类似的还有"苹果我吃了一个""敌人我们消灭了整整一个连（比较：我们消灭了敌人整整一个连）""英语词典他送了我们五本"等。

陈昌来（2002a）认为这类句子的句首名词不是动词的真正配价成分，而是动词后宾语名词的配价成分。这样的解释有个问题，说"一个""一件"这类成分是名词难以让人接受。从语义出发，把句首的名词成分和动词后的配价成分看作是整体和部分的分离更具有解释上的概括性。

（5）当非"给予类"/"索取类"动词负载"给予义"/"索取义"时，就要强制性地增加一个"与事"/"夺事"成分。这种成分不是非"给予类"/"索取类"动词词库中所固有的属性，而是三价句法结构（如前文提到的双宾语结构）临时赋予的属性，因此可看作一种动态的配价成分。可见，说配价结构是词法与句法互动的结果不无道理，这类增价的句子如：

（9-46）小张扔了我一个苹果。
（9-47）组织部安排他一个副职。
（9-48）我吃了老李三个苹果。

（6）名词性成分前移后，原来位置被相应的"空位复指代词"（empty epanalepsis pronoun）和"空位照应代词"（empty anaphor pronoun）占据（参见沈阳，2000），从而引起增价，例如：

（9-49）北京我去过。→北京我去过那儿。
（9-50）这个女孩我挺喜欢。→这个女孩我挺喜欢她的。
（9-51）这首流行歌曲我挺喜欢。→这首流行歌曲我挺喜欢它的。
（9-52）弟弟打算洗衣服。→弟弟打算他自己/自己洗衣服。

沈阳（2000：323）说："在价语自由前移结构中也不是所有价语名词移位后都能出现空位复指代词，还要受到名词语义类型的限制。对于二价动词，一般只限于受事名词、对象名词和处所名词；对于三价动词，只限于作近宾语的对象名词和处所名词。其他语义类型名词前移的结构则不大能出现空位复指代词。"我们认为他的这个观点还有待商榷。从对比研究中可以发现，有些名词性论元其实只要满足"主题化前置+成为信息焦点"也能通过重复指称而使动词增价，这类句子如：

（9-53）小李我已经发给他奖金了/把奖金发给他了（三价结构，"他"为与事）。

（9-54）这把刀我用它切肉（二价结构的"三价表达"，"它"为工具）。

（9-55）桶里的水我用它浇了花（二价结构的"三价表达"，"它"为材料）。

（7）配价结构的合并引起增价，不过这里的增价不是简单的量的变化，而是由简单配价结构变为复杂配价结构，更体现为一种质的增加，因为配价合并在上文已讨论，这里增加几个举例作为补充：

（9-56）我恨他不争气→我恨他+他不争气

（9-57）大家夸他好孩子→大家夸他+他（是）好孩子

（9-58）老板骂保安混蛋→老板骂保安+保安（是）混蛋

如果严加区分，这里的第一句和第二、三句有所不同（加号后面的部分），前者是典型的从属配价结构，后者在从属配价结构中隐含了动词，可叫作不典型的从属配价结构。袁毓林（2005）把包含这类不典型的从属配价结构看作二元动词的"三元表达"（这里的元相当于本书的价），我们以为，把这两类复杂配价结构放在一起按配价合并原则统一处理更具理论概括性。

（8）动词的转喻化引起句法增价。因为动词的转喻化前面已经详细讨论过，这里仅补充一例，不再重复说明。

（9-59）我同学经常跑工程/材料/任务，拉关系/买卖，挤蒸肉（=以挤的方式购买蒸肉）。

（9）非价语成分占据宾语/主语位置引起增价，前面论及过，这里也仅举几例。

（9-60）他急了一身汗。

（9-61）我跑第一棒。

（9-62）这段路走了我三十分钟。

从这九个方面的增价条件中，我们注意到这样一个事实：有的增价现象可以从不同的条件下作出解释，如从"那个人抢了我的一个手机"到"那个人抢了我一个手机"，按第五个方面的解释也说得通，有一种殊途同归之感。

二、动词减价的制约条件

动词减价的制约条件主要包括以下三个方面。

（一）语境省略引起减价

语境省略包括两种情况，一种是前面谈到的与隐含相对的上下文省略，另一种是对话省略。无论哪种省略，最基本的动因相同——达到交际的经济性目的，但上下文省略一般被看作一种句法规约性，对话省略更多受非语言的语境因素制约，省略什么成分、几个成分，在不同的语境中不一样。举例如下。

上下文省略（括号中的成分为省略成分，下同）：

（9-63）（我们）展望未来，我们信心百倍。
（9-64）（我们）克服困难，（我们）渡过难关，我们很快就能到达胜利的彼岸。

对话省略：

（9-65）你吃午饭了吗？—我吃了/吃了。
（9-66）老王今天过生日，你们送什么？—（我们）送钱呗！

（二）论元抑制引起减价

被动化使外部论元受到抑制，即内部论元通过论元提升占据了外部论元位置。譬如：

（9-67）晚饭（他）吃了。——"他"受到抑制。

（三）语义价合并引起减价

语义价合并在上文已讨论过，这里仅增几例以资补充。

（9-68）宋老师教我们化学。→宋老师教我们的化学。
（9-69）小张在跟小李打架。→小张、小李打架。
（9-70）老大和妻子离婚了。→他们离婚了。

从变价的整体情况看，似乎有这样一个趋势：动词增价多于动词减价。为什么会有这种不对称的现象出现呢？除了一、二、三价动词自身的不对称外，这还涉及制约配价增减的一个重要条件：在动态配价里，从逻辑配价投射而来的动词每次只能增一价或减一价。有些表面上减去了两价的情况其实是分两次或多次完成的，如"他读书了"→"他读了/书读了"→"读了"，"他送了我一本书"→"他送了一本书/他送我了"→"他送了/那本书送了"→"送了"。还有一个明显的证据是，一价动词从来不能"三价表达"。

第九章

动词配价理论总结

动词配价理论旨在为以动词为中心的语句生成和言语理解提供理论阐释。中篇作为全书的理论基础，力图在理论构建上既涵盖尽可能充分的语言事实，又追求理论表述上的简洁性。主要理论精神如下。

第一，动词配价研究要从逻辑配价出发。逻辑配价是非语言的客观世界的表征，语义价、句法价和语用价（合称语言配价）是对有话语交际者主观参与的语言世界的表征。逻辑配价的固有特征（抽象性、静态性和不定位性）决定了以逻辑配价为基点不仅适合汉语动词的配价研究，而且也能对其他语言中动词配价体系的建构起到参照作用。更重要的是，动词配价研究从逻辑配价出发有助于解决过去汉语语言学界在配价性质和定价标准方面的问题，在研究路线上做到"自下而上"和"自上而下"的结合，在实践中达到主观与客观的结合、静态与动态的结合。

第二，从思想形成到言语产生是一个从非语言到语言的过程，动词配价从逻辑配价开始向语言配价投射的过程正好与此一致。逻辑配价在投射的过程中首先进入语义价，再从语义价依次投射到句法价、语用价，直到最后生成动态的现实句，即人们生活中常用的语句（言语理解的过程正好是与此互逆的过程）。因投射的方式不同，语言配价便有典型和不典型之分。典型配价是无标记配价，不典型配价是有标记配价，这种二分法可以从动词配价的分布和使用频率上得到证明。

第三，不同类型的动词有不同的语义价和句法价，过去的动词研究因此把动词的内部分类做得很细，这样做的结果可能带来描述充分性但解释充分性往往不够。我们从语义、句法两方面着手把全部动词的配价统一到典型与不典型这样一个二分的层次上，可以弥补过去研究的宏观性不足。并且，我们从一、二、三价动词的比较研究中证明，二价动词是动词中的典型，二价结构（句法上带两个论元/价语的结构）是现代汉语中动词配价结构的典型。所以，在言语交际中，一价动词和三价动词都有向二价结构靠拢的趋势，其中的动因在于二价结构反映了信息结构的经济性和丰富性的折中。

第四，不同三价动词构成的三价结构可以归纳为两种相关但不等同的语义结构。从构成上看，三价结构是两个二价结构合并的结果，这部分从功能和形式两方面给出了比较详细的证明和推导。这一结果同时也为"二价动词是动词的典型，二价结构是动词配价结构的典型"之论点提供了进一步的佐证。

第五，隐喻/转喻配价是典型语义价隐喻化或动词和价语转喻化的结果。不同的隐喻配价/转喻配价，其语义透明度不一样：隐喻/转喻化等级越高，语义透明度越低；反之，隐喻/转喻化等级越低，语义透明度越高。

第六，语用中的动词配价是一个动态的范畴，具体体现为配价连续统呈现方式：价量连续统、价质连续统和价位连续统。动词配价的变化受特定条件的制约，增价现象比减价现象多。

第七，逻辑配价的解释力可以从不同的语言现象中得到佐证。证据来自现代汉语中四类配价结构的重新诠释：零价动词的有无之争、配价的合并、配价的分解、配价的省略和隐含。

下 篇

汉语动词配价的神经心理学实验

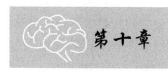

第十章

动词配价的失语症研究

第一节 失语症介绍

　　失语症是一种因脑组织损伤引发的语言障碍综合征，脑损伤包括脑外伤、脑肿瘤（脑阻塞）、脑溢血和脑部炎症等不同病变。失语症患者往往在语言的理解和表达方面出现不同程度的损伤，有的还伴有其他认知功能的减退。对于大多数人而言，大脑左半球是语言的优势半球，语言障碍因此多由该半球的损伤所致。脑区不同部位的受损或引起不同的失语症类型，譬如，第三额回后部是口语中枢（具体是额下回后部，即布罗卡区），受损后会丧失口语表达能力，即运动性失语症；第一颞横回后部是听语中枢，损害后会出现对别人的语言不能理解，即感觉性失语症；第三额回后部也是书写中枢（具体是额中回后部，B8），病变后患者便无法用文字书写来表达，引发失写症；角回为阅读中枢，受损后患者读不出文字的字音及不知其意义，引发失读症；第一颞回与角回之间的区域是物体的命名中枢，病损后患者讲不出所见的人物名称，引发命名性失语症。

　　因为分类的视角和标准不同，失语症的分类结果也不一样，有些类型会有部分类似的临床表现（或称交叉性临床表现），比如，根据表达的流利情况，分为流利性失语和非流利性失语两大类；根据解剖部位，分为皮质性失语症和皮质下失语症两大类。从文献可知，比较全面的分类应该是本森（Benson，1988）从神经学角度的分类：布罗卡失语症、韦尼克失语症、传导性失语症、经皮质运动性失语症、经皮质感觉性失语症、经皮质混合性失语症、命名性失语症、完全性失语症、失读伴失写、失读不伴失写、言语不能、纯词聋。但迄今为止，在心理语言学中研究得最为深刻也最全面的当属以下三类，布罗卡失语症、韦尼克失语症和传导性失语症。无论从什么视角分类，一个不可争辩的事实是：即使患者之间有可能相似的病损部位，也没有两个完全相同的失语者，因为每个失语者的言语障碍表现都不尽相同。比如，有的理解损伤严重而表达相对较好，有的则情况刚好相反，还有的自动交流可能较好，却存在严重的复述障碍，诸如此类。

失语症的发生不仅引发肢体障碍（如麻痹或瘫痪），造成个人行动不便，还会影响到患者本人的整体生活质量。因此，失语症的评估和康复显得尤为重要。目前国际常用的评定方法包括《波士顿诊断性失语症检查》（Boston diagnostic aphasia examination，BDAE）（此检查是目前英语国家普遍应用的标准失语症检查，检查所用时间较长）、《日本标准失语症检查》（standard language test of aphasia，SLTA）（由日本失语症研究会设计完成）、《西方失语症成套测验》（western aphasia battery，WAB）（较短的《波士顿诊断性失语症检查》版本，检查时间在一个小时左右）和《标记测验》（token test，又称 Token 测验）[德伦兹（De Renzi）和维格诺洛（Vignolo）于 1962 年编制，适用于检测轻度或潜在的失语者的听理解，后来发展出的简式 Token 测验也可以用于重度失语者]。在中国，常用的失语症评定方法主要有两套，一套是 1990 年由李胜利等编制的《中国康复研究中心失语症检查法》（CRR-CAE）（参照《日本标准失语症检查》），另一套是由北京医科大学（现北京大学医学部）的高素荣教授领衔设计的《汉语失语成套测验》（aphasia battery in Chinese，ABC），于 1988 年开始用于临床实践。2017 年，在美国西北大学汤普森（Thompson）教授领衔创建的《西北命名成套测验》（Northwestern Naming Battery，NNB）和《西北动词语句成套测验》（Northwestern Assesment of Verb and Sentences，NAVS）的基础上，北京语言大学的高立群教授带领团队发布了面向中国失语者的汉语版《中国失语症语言评估量表》（标准版）（北京科学技术出版社 2017 年 3 月出版发行），这套量表结合了现代汉语的语音、词汇、句法和语义特点以及中国人的认知心理。该套测验包括命名分量表和动词语句分量表共 13 个分测验，其中动词语句分量表围绕动词论元结构复杂度设计不同的测量任务。只是这套测验主要以动词、名词为中心，以失语症语言障碍研究为目标，对临床失语者的康复可能难以达到全面的效果。

康复方法很多，常用的方法包括：一对一训练（即康复医生与患者面对面按康复计划进行训练）；自主训练（患者在一对一训练的基础上根据录音进行复述或根据图片进行命名、书写等训练，训练师定期检查训练结果）；集体训练（组织两个或多个患者一起进行交流，既减少孤独感，又有利于巩固训练成果，这种训练接近日常交流场景）；家庭辅助训练（家属通过观摩训练和阅读训练手册学会基本的训练技术，回家后定期对患者进行辅导训练）。总体上看，由于患者的个体差异性大，失语症语言康复主要采用一对一的医师指导训练，辅以家庭训练。从语言康复的具体内容看，不同的损伤内容又有不同的康复手段，比如，听力康复的方法就不同于（视觉）阅读理解的方法。

失语症在语言学研究中起着至关重要的作用。按崔刚（1998）的说法，一方面，失语症研究为语言学理论提供了一个有效的验证基础；另一方面，失语症研究是语言学的重要理论来源，不断地为语言学注入新的活力。本书在上篇部分已经介绍，以英、法、德、美为代表的西方国家在失语症研究领域历史悠久、成果丰硕，中国相比之下要滞后很多，从语言学视角开展的失语症研究更是凤毛麟角，近年来开始逐步增多。为此，本章尝试将汉语的动词配价纳入失语症研究的范畴，专门考察动词配价的量效应（动词对价语在数量方面的要求）和质效应（动词对价语在形态、语义类型方面的要求）。

第二节　实验一　动词配价的量效应

一、实验目的与实验假设

本书上篇部分已经专门介绍，动词配价的价量差别在英语等有显性形态标记的语言中表现明显，体现出等级差别（本书称这种差别为价效应）——失语症患者随动词价量的增加而表现出语句的加工（包括理解和表达）难度相应增大的趋势（如 Thompson，2003）。与此相对，汉语是一种以意合为主的语言，隐性形态标记在其中处于重要地位。价量效应在汉语中是否存在呢？对这一问题的求解构成本实验的目的。如果最终的实验结果说明答案是肯定的，则证明动词价量效应具有跨语言的普遍性，人脑中必然存在支配动词价量的神经生物基础，人们对价量敏感意味着价量具有可靠的心理现实性。

如前所述，从静态配价的视角看，动词有一价、二价、三价之分。基于此，我们提出零假设 H_0：一、二、三价动词之间没有价量效应，即被试在加工含不同价量动词的语句时不表现出差异性。我们的备测假设为：一、二、三价动词之间存在价量效应，即被试在加工含不同价量动词的语句时表现出差异性。由于被测项目涉及三项，备测假设又可分为 H_1、H_2、H_3、H_4。备测假设 H_1：一、二、三价动词在加工难度上依次递增，即三价动词难于二价动词，二价动词难于一价动词，可简略表示为 $V_1 < V_2 < V_3$。备测假设 H_2：二价动词与一价动词在加工时表现出的加工难度相等，但三价动词明显难于一、二价动词，可简略表示为 $V_1=V_2 < V_3$。备测假设 H_3：二、三价动词的加工难度大致相等，一价动词则明显比二、三价动词加工起来容易，可简略表示为 $V_1 < V_2=V_3$。备测假设 H_4：一、二价动词之间，二、三价动词之间都不显示出明显的加工难度差异，但三价动词的加工难度明显高于一价动词的加工难度，可简略表示为 $V_1=V_2$，$V_2=V_3$，$V_1 < V_3$。

二、被试选择

被试分为两组，一组是因脑部损伤引起语言障碍的失语症患者（以下简称失语组），另一组是有脑部损伤但没有引起语言障碍的患者（以下简称对照组）。在被试的选择上，我们严格遵循以下三个标准，即诊断标准、排除标准和纳入标准。

失语组：

（1）诊断标准：急性脑血管疾病；发病在一星期以上或病后 6 个月内。

（2）排除标准：昏迷；完全性失语；痴呆或精神疾病；有听力障碍；病前未完全习得汉语。

（3）纳入标准：神志清醒；有部分言语能力；无精神疾病；没有听力障碍；病前完全习得汉语。

对照组：

（1）诊断标准：急性脑血管疾病；发病在一星期以上或病后 6 个月内。

（2）排除标准：昏迷；完全丧失言语能力；痴呆或精神疾病；有听力障碍；病前未完全习得汉语。

（3）纳入标准：神志清醒；言语能力正常；无精神疾病；没有听力障碍；病前完全习得汉语。

按此标准，在实验中选定失语组被试 12 人，对照组被试 8 人。从失语症的类型看，失语组被试多属混合性失语，个别为运动性失语。有一点需要说明，因考虑到失语组里的被试有的没有完成全部的测试项（如因被试疲倦或心情不好等原因中断），我们针对具体的测试项目选取 8 人的记录资料，以与对照组进行匹配比较。最终所选失语组被试的年龄在 50～77 岁，平均年龄 63.25 岁，对照组被试的年龄在 51～72 岁，平均年龄 63.25 岁。全部被试讲徐州方言或徐州附近地区方言（如沛县方言）。各组被试的其他情况见表 10-1 和表 10-2。

表 10-1　失语症患者的基本情况

姓名	年龄	性别	利手	文化程度	病因	病灶部位
CGY	69	男	右	初小	脑梗死	两侧基底节
FJJ	54	男	右	初中	脑梗死	两侧额、顶、颞叶和基底节
KFC	77	男	左	无	脑梗死	右基底节
LDX	50	男	右	初小	脑出血	脑干

续表

姓名	年龄	性别	利手	文化程度	病因	病灶部位
LMY	42	男	右	高中	脑梗死	左顶叶
LQY	68	男	右	初中	脑梗死、出血	左基底节、左顶叶
LSJ	74	男	右	小学	脑梗死	右基底节
LZH	68	男	右	本科	脑梗死	两侧基底节、顶深部
SXY	67	女	右	无	脑梗死	多发腔隙性
XYL	71	女	右	无	脑出血	小脑蚓部
ZMF	66	女	左	无	脑梗死	右基底节
ZZH	53	男	右	初中	脑出血	左颞叶

注：初小和高小是初级小学学历和高级小学学历的简称，为我国 20 世纪 70 年代的小学教育体制下的产物。初小指学生读完小学四年级且成绩合格被认定的小学学历，高小指学生读完小学六年级（偏远地区学校的五年级）且成绩合格被认定的小学学历。

表 10-2　对照组（非失语症被试）的基本情况

姓名	年龄	性别	利手	文化程度	病因	病灶部位
GDQ	54	男	右	大专	脑梗死	脑干
LFY	66	女	右	高小	脑梗死	两侧额叶
LYY	71	女	右	小学	脑梗死	两侧基底节区及额叶
RWC	72	男	右	中专	脑梗死	两侧基底节区
XZS	51	男	右	初中	脑梗死	左侧颞顶叶及两侧额叶
YHY	53	女	右	无	脑梗死	两侧基底节区
ZXH	71	女	右	中专	脑梗死	左侧额顶叶、右侧顶骨骨瘤
ZYJ	68	男	右	无	脑梗死	两侧基底节

三、实验方案设计

实验分两部分，第一部分是言语表达，第二部分是言语理解。

第一部分由语句复述和图画-言语（表达）匹配两项组成。语句复述中的动词都是动作动词，使用频次在 1000～35 000 次（词频数据参见刘源等，1990）。由于固定的词语频率未必真实反映词语的实际使用频率，而且词汇的使用频率不等同于语句的熟悉度，我们在低年级大学生中对所选择的语句（包含一、二、三价动词）进行了熟悉度调查，熟悉度分三级——不熟悉、熟悉和最熟悉，然后把属于不熟悉的一类语句去掉，其余作为备选的测试语句。另外，含不同价的动词句的长度也进行了大致匹配：一价动词句（简称一价句）的平均句长为 7.2 个汉字，二价动词句（简称二价句）的平均句长为 6.2 个汉字，三价动词句（简称三价句）的平均句长为 6.8 个汉字，举例如下：

> 一价句：老大爷起床了。
> 二价句：小李吃了水饺。
> 三价句：我向领导说明情况。

图画-言语（表达）匹配中的图画共九幅，其中需用含一、二、三价动词的语句进行描述的图画各三幅（分别简称一价图、二价图、三价图），各图与人们的日常生活紧密相关，因而具有很高的形象性（imageability）。详细情况见本书后面的附录。

第二部分（言语理解）也分两项：言语-图画匹配和语句正误判断。这里的言语-图画匹配与言语表达部分不同，一、二、三价图各三组（每组两幅图），共 18 幅，要求被试理解后进行选择的目标图为九幅。各图画反映了人们的日常生活场景，具有很高的形象性，这与言语表达部分的匹配图相同。语句正误判断由 15 组语句构成，每组两句（一句正确，一句错误），共 30 句，比如：

> 一价句：他病了自己三天了。vs. 他病了三天了。
> 二价句：他们制造我们飞机。vs. 他们制造飞机。
> 三价句：小许一个人在讨论问题。vs. 小许在和老师讨论问题。

四、实验操作程序

实验测查大多是在江苏某市内几大医院神经科内科的病室里完成的，对个别被试我们还在其出院后的一段时间到家里进行了复查。每次测查由两人负责，一人担任主试，另一个承担辅助工作，如录音、传递图片等。在开始测查之前，主试先以专门语言康复人员的身份同被试家属/被试本人进行一般性交谈，主题多围绕被试的治疗情况和生活情况，如问："您这两天感觉怎么样？""吃饭、睡觉都还好吧？""他（她）/他们是您什么人？"等。在讲明测查目的后，要对被试的基本个人情况进行登记[如性别、年龄、文化程度、利手、CT 或 MRI（Magnetic Resonance Imaging，磁共振成像）资料]。准备好录音[录音设备为韩国产的 MP3（DM-N64）高级采访机]，接下来就可以进入正式的测查了。

第一部分的语句复述共 15 句，包括含一、二、三价动词的语句（简称一价句、二价句、三价句）各 5 句。测查时，主试要给被试讲明要求并给以举例：下面有一些句子，我读一句，您跟着读一句，比如，"太阳落山了"，跟我读。待被试明白任务要求后才正式开始。被试正确复述一句得 1 分（总分为 15 分），部分正确复述或经过提示后才复述正确的语句给 0.5 分，不能复述或仅能复述个别词语的语句记 0 分。表时体（tense and aspect）的虚词（如"了、在"等）的复述错误忽略不计，被试复述所用时间的长短不计。

第一部分中的第二项是图画-言语匹配。测查时，主试向被试呈现一张图画，让被试用一句话或几个词描述图的意思。描述正确记 1 分（总分为 9 分），描述错误记 0 分。如果被试描述得不够准确，主试可以问话的方式给以提醒，分回答的不同情况给以记分。比如有一幅图画为"一个男孩在洗脚"，被试的描述为"（在）洗脚"，主试提醒说"谁（在）洗脚？"，此时被试若能说出"（一个）男孩（在）洗脚"，则记 1 分，若不能说出，则记 0.5 分。被试的言语反应时长短不记。

第二部分中的第一项为言语-图画匹配，其测试要求与第一部分的图画-言语匹配正好相反。测试时，主试向被试同时呈现两张相似但不相同的图画，说出一句话，让被试辨别这句话描述了哪幅图的意思（即让被试从提供的图画中作出二选一的决策）。记分标准同第一部分的图画-言语匹配，一、二、三价图各三组，共 18 幅，如果全部匹配正确，则得到总分 9 分。

第二部分的第二项是语句正误判断，主要考察被试遇到不同价的动词句中有"人为增加/减少的论元成分"时是否表现出敏感性。测查之前，先向被试举例说明要求：我现在给您读一些句子（说几句话），您听清楚，如果觉得别扭就说"错"；如果觉得可以这样说，听起来不别扭就说"对"，比如，"我们看电视看得很晚"，这句话可以说，所以是对的；如果我说"我们看见电视看得很晚"，听起来就别扭，您就说"错"。等被试明白意思后才正式测查，假如被试还未理解，主试就要重复要求，并给出更简单的举例，直到被试表态真正明白了为止。这项里的一、二、三价句共 30 句，其中 15 句为错误句，15 句为正常句，对错比例为 1∶1。测查时为避免被试对语句作正误猜测，主试在朗读句子时要打乱原有的语句顺序（因为提供的实验材料是按照"错—对"的语句顺序排列的，如第一句"他病了自己三天了"，对应的正常句是"他病了三天了"）。被试正确判断一句得 1 分，错误判断一句得 0 分，经过主试或他人（如家属或同室病友）提醒/暗示才判断正确的得 0.5 分，通过自我更改判断正确的也给 1 分。

五、数据可信度

数据的采集是由两个人完成的，一个是主试（笔者），另一个是实验辅助人员（神经语言学方向的硕士研究生）。在实验之前，主试和实验辅助人员到医院找到相关的失语症患者进行了多次预实验，以达到熟悉实验操作的目的。实验中，主试负责数据记录，实验辅助人员负责检查被试的言语表现是否与主试的记录一致，对不一致的地方记载下来，待实验结束后更正。有争议的部分经过讨论并结合复查录音记录求得一致。从数据采集的整体情况看，主试和实验辅助人员的数据原始记录的平均一致性超过 95%。

六、实验结果与数据分析

表 10-3～表 10-6 都是从实验中得到的原始数据，其中表 10-3 和表 10-4 描述的是句子输出（表达）的情况，表 10-5 和表 10-6 描述的是句子输入（理解）的情况，表 10-3 和表 10-5 呈现失语组的数据，表 10-4 和表 10-6 呈现对照组的数据。为了明晰起见，现把每个表中的单项数据之和分别用柱形图的形式表示出来，列于表下。有一点需要说明：主试在实验中根据各被试的正确率记录得分多少，但为了统计方便，我们在进行数据分析时所依据的是各被试的错误率（即各测试项的总分–每个被试实际得分），表中的数据代表出现错误的数量。

表 10-3　失语组的句子输出（表达）——一、二、三价动词比较

被试姓名	语句复述错误（各价句子 5 句）			图画—言语匹配错误（各价图 3 幅）		
	一价句	二价句	三价句	一价图	二价图	三价图
FJJ	0	0	1.5	0	0	0.5
KFC	0.5	2	2	2	2	3
LDX	0	0	0	0	0.5	1.5
LQY	1	1	0.5	1	1	0.5
LZH	0.5	1	2	1	0	1.5
SXY	0	0	0.5	0	0	0
XYL	1	2	2	1.5	2.5	2.5
ZMF	0	2	2.5	1	1.5	2.5
合计	3	8	11	6.5	7.5	12

表 10-4　对照组的句子输出（表达）——一、二、三价动词比较

被试姓名	语句复述错误（各价句子 5 句）			图画—言语匹配错误（各价图 3 幅）		
	一价句	二价句	三价句	一价图	二价图	三价图
GDQ	0	0	0	0	0	0
LFY	0	0	0	0	0	0
LYY	0	0	0	0	0	0
RWC	0	0	0	0	0	0

续表

被试姓名	语句复述错误（各价句子 5 句）			图画—言语匹配错误（各价图 3 幅）		
	一价句	二价句	三价句	一价图	二价图	三价图
XZS	0	1	0.5	0	0	1
YHY	0	0	0	0	0	1
ZXH	0	0	0	0	0	0
ZYJ	0	0	0.5	0	0	1
合计	0	1	1	0	0	3

　　直观地看，失语组在句子表达上体现出比较明显的动词价量差异，但语句复述和图画-言语匹配上的情况不尽一致：在语句复述测试中，一价句出错少，二、三价句出错多，显示出一价动词和二、三价动词之间存在明显差异，二价动词和三价动词之间有差别，但差距不大；在图画-言语匹配测试中，一价图、二价图出错较少，三价图出错较多，表明一、二价动词之间有差别，但差距不大，三价动词和一、二价动词之间存在明显差异。出乎我们的意料，对照组不但在语句表达上也表现出明显的价量差异，而且在一、二、三价动词的具体差异趋势上与失语组显示出惊人的相似，只是在各项上的实际错误数要少得多：在语句复述测试中，一价句出错数为 0，二、三价句都为 1，表明二、三价动词差别不大，一价动词和二、三价动词之间差别明显；在图画-言语匹配测试中，一、二价图的出错数为 0，三价图的出错数为 3，表明一、二价动词之间没有明显差别，但和三价动词比有很大差距。

　　以上是我们通过简单的数学分析得到的结果，一、二、三价动词的价量差别确实存在，价量效应明显。但直观上的错误累计差别是否具有统计学上的意义呢？这个问题的解答有赖于下面的统计结果。

　　可供采用的统计方法很多，根据实验一的实际情况，我们认为采用 t 检验比较合适[①]。t 检验是在两个样本平均数的基础上，检验相应的总体平均数之间的差异是否有显著意义，即是否存在真正的差异。实验一的目的是检验一、二、三价动词之间的区分是否具有可靠的神经心理学基础，t 检验正好与此吻合。在实验被试不变的前提下，通过对三类动词进行两两对比分析，可以考察包含不同类别动词在表达和理解过程中出现的错误总平均数是否达到了显著差异。

　　基于上文的备测假设（有方向假设），我们根据统计要求在分析时选用单尾 t 检验，规定显著水平为 0.05。把表 10-3 和表 10-4 中的原始数据输入 Excel，得

　　① t 检验分为三种，即 t（Ⅰ）、t（Ⅱ）和 t（Ⅲ），当 t 采用一组时叫作 t（Ⅰ），两个独立组时叫作 t（Ⅱ），两个相关组时叫作 t（Ⅲ）。满足 t（Ⅰ）检验的前提要求包括：至少是区间级的测量；随机取样；样本取自正态分布的总体（参见 V. F. 夏普. 社会科学统计学. 王崇德译. 北京：科学技术文献出版社，1990: 332-334）。

到的结果如下。

在失语组的语句复述错误中，检验"一价句 vs. 二价句"所得统计值为 -2.23607，其绝对值大于临界值（1.894578），$p=0.03 < 0.05$，因此所作检验有显著意义，表明一价动词和二价动词在失语组的语句复述中存在明显差别。检验"一价句 vs. 三价句"所得统计值为 -2.9352，其绝对值大于临界值（1.894578），$p=0.01 < 0.05$，因此所作检验有非常显著意义趋势，表明一价动词和三价动词在失语组的语句复述中存在十分明显的差异。与此相反，检验"二价句 vs. 三价句"所得统计值为 -1.65503，其绝对值小于临界值（1.894578），$p=0.07 > 0.05$，因此所做检验没有显著意义，说明二价动词和三价动词在失语组的语句复述中没有表现出明显差异。这样，失语组语句复述错误的统计分析结果可简单表示为 $V_1 < V_2$，$V_1 < V_3$，$V_2 = V_3$，从而拒绝了零假设 H_0，证明了备测假设 H_3，即 $V_1 < V_2 = V_3$。

在失语组的图画-言语匹配错误中，检验"二价图 vs. 三价图"所得统计值为 -2.34624，绝对值大于临界值（1.894578），$p=0.025685 < 0.05$，因此所作检验有显著意义，证明二价动词和三价动词在失语组的图画-言语匹配测试中表现出明显差别。检验"一价图 vs. 三价图"所得统计值为 -2.76236，其绝对值大于临界值（1.894578），$p=0.014 < 0.05$，说明所作检验有显著意义，证明一价动词和三价动词在失语组的图画-言语匹配测试中也表现出明显差别。但"一价图 vs. 二价图"的检验结果显示，一、二价动词在失语组的图画-言语匹配测试中差异不明显，因为其统计值为 -0.60698，绝对值小于临界值（1.894578），$p=0.281514 > 0.05$，统计没有显著意义。为简化起见，可以把失语组的图画-言语匹配错误的统计分析结果表示为 $V_2 < V_3$，$V_1 < V_3$，$V_1 = V_2$，从而拒绝了零假设 H_0，证明了备测假设 H_2，即 $V_1 = V_2 < V_3$。

在对照组的语句复述错误中，分别检验"一价句 vs. 二价句"、"二价句 vs. 三价句"和"一价句 vs. 三价句"，所得检验值皆小于临界值（1.894578），$p > 0.05$，所作检验不具有显著意义，证明一、二、三价动词在对照组的语句复述测试中没有显示出明显差异，因而接受零假设 H_0：$V_1 = V_2 = V_3$。

在对照组的图画-言语匹配错误中，因一、二价图的言语匹配错误数为 0，显示不出差异，但与三价图的匹配错误数相比较，差别明显。检验"一、二价图 vs. 三价图"所得统计值为 -2.04939，其绝对值大于临界值（1.894578），$p=0.039801 < 0.05$，说明所作检验具有显著意义，从而拒绝了零假设 H_0，证明了备测假设 H_2，即 $V_1 = V_2 < V_3$。

把失语组的语句复述和图画-言语匹配的统计结果进行汇总，用一个更为直观的柱状图（图 10-1）表示，就能看到失语者的动词价量表达差异。图 10-2 是与失语组相对应的对照组的动词价量表达差异。通过两相比较可以看出，失语症患者相比无语言障碍的脑损伤患者在动词配价的价量方面损伤要严重很多（但对照组在图画-言语匹配方面也表现出一定的障碍，说明脑损伤对他们的这类言语输出也产生了影响）。

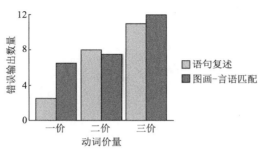

图 10-1　失语组的动词价量表达差异

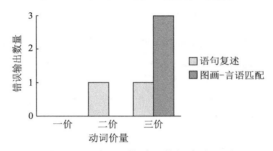

图 10-2　对照组的动词价量表达差异

在句子的输入（理解）上，失语组同样表现出动词的价量差别，但具体情况与句子的输出（表达）的情况有所不同。在语句正误判断测试中，一价句的出错率最低（共 8.5 句），二价句居中（共 17.5 句），三价句的出错率最高（共 21.5 句），价量差别明显，呈现出动词价量的等级规律，即句子判断的难度随价量的增加而加大，可表示为 $V_1 < V_2 < V_3$。在言语-图画匹配测试中，一价图和二价图的匹配错误相当，总的句子错误数分别为 8 句和 7.5 句，三价图的错误率较高，总数达到了 10 句，表现出动词的价量差异趋势 $V_1=V_2 < V_3$。对照组在语句正误判断测试中也表现出价量差异，但与失语组的情况不同，反映出的趋势为 $V_1=V_2 < V_3$，即一、二价动词的差别不明显，错误数几乎相同（分别为 5 句和 6 句），三价动词的错误数则高出一、二价动词一倍以上，达到 12.5 句。在言语-图画匹配测试中，对照组出错的总趋势与语句正误判断的错误趋势一致，差异明显。

表 10-5 和表 10-6 分别是失语组和对照组在句子理解任务上的言语表现错误原始数据，采用与上述表达任务一样的统计方法（单尾 t 检验，规定显著水平为 0.05），得到下面的统计结果。

表 10-5　失语组的句子输入（理解）——一、二、三价动词比较

被试	语句正误判断错误（各价句子 10 句）			言语-图画匹配错误（各价图 3 幅）		
	一价句	二价句	三价句	一价图	二价图	三价图
CGY	0	2	3	0	0	0
FJJ	1	6	2	0	1	0
LDX	1.5	2	4	0	0.5	1
LMY	2	1	3	2	2	2
LQY	0.5	1	2	1	2	2
LZH	0	0	2	1	0	1
XYL	1	2	3	2	1	3
ZMF	2.5	3.5	2.5	2	1	1
合计	8.5	17.5	21.5	8	7.5	10

表 10-6　对照组的句子输入（理解）——一、二、三价动词比较

被试	语句正误判断错误（各价句子 10 句）			言语-图画匹配错误（各价图 3 幅）		
	一价句	二价句	三价句	一价图	二价图	三价图
GDQ	0	0	1	0	0	0
LFY	0	0	1	0	0	1
LYY	0	0	1	0	0	0
RWC	0	0	0	0	0	0
XZS	1	1	3.5	0	0	0
YHY	4	4	3	0	1	1
ZXH	0	0	1	0	0	0
ZYJ	0	1	2	0	0	1
合计	5	6	12.5	0	1	3

在失语组的语句正误判断错误中，检验"一价句 vs. 二价句的判断错误"和"二价句 vs. 三价句的判断错误"，所得统计值的绝对值都小于临界值（1.894578），$p > 0.05$，所作检验不具有显著意义，表明一价动词和二价动词，二价动词和三价动词分别在失语组的语句正误判断测试中没有显示出明显差异。检验"一价句 vs. 三价句的判断错误"所得统计值为 −4.81623，其绝对值大于临界值（1.894578），$p=0.002 < 0.01$，所作检验具有非常显著意义，证明一价动词和三价动词在失语组的语句正误判断测试中表现出特别明显的差别。这样，失语组的语句正误判断错误统计结果就可以表达为 $V_1=V_2$，$V_2=V_3$，$V_1 < V_3$，从而拒绝了零假设，证明了备测假设 H_4。

在失语组的言语-图画匹配错误中，检验"一价图 vs. 二价图"、"二价图 vs. 三价图"和"一价图 vs. 三价图"所得统计值的绝对值全部小于临界值（1.894578），$p > 0.05$。这说明所作检验不具有统计上的显著意义，从而证明一、二、三价动词在失语组言语-图画匹配测试中没有显示出明显差异，接受零假设 H_0: $V_1 = V_2 = V_3$。

在对照组的语句正误判断错误中，检验"一价句 vs. 二价句的语句正误判断错误"，得到统计值-1，其绝对值小于临界值（1.894578），$p = 0.18 > 0.05$，所作检验没有显著意义，表明一、二价动词在对照组的语句正误判断错误中没有显示出明显差别。检验"二价句 vs.三价句的语句正误判断错误"，所得统计值-2.30324，其绝对值大于临界值（1.894578），$p = 0.03 < 0.05$，检验具有显著意义，表明二、三价动词在对照组的语句正误判断错误中存在明显差别。同样，检验"一价句 vs. 三价句的语句正误判断错误"，得到统计值-2.44716，绝对值大于临界值（1.894578），$p = 0.02 < 0.05$，检验具有显著意义，证明一、三价动词在对照组的语句正误判断错误中也有明显差别。将对照组的语句正误判断错误的统计结果简略表达为 $V_1 = V_2$，$V_2 < V_3$，$V_1 < V_3$，从而拒绝了零假设，证明备测假设 H_2 成立：$V_1 = V_2 < V_3$。

在对照组的言语-图画匹配错误中，一价动词和三价动词的言语-图画匹配错误数为0，二价动词的匹配错误数为1，没有统计学上的显著差异。检验"一、二价动词 vs. 三价动词的言语-图画匹配错误"，得统计值为-1.52753，其绝对值小于临界值（1.894578），$p = 0.09 > 0.05$，检验没有显著意义，表明一、二价动词和三价动词在对照组的言语-图画匹配中没有显示出明显差异。因此，检验结果接受零假设 H_0: $V_1 = V_2 = V_3$。

将失语组和对照组在两类任务（语句正误判断和言语-图画匹配）中的错误表现进行汇聚，我们就能得到他们在动词价量理解方面的结果，分别直观描述为图 10-3 和图 10-4。从中可以看到，失语组在一、二、三价动词上的表现都比对照组差，且两组被试都表现出语句正误判断方面的价量差异，但在言语-图画匹配上没有表现出明显不同。

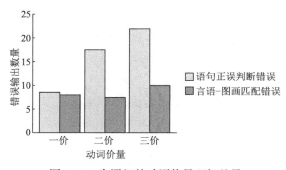

图 10-3 失语组的动词价量理解差异

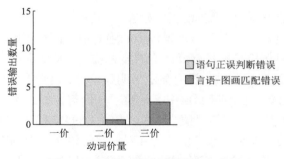

图 10-4　对照组的动词价量理解差异

七、讨论

以上实验表明，动词配价的价量效应在汉语中同样存在，即在言语加工（包括表达和理解）的过程中，含动词的语句随所带价语的增加表现出难度加大的趋势，表达和理解的错误因此相应增多。结合跨语言的研究结果，就可以看到这样一个事实：动词有价量之别反映了自然语言的共性。

为讨论方便，现在把实验一的实验结果归纳为一个简表（如下 H_0 表示零假设，H_1、H_2、H_3、H_4 分别代表备测假设一、二、三、四，表 10-7）。从中可以看到，动词的价量效应无论在组间（失语组和对照组）还是在组内（如"表达与理解"和"语句复述与图画-言语匹配"等）都表现出参差不齐的状况。在表达方面，失语组被试在图画-言语匹配测试时在三价句上出错最多，一、二价句的错误率没有明显差别，而复述句子时则表现为一价动词的错误率最低，二、三价动词的错误率很高。对照组被试复述句子时出现的错误极少，显示不出一、二、三价动词之间的差异，这在预料之中，因为对照组被试的语言功能正常。在图画-言语匹配测试里，对照组表现出与失语组相同的趋势：一、二价动词句的出错率差别不大，三价动词句的错误最多。对比结果显示，动词的价量效应受到刺激通道的影响（语句复述属听觉通道，图片呈现属视觉通道）：较之听觉通道，视觉通道在言语加工中能起到淡化动词价量的作用，即让价量之间的差别减小（所以语句复述中一、二价动词之间的差异在图画-言语匹配中基本消失），但这些患者是否真的具有通道特异性损伤还有待专门考察。在理解方面，失语组被试判断一价句和二价句时没有表现出错误率有明显差别，二价句和三价句之间的错误率也没达到显著差别，但三价句的错误率非常明显地高于一价句的错误率。在言语-图画匹配测试项中，失语组没有表现出一、二、三价动词之间的明显差异。对照组的语句正误判断错误在一、二价句之间没有表现出明显差异，但三价句上的出错率明显高于一、二价句。言语理解的组内错误差异比较（语句正误判断 vs. 言语-图画匹配）再次证明，视觉通道确实起到了弱化价量效应的作用（语句判断中的动词价量差异在言语-图画匹配中消失）。

表 10-7 实验一的实验结果简表

被试	言语输出（表达）		言语输入（理解）	
	语句复述	图画-言语匹配	语句正误判断	言语-图画匹配
失语组	H_3	H_2	H_4	H_0
对照组	H_0	H_2	H_2	H_0

注：H_0：$V_1=V_2=V_3$；H_2：$V_1=V_2<V_3$；H_3：$V_1<V_2=V_3$；H_4：$V_1=V_2$，$V_2=V_3$，$V_1<V_3$。

　　排除表 10-7 中 H_0（归因于视觉通道的消量作用和对照组正常的言语功能），我们发现一价动词与三价动词之间的差别是最明显的，无论在言语表达还是言语理解上都显示出一致性。二价动词作为一价动词和三价动词的"中介"，是动词中最稳定的部分，所以在不同类型的测试项目中一价动词和三价动词分别向二价结构"趋近"——有时一价动词与二价动词的差异消失而与三价动词形成对立（如 H_2），有时三价动词与二价动词的差异消失而与一价动词形成对立（如 H_3）。这一结果可以看作是本书配价理论假设的一个重要佐证：二价动词是汉语动词的典型。

　　所作的数据分析表明，实验支持备测假设 H_2、H_3 和 H_4（H_0 因上述原因暂不考虑），但不支持 H_1：$V_1<V_2<V_3$，从而与金姆和汤普森（Kim & Thompson，2000）证明的英语动词价量等级规律（即 $V_1<V_2<V_3$）相区别。这种区别可能归因于汉、英语之间的形态差别和特殊的句法规定性，比如，在汉语的对话语境中，光杆动词可以独立成句，构成话语单位；在英语中，句子的主语必须出现，否则不成句（没有实质性主语时要强制性地选择虚位主语填充空位），光杆动词绝对不能独立成句。由此可见，虽然价量差别是语言间的共性，但价量效应的作用方式在不同的语言里未必相同。在现代汉语中，价量连续统似乎更能合理地解释说话人在言语输出与输入中反映出的价量效应。

第三节 实验二 动词配价的质效应

一、实验目的与实验假设

　　在前面的理论部分已经明确阐述，动词配价总体上表现出典型性与不典型性，这种二分特征无论在动词的语义上还是在句法上都有显性的表达，即动词既有典型语义价与不典型语义价，又有典型句法价与不典型句法价。

配价结构一头连着语义，另一头连着句法，但人们在语言加工时到底孰先孰后——是语义优先还是句法优先？这个问题的实验验证至关重要，它牵涉到以逻辑配价为基础的动词配价理论到底站不站得住脚，前文构拟的反映言语生成过程的配价投射图是否具有心理现实性。譬如，如果是语义优先，在句法结构相同的情况下，含论元的结构比含非论元的结构加工快、正确率高——理论假设得到论证：配价以语义为基础，论元是动词的预设，存在于逻辑概念之中，不同论元的存在也反射（mirror）出动词的不同；反之，若句法优先，含论元与非论元的结构应有相同的加工速度和正确率——与本书的理论假设相悖。又如，在逻辑语义基本不变的前提下，不经位移的无标记结构理应比需要位移的有标记结构加工快而准确，这是提出区分典型句法价和不典型句法价的前提。假若实验结果显示这两类结构在加工上并无多大差别，就表明在句法上区分典型与不典型可能只是纸上谈兵，与我们大脑的实际加工情况相悖。总之，理论推导是否反映了语言加工的神经心理机制，即动词配价的属性——典型性与不典型性在失语者的言语中是否能明显地表现出来，这是本实验最为关心的问题。

为此，这里提出零假设 H_0：典型配价与不典型配价没有差别，或者说动词配价的典型性与不典型性不存在，具体而言，典型语义价和不典型语义价在语言加工中没有错误率差别，典型句法价与不典型句法价没有错误率差别，可用符号表示为 $T_{具体}=T_{抽象}$，$T_{论元}=T_{非论元}$，$T_{无标}=T_{有标}$，$T_{简单}=T_{复杂}$。与此相对，我们的备测假设分为 H_1：典型语义价不同于不典型语义价的错误率，即 $T_{具体} \neq T_{抽象}$，$T_{论元} \neq T_{非论元}$。备测假设 H_2：典型句法价不同于不典型句法价的错误率，即 $T_{无标} \neq T_{有标}$，$T_{简单} \neq T_{复杂}$。

二、被试选择

本实验的被试选择条件同实验一，此处从略。选定的被试见表 10-1 和表 10-2，有所差别的原因同实验一。

三、实验方案设计

按照本书的理论构想，动词配价有典型和不典型之分，而这种典型与不典型具体体现在语义、句法层面。所以，实验二分成两个组成部分，第一部分是验证语义价的典型性与不典型性，第二部分是验证句法价的典型性与不典型性。动词的内部差异很大，自然不可能在一个有限的实验内涉及全部动词，因此实验中所选的动词一般是具象性很强的动作动词。本书在理论部分已经论证，这类动词是动词中的典型，理所当然具有代表性。

在语义上，同一动词的受事宾语（也包括少数施事主语）可以是具体名词，也可以是抽象名词，本书把前者称作典型语义价，后者称作不典型语义价（情况刚好与此相反的动词不在本实验之内，如"实现目标""完成任务"等）。还有一类动词，其宾语既可以是广义的受事（论元），也可以是其他旁格成分（非论元，如工具、材料等），同理，前者被称作典型语义价，后者被称作不典型语义价。在句法上，同一动词的配价结构可以是无标记配价结构（如二价结构 NP_1+V+NP_2），也可以是有标记结构（如二价结构 NP_2+NP_1+V），所以前者属典型句法价，后者属不典型句法价。此外，另有一类结构，其宾语位置的受事可以是体词性成分（包括名词和代词），也可以是非体词性成分（包括形容词、动词和小句，与前面的理论一致，实验不包括形容词作宾语的语句），因此本书认定前者属典型句法价（简单配价结构），后者属不典型句法价（复杂配价结构）。

实验二的测试内容完全以理解辨识的方式设计，没有设计表达测试的原因是实验中的失语组被试在表达能力上的参差性较大，不利于数据搜集。所选材料都是生活中的常用语句和短语，和实验一相同，语句/短语进行了相应的熟悉度匹配。为了回避被试对典型配价结构和不典型配价结构不假思索地回答"对"或"错"，特别以 2 : 1 的比例设计了错误的干扰语句/短语，即一个典型配价结构和一个不典型配价结构匹配一个错误的语句/短语。为了把语义价和句法价区别开来，下面把典型语义价和不典型语义价都用相同的句法结构表示，典型句法价和不典型句法价在语义上尽可能相近或相关。

本实验用的样本句/短语如下。

典型语义价与不典型语义价（1）：具体名词 vs. 抽象名词

典型	不典型	干扰句
月亮出来了。	结果出来了。	心情出来了。
他偷走了我的钱。	他偷走了我的心。	他偷走了我的耳朵。
（张三向单位）要了一个电脑。	要了一个指标。	要了一个想法。

典型语义价与不典型语义价（2）：论元宾语 vs. 非论元宾语

典型	不典型	干扰句
他们在刷窗户。	他们在刷油漆。	他们在刷操场。
不应该骂邻居。	不应该骂脏话。	不应该骂街道。
姐姐在教学生。	姐姐在教大学。	姐姐在教超市。

典型句法价与不典型句法价（1）：有标记结构 vs. 无标记结构

典型	不典型	干扰句
他爷爷死了。	他死了爷爷。	爷爷死了他。
他知道了这件事。	这件事他知道了。	这件事知道了他。
（老高）递给了他一张报纸。	递了一张报纸给他。	递给了一张报纸他。

典型句法价与不典型句法价（2）：简单配价结构 vs. 复杂配价结构

简单配价结构	复杂配价结构	干扰语句/短语
小朋友想妈妈。	小朋友想回家。	小朋友想明天。
影响视力	影响工作	影响笑话
他向我们表示歉意。	他向我们表示道歉。	他向我们表示大话。

四、实验操作程序

实验地点和实验前的准备工作同实验一。通常，实验一和实验二是先后进行的。不过，由于实验一和实验二所花费的时间在 40 分钟左右，为了不让被试太疲劳而显得烦躁不安（实验效果会因此受到影响），我们常把实验分成三段（session）来做，一般是实验一为一段，实验二分成两段。每段做完之后，我们给被试 10～15 分钟的休息时间。有时，被试（主要是失语组被试）只完成一段甚至一段的一部分就不愿意继续做了，遇到这种情况主试便马上停止，并给以安慰，或随意聊聊天以调节气氛。其余内容，主试会找下一次机会做完（在医院或被试家里）。

这个实验完全以句子/短语正误判断的形式进行，旨在考察被试对典型配价与不典型配价的理解情况。测查开始时，主试先举例，让被试明白任务要求：下面我们继续做一些判断练习，我读出一个句子/短语，您先听清楚，再判断这个句子/短语可不可以这样说，如果可以说就回答"对"，不可以这样说就回答"错"。比如，"柳树跑了"一般就不能说，所以要回答"错"。在实验当中，为避免被试对句子/短语判断的"期待效应"（因为每组实验句子/短语是按"对—对—错"的顺序排列的），主试在操作中要对目标项和干扰项作半随机处理（因为如上所述，目标句子/短语和干扰句子/短语的比例是 2：1）。

各部分的记分方法同上，被试答对一个记 1 分，答错一个记 0 分，经提醒答对的记 0.5 分，被试答错后又立即自我纠正而答对的也记 1 分。"典型语义价与不典型语义价（1）"的满分 15 分，"典型语义价与不典型语义价（2）"的满分10 分，"典型句法价与不典型句法价（1）"的满分为 15 分，"典型句法价与不典型句法价（2）"的满分为 12 分。

五、数据可信度

　　实验二的操作情况和数据记录按实验一的要求完成，因此数据的可信度也与实验一同，此不赘述。

六、实验结果与数据分析

　　表 10-8 和表 10-9 是被试在典型语义价和不典型语义价实验中的原始数据，表 10-10 和表 10-11 是被试在典型句法价和不典型句法价实验中的原始数据，其中，表 10-8 和表 10-10 代表失语组，表 10-9 和表 10-11 代表对照组，表中的数字表示出现错误的数量（也可看作是负分）。后面的柱状图描述了表中"合计"中的数据对比情况，即[±典型语义价]和[±典型句法价]在各项上的总体趋势。

　　从表 10-8 和表 10-9 中可以清楚地看到，当要求理解一个价语（大部分由内部论元充当）既可以是具体名词又可以是抽象名词的语句时，失语组表现出显著差异：具体名词句的错误少（错误总数为 16.5 句），抽象名词句的错误多（错误总数为 35 句），从而证明典型语义价比不典型语义价的加工难度小，自然在语言系统中保留较好。在论元宾语句与非论元宾语句测试中，被试的错误数量比同样显著，后者超过前者的两倍（12∶5）。这表明论元宾语句比非论元宾语句加工难度小，亦证明把前者视为典型语义价、把后者视为不典型语义价具有心理现实性。

　　对照组没有语言障碍，出现的错误比失语组少，这在预料之中。但是，测试的结果显示，他们在加工典型语义价和不典型语义价的过程中也表现出类似差别。在具体名词句和抽象名词句的对比测试中，前者错 2 句，后者错 8.5 句，总的错误比率超过了 1∶4，[±典型语义价]的差别明显。与此一致，他们理解论元宾语句的错误数为 0，而非论元宾语句的错误数为 9，区别显而易见。这一结果再次表明，把论元宾语和非论元宾语视为典型语义价和不典型语义价的具体示例是合理的。

　　下面借助数理统计中的 t 检验来分析这些原始数据，从而考察直观上的明显差异是否达到了统计学上的显著标准。

表 10-8　失语组在[±典型语义价]上的错误数量比较

被试	具体名词句	抽象名词句	被试	论元宾语句	非论元宾语句
CGY	3	6	CGY	0	2
FJJ	1	4.5	KFC	1	2
LMY	5	7	LDX	1	1
LQY	2.5	1	LMY	0	1

续表

被试	具体名词句	抽象名词句	被试	论元宾语句	非论元宾语句
LSJ	2.5	9	LQY	0	0
SXY	0.5	1	LSJ	1	2
ZMF	1	4	XYL	1	2
ZZH	1	2.5	ZZH	1	2
合计	16.5	35	合计	5	12

本实验中失语组被试的数据分成四种不同的句子类型，两两为一组（具体名词句 vs. 抽象名词句，论元宾语句 vs. 非论元宾语句）。因为我们的备测假设是无方向的，所以运用双尾 t 检验分析各组的随机水平，对比不同类型语句的总体错误平均数之间的差异是否达到了显著水平。在每一类句子中，观测值 n 为 8（即每种数据的样本量为 8）。t 检验的方法同实验一：为比较"具体名词句 vs. 抽象名词句"，把表 10-8 中的相关数据输入 Excel 软件，计算出检验统计值为 $t=-2.790$，其绝对值大于双尾临界值（2.364623），$p=0.03<0.05$，因此所作检验有显著意义，证明具体名词句和抽象名词句确实在失语组被试的语言加工中存在差别。同理，在"论元宾语句 vs. 非论元宾语句"的样本均值分析中，检验统计值 $t=-3.86174$，其绝对值大于双尾临界值[①]（2.364623），$p=0.006<0.01$，因此所作检验有非常显著意义，证明论元宾语句和非论元宾语句确实在失语组被试的语言加工中存在特别明显的差别。因此，我们可以拒绝零假设 H_0，接受备测假设 H_1：$T_{具体}\neq T_{抽象}$，$T_{论元}\neq T_{非论元}$。

再看对照组在[±典型语义价]的表现。运用相同的检验方法，可以得到"具体名词句 vs. 抽象名词句"的检验统计值 $t=-1.835$，其绝对值小于双尾临界值（2.364623），$p=0.11>0.05$，因此所作检验没有显著意义，说明具体名词句和抽象名词句在对照组被试的语言加工中没有明显差别。在"论元宾语句 vs. 非论元宾语句"的样本均值分析中，检验统计值 $t=-3.862$，其绝对值大于双尾临界值（2.364623），$p=0.006<0.01$，因此所作检验有非常显著意义，证明论元宾语句和非论元宾语句确实在对照组被试的语言加工中存在特别明显的差别。检验结果部分拒绝零假设 H_0，部分支持备测假设 H_1，可表示为 $T_{具体}=T_{抽象}$，$T_{论元}\neq T_{非论元}$。

表 10-9　对照组在[±典型语义价]上的错误数量比较

被试	具体名词句	抽象名词句	论元宾语句	非论元宾语句
GDQ	1	0	0	2
LFY	0	0.5	0	2

① 因测试两组句子时采用了相同数量的被试，所以得到的双尾临界值相同，后面的实验与此同。

续表

被试	具体名词句	抽象名词句	论元宾语句	非论元宾语句
LYY	0	0	0	1
RWC	0	0	0	1
XZS	0	1	0	0
YHY	1	4	0	0
ZXH	0	2	0	2
ZYJ	0	1	0	1
合计	2	8.5	0	9

图 10-5 和图 10-6 能更直观地显示出两组被试在[±典型语义价]的差异，表明不典型语义价的加工难度高于典型语义价。但两组被试的加工模式有所不同：失语症患者在具体名词句 vs. 抽象名词句的加工和论元宾语句 vs. 非论元宾语句的加工上皆表现出显著的难度差异，而对照组仅在后一组句式的加工上反映出语义价的[±典型性]效应。

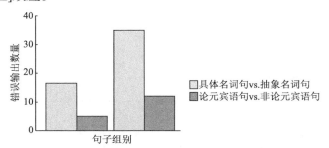

图 10-5 失语组在[±典型语义价]上的差异对比

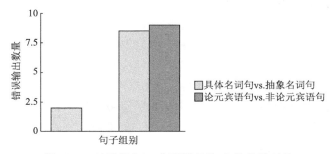

图 10-6 对照组在[±典型语义价]上的差异对比

下面是[±典型句法价]的加工情况。根据表 10-10 的原始测量数据，我们运用成对样本进行 t 检验统计分析，得到失语组在[±典型句法价]上的错误分析结果。其中，"无标记句法结构 vs. 有标记句法结构"的分析数据显示，检验统计值为

$t=-3.550$，其绝对值大于双尾临界值（2.364623），$p=0.009<0.01$，因此所作检验有非常显著意义，证明无标记句法结构和有标记句法结构确实在失语组被试的语言加工中存在特别明显的差别。在"简单配价结构 vs. 复杂配价结构"的错误分析中，检验统计值为 $t=-2.04939$，其绝对值小于双尾临界值（2.364623），$p=0.08>0.05$，因此所作检验没有显著意义，证明简单配价结构和复杂配价结构在失语组被试的语言加工中不存在明显差别（但可以看到复杂配价结构确实比简单配价结构加工困难的趋势）。这样，我们就可以部分拒绝零假设 H_0 和部分支持备测假设 H_2，即 $T_{无标} \neq T_{有标}$，$T_{简单} = T_{复杂}$。

表 10-10　失语组在[±典型句法价]上的错误数量比较

被试	无标记句法结构	有标记句法结构	简单配价结构	复杂配价结构
CGY	0	0	0	0
FJJ	1	1	1	1
LMY	6	9	3	5
LQY	1	2	0	0
LSJ	2	4	2	4
SXY	3	4	0	0
ZMF	1	3	1	3
ZZH	0	3	0	0
合计	14	26	7	13

表 10-11 是对照组在句法价测试中的原始数据。运用相同的统计方法，计算出该被试组在[±典型句法价]上的错误理解结果如下："无标记句法结构 vs. 有标记句法结构"的错误检验统计值为 $t=-3.870$，其绝对值大于双尾临界值（2.364623），$p=0.006<0.01$，因此所作检验有非常显著意义，证明无标记句法结构和有标记句法结构在对照组被试的语言加工中存在特别明显的差别。然而，"简单配价结构 vs. 复杂配价结构"的分析结果显示无明显差别：其检验统计值为 $t=-1.667$，其绝对值小于双尾临界值（2.364623），$p=0.140>0.05$，因此所作检验没有显著意义。由此证明，简单配价结构和复杂配价结构在对照组被试的语言加工中不存在明显差别。检验结果可简单表示为：$T_{无标} \neq T_{有标}$，$T_{简单} = T_{复杂}$。

表 10-11　对照组在[±典型句法价]上的错误数量比较

被试	无标记句法结构	有标记句法结构	简单配价结构	复杂配价结构
GDQ	0	0	0	0
LFY	0	0.5	0	0

续表

被试	无标记句法结构	有标记句法结构	简单配价结构	复杂配价结构
LYY	0	0.5	0	1
RWC	0	1	0	0
XZS	0	1	0	0
YHY	0	0.5	1	4
ZXH	0	2	0	0
ZYJ	0	1	1	2
合计	0	6.5	2	7

　　基于统计数据，可以把失语组和对照组加工[±典型句法价]的情况绘制成柱状图，如图 10-7 和图 10-8 所示。从中可以看到，两组被试的出错数量虽然不同，但表现出相同的加工模式，即有标记结构比无标记结构的加工更难，简单配价结构和复杂配价结构的加工尽管存在差异，却没有达到统计上的显著水平。

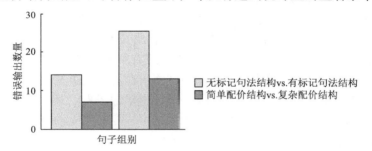

图 10-7　失语组在[±典型句法价]上的差异对比

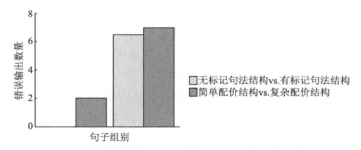

图 10-8　对照组在[±典型句法价]上的差异对比

七、讨论

　　从认知的一般规律看，人们总是先感知具体的东西（如人体自身和人生存的周围空间环境），后意识到抽象物的存在可能（如时间、内心的各种情感等）。

而且，人们习惯于以具体的感知去反映抽象的存在物，即通常所说的从具体到抽象，从特殊到一般。语言是人类认知向更高级阶段发展的结果，语言发生发展的过程自然应该表达人类认知的基本规律。在语言发生学上，动词和名词是儿童最先习得的词类成分，其中绝大多数动词是表示身体动作或事件、活动的（比例超过同期所用动词的 70%），有统计结果显示，3～6 岁的儿童所掌握的具体名词的比例在 80% 以上，而抽象名词在 20% 以下，具体名词明显早于抽象名词的发展（李宇明，1995）。实验也证明，在词汇提取和组织的过程中，词义的抽象和具体之分会引起形象性效应（imageability effect），即形象性强的词要比形象性低的词容易回述（桂诗春，2000）。本书提出动词的语义价有典型和不典型之分，一个重要出发点正是基于配价/论元本身有抽象与具体之别，对于一个蕴含[+具体]义的动词来说，其典型的语义价即价语（内部论元或外部论元）为具体名词的配价（表示本义），不典型的语义价是价语为抽象名词的配价（表示引申义）。结合上述观点不难推知，对于一个拥有多个语义价的动词配价结构而言，典型语义价的加工速度必定比不典型语义价的加工速度快，其正确辨识率也应比后者高。国外的失语症研究已经证明论元结构中论元比非论元保留更好，在表达和理解上也更准确。因此，同样可以推断，根据"先进后出"的原则，语义受损的失语者（排除完全性语义缺失）最先遗失的是不典型语义价，后遗失或有所保留的是典型语义价。

实验心理学的研究结果表明，语句中"施事在前，受事在后"具有很强的心理现实性（Chatterjee et al.，1999）（这一顺序最早源于人们对空间的认知——人类认知的重要源点，成为体验认知的具体示例），反映了人们借助语言认识事物的常规心理模式，违反该顺序就意味着人的认知突破常规。换句话说，前者是典型认知顺序，后者是不典型认知顺序。将这一认知顺序投射到配价结构上，便形成了典型句法价与不典型句法价。认知上的典型性与不典型性应该充分反映大脑神经机制方面的特性，或者说与大脑的神经机制具有很大的一致性。基于这一推理，可以认为典型句法价比不典型句法价在大脑中的运算速度快，其正确识别率也较高。

实验二的结果基本上印证了以上认知观点。为方便说明，这里将实验二的检验结果总结为一个简表（表 10-12），分析中的不等式变换为√，等式变换为×，比如 T 无标 ≠ T 有标 → √，T 简单 = T 复杂 → ×。

表 10-12   [±典型配价]的测量结果比较

被试	±典型语义价		±典型句法价	
	具体 vs. 抽象	论元 vs. 非论元	无标记 vs. 有标记	简单 vs. 复杂
失语组	√	√	√	×
对照组	×	√	√	×

注：表中的√表示差别明显，×表示差别不明显。

从表 10-12 中可以清楚地看到，失语组被试对配价结构中价语的语义性质变化很敏感。具体体现为，价语为具体名词的语句，其正确辨识率高于价语为抽象名词的语句，宾语为论元性成分的语句，其正确辨识率高于宾语为非论元性成分的语句。这一结果表明典型语义价与不典型语义价的区分有比较可靠的神经心理学基础。对照组在"具体名词句 vs. 抽象名词句"的辨识上没有达到显著差异，应在情理之中——其语言理解能力正常。不过，我们在实验中明显感受到他们判断抽象名词句时所花费的时间长得多（但因实验条件所限，我们没能记录反应时，因此不能作为评估的依据）。对照组在宾语为"论元 vs. 非论元"的语句判定上表现出与失语组一致的趋势，即论元宾语句的正确判断率高于非论元宾语句的正确判断率。由此可证，现代汉语中"播种粮食""种下玉米"之类比"播种希望""种下祸根"之类更基础，"吃米饭""写大字"之类比"吃大碗""写毛笔"更基础。基础的语义价是典型语义价，不太基础的是不典型语义价，所以在句法环境相同的条件下，前者的识别率高，反应时间快，而后者的识别率低，反应时间慢。

在句法关系方面，失语组和对照组表现出完全相同的倾向：无标记句法结构和有标记句法结构的差别特别明显，二者间的差异达到了统计上的非常显著水平，而简单配价结构和复杂配价结构在语言加工中没有反映出明显的不同。这一倾向说明，无标记句法结构在人脑中的加工阈限低，途经的环节少，信息提取的速度快，言语判断中出现的失误量小；有标记句法结构在人脑中的加工阈限相对高，经历的环节较多（因为句法发生转换、移位等操作），信息提取的速度慢，言语判断中出现的失误大。语言加工上的差别充分证明语言层次的句法价进行二分（即 ±典型句法价）是合理的，显示出典型句法价比不典型句法价更基础，因此具有可靠的心理现实性。与此正好相对，简单配价结构和复杂配价结构之间没有显示出明显差异，这说明在一个动词的多个配价结构中，宾语为体词性成分或非体词性成分不存在明显的认知差异，因而不支持"带体词性宾语的配价为典型句法价，带非体词性宾语的配价为不典型句法价"的观点。

但是，有一点要特别说明：在一个动词的多选配价结构中，宾语为"体词 vs. 非体词"在实验中不体现出明显差别尚不足以充分证明简单配价结构和复杂配价结构之间没有言语加工上的差异。其中有两方面的原因：一是这项实验中对语义的控制性不够，句法上的差异难以得到有效证明——理想的实验模式应该是比较诸如"他向我们表示歉意"vs."他向我们表示道歉"之间的差别，但我们发现选取类似的语料样本很困难（要求控制以下变量：语句的熟悉度、语句的长度、语义相似性），实验语句对比多以"小朋友想回家"vs."小朋友想妈妈"之类为主，两类配价之间的差异因此未必充分显现；二是复杂配价结构有好几种，如本书中篇部分谈到的连动结构、动补结构和兼语结构（又称致使结构），另外还有小句结构，"非体词宾语句"仅是复杂配价结构的一种，它与"体词宾语句"在加工上无差别不能证明整个复杂配价结构与整个简单配价结构之间无差别（比如，使用频率可能是其中的影响因素，但在本实验中没作专门控制）。也就是说，不能从个体样本的特殊性证明样本全体的普遍性，这是实验科学的一般常识。因此，简单配价与复杂配价之间到底有无差异，或者说简单配价与复杂配价的区分是否具有心理现实性还需要进一步实验的论证。

第十一章

动词配价的 ERP 研究

第一节　实验方法及实验原理简介

ERP 是"从自发电位（EEG）中经计算机提取而获得的脑的高级功能电位"（魏景汉、罗跃嘉，2010）。ERP 技术是一种先进的神经电生理学技术，本书采用该技术作为实验手段探讨动词配价加工的大脑神经机制问题。ERP 可记录正常人和患者在认知加工时大脑的实时信息，具有时间分辨率高（精确至毫秒级）的优点，其空间分辨率相对较低（与 fMRI 相比）。所谓 ERP，是指当外加一种特定的刺激，作用于感觉系统或脑的某一部位，在给予刺激或撤销刺激时，在脑区引起的电位变化。刺激可以是各种各样的，可以是语言刺激，也可以是非语言刺激，不同类型的刺激被视为不同的事件（event）。

ERP 是一种特殊的脑诱发电位，一次刺激诱发的 ERP 的波幅约为 2～10 微伏（microvolt），比人脑的 EEG 小得多，淹没在 EEG 中，二者构成小信号与大噪音的关系，因此无法测量和研究。但 ERP 的波形和潜伏期恒定，利用这两个恒定就可以通过叠加，把 ERP 从 EEG 中提取出来。在提取 ERP 的过程中，首先对被试施以多次重复的刺激"S"，然后再将每次刺激所产生的含有 ERP 的 EEG 加以叠加和平均。ERP 是与刺激直接相关的电位，且在每次刺激后波形和潜伏期是恒定的，经过叠加，ERP 与叠加次数成比例地增大；EEG 是自发电位，与刺激无固定的关系，只能按随机噪音方式加和。若刺激次数为 n，则叠加 n 次后 ERP 增大 n 倍，EEG 只增大 $\sqrt{n}$ 倍，信噪比提高 $\sqrt{n}$ 倍。假设叠加前 ERP 波幅为 EEG 波幅的 1/2，经过 100 次叠加后，ERP 的波幅增大 100 倍，而 EEG 的波幅只增大 10 倍，这样，叠加后的 ERP 波幅就是 EEG 的 5 倍，于是 ERP 就从 EEG 中显现出来，成为可以观察的神经电活动，并以波幅、潜伏期和波峰等指标显现出来。叠加后的 ERP 数值除以叠加的次数，其平均值就还原为一次刺激的 ERP 数值，所以 ERP

又称平均诱发电位。这就是提取 ERP 的基本原理，如图 11-1 所示（图中的 MMN 指 mismatch negativity，失匹配负波）。

被提取出来的 ERP 成分按潜伏期可分为早、中、晚成分以及慢波，与语言相关的 ERP 成分主要是晚成分。ERP 主要记录与特定刺激同步呈现时的脑电反应信号，ERP 研究主要分析信号的时程（潜伏期、极性、波幅）、溯源（根据电位的头皮分布确定相关联的脑区）和脑电信号的神经震荡（如 α 波、β 波等）情况，且以时程分析为主，另两种分析多作为辅助手段。

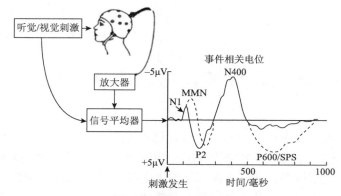

图 11-1　ERP 提取原理

资料来源：译自 2018 年浙江大学 ERP 讲座

常用的 ERP 成分主要是 N400（刺激呈现后约 250～450 毫秒所诱发出的一个负波）和 P600（刺激呈现后约 600 毫秒所诱发出的一个正波）两个晚期成分，其中 N400 主要与语义加工相关，反映了大脑对语义信息的自动加工及语义信息的整合过程；P600 主要与句法加工相关，反映了大脑对句法的分析、修补以及晚期的整合过程（Friederici & Frisch，2000；Friederici，2002）。此外，经常报道的 ERP 成分还包括与早期句法加工相关成分 LAN 和 ELAN。LAN 的潜伏期长短差异较大，一般在 100～500 毫秒变化，后来因为发现了潜伏期较早的类似左前负成分（潜伏期在 150～200 毫秒），为了与 LAN 相区别，所以命名为 ELAN（韩宗义等，2007）。不同的研究发现，ELAN 与词类违反（如 Friederici et al.，1993）、词类歧义（如 Brown et al.，1980）、短语结构匹配违反（如*Max's of proof the theorem，Neville et al.，1991）紧密相关。还有学者发现 ELAN 不受注意的影响，表现出自动化的特点，将 ELAN 作为句法结构早期自动化加工的 ERP 成分（韩宗义等，2007）。LAN 则与多种句法违反相关联，例如主谓数不一致（如*Some shells is even soft），动词宾格违反（如*The plane took we to paradise an back），时态不一致（如*This allowed them to stayed under water for a long period），以及动词及物性违反（如*The teacher is being fallen），还有学者把这类句法错误引起的 LAN 归因于工作记忆在句子加工中的作用。现在的一个基本观点是，无论 ELAN 还是 LAN 都成为反映早期句法（尤其是形态句法）不一致的特异性指标（参考韩宗义等，2007）。

第二节　实验三　动词配价的[±典型性]加工

一、引论

自生成语言学问世以来，语言学界大多认同动词中心论，即动词在语言的理解和生成方面都起着决定性的作用。通过动词，说话人和听话人可以对即将出现的后续成分进行预测，在这些后续成分中最重要的就是围绕动词的事件参与者，即与动词紧密关联的名词性成分（也可能是动词、形容词和小句，如：女孩想回家/爱漂亮；我知道他不会来）。在论元结构理论中，动词是言语单位的支配成分，控制着其前或后可能出现的论元性成分/价语，这些论元性成分/价语往往可以通过动词的词汇语义特征推导出来，因而成为动词词库知识的一部分。通过范畴限制（C-selection）和语义限制（S-selection），动词蕴含/规定其价语的句法信息和语义信息，前者以次范畴框架表达，如（12-1），后者以特定语义特征（如生命性等）的题元角色表达，如（12-2）。二者的合一就是正确输入（理解）或/和输出（表达）的结果。

（12-1）a. 送 $[NP_1\_NP_2\ NP_3]$
　　　　b. 送 $[NP_1\_NP_2\ PP]$
（12-2）a. 送 $[NP_1<施事>\ NP_2\ <目标>NP_3<对象>]$
　　　　b. 送 $[NP_1<施事>\ NP_3\ <对象>PP<目标>]$

在心理语言学的研究文献里，这种以动词为中心的配价/论元结构信息通常被形象地概括为"谁对谁做了什么"（who did what to whom）。在具体的研究中，有的侧重于其句法方面（Embick et al.，2000），有的侧重于其语义方面（Bookheimer，2002），还有的关注句法-语义的交互作用，即把论元结构视为一个句法-语义的界面（Bornkessel et al.，2005）。从理解的视角看，这种界面性表现为从形式到意义的映射（mapping）。本实验秉承基于句法-语义互动的界面观，探讨配价结构中动词及其价语的句法-语义关系。

根据道蒂（Dowty，1991），表征句法-语义特征的题元角色是一组事件特征的蕴含集合，动词根据这些特征对进入句法位置的名词成分进行论元选择，即典型施事作句子的主语，典型受事作句子的宾语，介于施事和受事之间的中间成分（如目标和工具）构成一个连续统。也就是说，连续统中间的成分根据与施事-受事两极的距离远近可以充任主语，也可以充任宾语。陈平（1994）的研究进一步证明了道蒂（Dowty，1991）的基本思想在汉语中的合理性。通俗一点说，动词主宾语位置上的成分可以是典型的施事、受事，也可以是非典型的施事、受事。我们可以举例为证：汉语动词"写"在句法框架相同的条件下可以选择典型受事作宾语（结果宾语），如"写大字/小说"，也可以选择非典型受事作宾语（工具宾语），如"写毛笔"，类似的还有"骂小孩 vs. 骂脏话""洗衣服 vs. 洗肥皂"之类。

"任何一个语言分析模型都必须解释与动词相关的信息是如何进行在线理解加工的。"（Friederici & Frisch，2000）这里的信息主要指动词及其表征的事件参与者信息，即配价信息。大量的行为学实验（Boland，1993）、失语症研究（Shapiro et al.，1987；Shapiro & Levine，1990）和正常人脑成像研究（Bornkessel et al.，2005；Bicknell et al.，2010）表明，动词为词汇通达和句子加工的交互作用提供了桥梁；与其他词类相比，动词更容易激活句子描述的情景事件，包括作为事件参与者的论元的句法、语义信息。新近的刺激延迟（stimulus onset asynchrony，SOA）启动实验表明，动词可以激活典型施事（arresting 激活 cop）、典型受事（serving 激活 customers）、典型工具（stirred 激活 spoon）（Ferretti et al.，2001），而在动词呈现后的无关名词上不曾见到该效应。但是，这里的启动实验只是比较了动词所能激活的题元角色类型，而没有关注这些题元角色在被激活的过程中所表现出来的内部差异。比如，对同一个动词而言，施事被激活的情况与受事、工具被激活的情况有何异同没有涉及。另外，由于英语具有形态语言的部分特征，不同的语义角色也难以进行直接的句法比较，比如无法比较 stirred the milk 和*stirred the spoon（而要说成 stirred with the spoon）。汉语属于意合性语言，具有这种可供直接比较的优势，这为我们比较研究"骂小孩 vs. 骂脏话""洗衣服 vs. 洗肥皂"这类配价/论元结构提供了契机。

为此，实验三的目的是通过 ERP 实验比较不同题元角色的论元性名词（即不同类型的价语）在加工时程上的差异（V-NP 工具/方式 vs. V-NP 受事），以检验道蒂（Dowty，1991）等提出的题元等级是否具有可靠的神经心理机制。

二、被试

共有 16 名以汉语为母语的健康在校大学生（其中，女生 10 人，男生 6 人）

参加了本实验，年龄范围在 18～23 岁。按爱丁堡利手测试量表（Oldfield，1971）的测查标准，所有被试均为右利手。所有被试视力正常或矫正后正常，无任何精神和神经疾病史，自愿参与本实验，均在实验前签署知情同意书和实验协议书，实验结束后获得一定劳务酬金，单个被试的实验持续时间在 12～15 分钟。有 2 名被试（1 男 1 女）的脑电数据因为完成实验任务的正确率过低（低于 80%）被剔除，这样，剩下 14 名被试的脑电数据用于实验统计分析。

三、实验材料与设计

实验三旨在考察的目标刺激为汉语中的动宾短语结构 V+NP，这里的 NP 有对应的两种形式，即 NP_1 和 NP_2，其中，NP_1 是动词 V 的典型受事（如寄包裹），即本书的典型语义价，NP_2 为 V 的非典型受事——"工具或方式"（如寄快递），即本书的不典型语义价。

在确定实验材料前，我们首先从《现代汉语词典》（第五版）中选取符合配价条件的单音节动词（既可以带受事宾语也可以带工具/方式宾语的动词）52 个；然后，根据语料库和大众语感造出对应的三音节动宾短语（1+2 结构模式）52 组，让武汉某大学在校大学生进行可接受性评定。评定的标准采用心理学实验中通用的五度量表，即完全可以接受的为 5 分，可以接受的给 4 分，基本可以接受的给 3 分，基本不可以接受的给 2 分，完全不可以接受的给 1 分。根据测量结果，我们对部分合格度较低的短语作出调整（替换动词或宾语）并进行二次评定。最终选定的实验短语的可接受度都在 3.5 分以上，且两组的可接受度在分布上不存在显著差异。

两种类型的实验目标短语各 36 个，共计 72 个，都是句法、语义自足的动宾短语（V+NP）；对应的填充短语 72 个，都是句法、语义上不合格的短语，而且不作句法构成方面的要求（可以是动宾结构，也可以是其他结构类型）。实验前对目标短语和填充短语分别进行类型和个体标记并通过伪随机处理（以规避重复效应）。实验目标短语样本见表 11-1，全部实验材料见附录五。

表 11-1　实验三的[±典型语义价]实验材料示例

动词	名词类型	语义价类型	动宾短语（V+NP）
寄，骂	受事名词	[+典型语义价]	寄包裹；骂小孩
	非受事名词	[-典型语义价]	寄快递；骂脏话

四、实验过程

实验在隔音的专门电磁屏蔽 ERP 实验室内进行。实验开始前,实验人员要求被试双手握住按键盒坐在计算机前,双眼水平注视计算机屏幕中央,设计的视距为 80 厘米,水平视角为 4 度。正式实验前,要求被试认真阅读实验指导语、理解实验任务,随后进行简单练习以熟悉实验设备和实验流程。实验进行时,要求被试在实验过程中尽量减少眨眼次数,保持身体和头部不动。

所有的目标短语和填充短语被混合后进行伪随机编排,以规避可能的重复性效应。每个短语之前会首先呈现一个提示符"+",呈现时间为 300 毫秒,提醒被试刺激即将出现,提示符消失后 200 毫秒后短语开始呈现。每一个短语逐词(分单音节动词和双音节名词两类)在计算机屏幕中央呈现,汉字字形为 60 号宋体、白色,计算机显示器背景为银灰色。每个短语的单屏刺激(动词为一屏,宾语名词为另一屏)呈现时间为 300 毫秒,屏与屏之间的时间间隔(即 SOA)为 700 毫秒。在每个短语呈现结束之后,要求被试根据动词-名词的搭配合理性尽快作出可接受性判断,正确搭配按"1"键,错误搭配按"3"键。反应手(即按键所用的手)在被试中交叉平衡设计。前一个短语的句末词消失后 2200 毫秒,下一个短语的提示符开始出现。刺激呈现流程如图 11-2 所示。

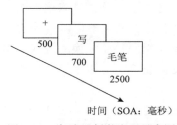

时间(SOA:毫秒)

图 11-2 实验三刺激流程示意图

五、数据处理与分析

脑电记录按以下方式采集。让被试佩戴 Quik-Cap 64 导联电极帽,采用 Neuroscan Synamps 2 记录 64 导脑电,电极以国际 10-20 系统为基础放置。在线记录脑电时,以左侧耳后乳突为参考,离线分析时重新转换成以双侧乳突连线为参考。同时在双眼外侧安置电极记录水平眼电,在左眼上下眶安置电极记录垂直眼电。接地点在 FPz 和 Fz 的中点。电极与头皮接触的阻抗保持在 5 千欧以下。采样频率为 1000 赫兹,带宽为 DC-100 赫兹。脑电数据被存储在计算机硬盘内,供离线分析时使用。

使用 Neuroscan 4.3 对采集的脑电进行离线分析处理。使用 DC 矫正去除脑电采集中慢电位漂移造成的伪迹；利用回归的方法去除眼电伪迹。为了比较相同动词不同宾语（典型语义价还是不典型语义价）在动宾短语中的加工差异，我们对动词后双音节名词诱发的 ERP 分别进行分析，以刺激呈现前（动词呈现结束）200 毫秒作为基线，至刺激呈现后 1400 毫秒结束。在这些分析时段里，波幅大于 ±100 微伏的伪迹信号被剔除。对所要考察的各类刺激的脑电数据进行叠加平均。为了能够更清楚地观测各类刺激的波形及相互之间的差异，对各类刺激总平均的 ERP 波形进行 30 赫兹的低通滤波，但是所有用于统计分析的数据都来自未被滤波的 ERP。

根据 ERP 总平均波形图特征，在合适的分析时窗内对各类刺激所诱发的 ERP 的平均幅值进行统计分析，采用的统计方法为重复测量的方差分析。为了考察各种刺激类型在左、右半球和前、后脑区上的差异，将大脑皮层按照左右维度（左半球、中线和右半球）和前后维度（左前部区、左后部区、右前部区和右后部区）分为 20 个兴趣区（region of interest，ROI），包括左前部区（AF3、C3、F1、F5、FT7）、左后部区（CP3、O1、P1、P5、TP7）、右前部区（AF4、C4、F2、F6、FT8）和右后部区（CP4、O2、P2、P6、YP8）。在进行方差分析之前，首先求出每个 ROI 内电极点波幅的平均值。采用 Greenhouse-Geisser 法对统计得到的 p 值进行校正。

六、实验结果

我们对两类动宾短语中宾语名词的 ERP 平均值进行了计算，取值区间是动词呈现开始后的 860～1100 毫秒。图 11-3 是不同代表脑区的 ERP 波形图。从中可以看到，在 860～900 毫秒的时窗内，以"骂脏话"为代表的不典型配价结构比以"骂小孩"为代表的典型配价结构诱发更大的正成分，同样的情况出现在 900～940 毫秒时窗。也就是说，不典型配价与典型配价的差异从名词呈现 160 毫秒开始显现，一直持续到 200 毫秒左右，显示出 P200 差异，这在图 11-3 中的 F3、Fz、F4、C3 脑区和图 11-4 中的 FCz 脑区更明显。但是方差分析表明，名词类型主效应在上述两个时窗内都不显著[860～900 毫秒时窗：$F(1, 13)=1.209$，$p=0.29 > 0.05$；900～940 毫秒时窗：$F(1, 13)=0.039$，$p=0.85 > 0.05$]，名词类型与各脑区的交互作用效应也不显著[860～900 毫秒时窗：$F(1, 13)=1.817$，$p=0.99 > 0.05$；900～940 毫秒时窗：$F(1, 13)=0.389$，$p=0.543 > 0.05$]。

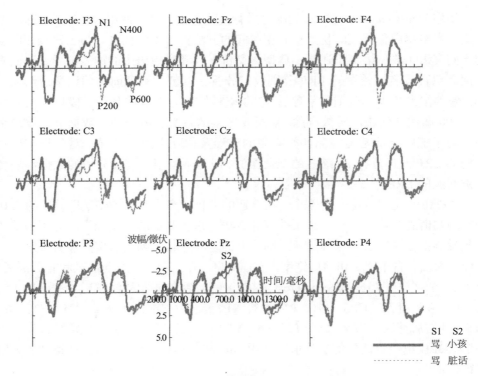

图 11-3　动宾短语在不同脑区的 ERP 波形图

注：本图是实验设备产出的图形，S1 和 S2 是设备标记

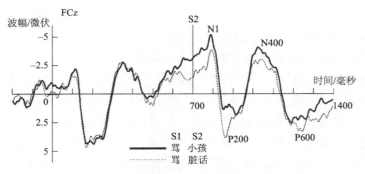

图 11-4　动宾短语在 FCz 位置的 ERP 波形图

在 1000～1100 毫秒区间，以"骂小孩"为代表的典型配价比以"骂脏话"为代表的不典型配价诱发更大的 N400，这一差异在图 11-3 中的 F3、C3 位置和图 11-4 中的 FCz 位置尤为明显。取 1000～1050 毫秒和 1050～1100 毫秒两个时段进行方差分析，发现名词类型主效应不显著[分别为：$F(1, 13)=0.042$, $p=0.841 > 0.05$；$F(1, 13)=0.011$, $p=0.92 > 0.05$]，名词类型与各脑区的交互作用效应也不

显著[两个时段皆为：$F(1, 13)=1.314$，$p=0.27 > 0.05$]。

七、分析与讨论

动词不仅决定价语/论元的数量，还决定其语义属性，实验二和前人的研究皆表明，该观点反映了世界语言的一种共性。与此相关的问题是，动词配价/论元结构中句法构造相同但语义要求迥异的成分是否存在加工差异？汉语中这类形似异义结构的认知实证研究尚不多见。为此，本实验以词汇启动实验范式进行 ERP 研究，试图弥补这方面的不足。研究结果表明，以汉语为母语的成人对同一句法位置上不同题元角色的价语反应敏感，在理解加工上表现出典型配价（如骂小孩/擦玻璃）与不典型配价（如骂脏话/擦口红）不同的加工模式：在动词后名词开始呈现的 160～240 毫秒时段，不典型配价比典型配价呈现的 ERP 波幅大，显示出早期成分 P200 效应；在动词后名词开始呈现的 300～400 毫秒时段，典型配价比不典型配价显示出更大的负波，显示出基于语义违反的 N400 效应。

弗里德里齐和弗里希（Friederici & Frisch, 2000）曾谈到语言理解加工的三种分析模型：短语结构驱动模型（phrases structure-driven model，把分析按顺序分成两步，词类范畴信息识别和题元角色指派）、词汇驱动模型（lexicon-driven model，句子结构受动词的补足语特征知识驱动）和基于约束的模型（constraint-based model，把分析视为一个连续满足约束条件的过程，在此过程中各信息类型相互作用）。我们认为第三种模型即基于约束的模型可以解释本实验结果。价语的语义属性是动词词库特征的一部分，所以受到动词启动的名词成分与动词的词库特征相吻合时，会很快被激活，本实验中这一效应在名词呈现 160 毫秒左右开始显现，表明表层动宾关系的语义约束条件得到满足。由于现代汉语中兼带受事宾语和工具/方式宾语的动词不多，工具/方式成分（与受事相比）数量偏少，直接出现在动词后宾语位置很容易引起被试注意，所以在前期加工阶段消耗的脑资源更多，诱发更大的 P200 在情理之中。但伴随加工的推进，被试发现这里的工具/方式宾语就语义内涵而言其实是动词蕴含的（如骂的方式肯定不是好话），而且大多是唯一的，而与动词相关的受事却范围广泛得多，有的乃至趋于无限（比较"卖高价" vs. "卖家电"），可供选择的可能性多，所以加工起来更困难，因而表现出更大的 N400 波幅。这一解释也与侯克斯等（Hoeks et al., 2004）提出的句子加工词汇启动的合成观（combinatory account）有关——词汇之间的语义适切性（semantic fit）比句法结构关系更重要，如 The barber trimmed the mustache 比 The woman trimmed the mustache 或 The barber saw the mustache 更容易加工。

动词宾语典型性与不典型性的差别其实也反映了动词一般性（verb-general）知识与动词特异性（verb-specific）知识之间的差别。动词最容易激活广义事件知识（generalized knowledge）也因此最容易产生期待效应（expectancy generation）（McRae et al.，2005），工具/方式属于动词特异性知识，受事属于动词一般性知识，所以后者在动词事件知识的预期之内，自然在晚期加工上比前者更加容易。

虽然统计分析的结果都没有达到显著差异，但这不能否认配价典型性与不典型性本质的存在。我们认为这种非显著性可能由两方面的因素所致：一是不同的刺激对大脑各部分的影响不同，由于我们采用了全脑的脑电 ERP 分析，一些比较显著的差别可能被很多不显著激活的脑区所掩盖；二是我们的统计分析本身还可能存在遗漏之处。

第三节　实验四　构式对动词配价加工的影响

一、引论

实验一和实验二已经证明动词不仅决定配价/论元的数量，而且决定其属性，简称动词配价的量效应和质效应。这一结果佐证了理论语言学界尤其是生成语言学主张信奉的动词中心论。然而，伴随认知语言学尤其是认知语法研究的兴起，动词中心论的地位受到挑战。以戈德堡（Goldberg，1995，2003，2006）为代表的构式语法学者认为，构式有独立于其组成成分的构式义，动词义是构式义的具体示例。一个句子的理解和表达不仅取决于以动词为代表的词汇成分的词汇义，还有赖于该句子的整体构式义，如前面提到的汉语双及物动词句（双宾语句）不仅表达"转移"还表达对"占有物的转移"。英语中的情况与此类似，如要正确解读 John sneezed the napkin off the table，仅仅知道 sneeze 等词汇的词汇义内容还不够，还需要了解构式 VOA（sneezed the napkin off the table）在其中的语义贡献。这里，sneeze 作为不及物动词在该构式中获得了一种临时的[+ 致使]义，形成的 VOA 构式相当于汉语中的动补结构，其语义特征是 sneeze 的词库中所没有的，这种结构形成的意义就是构式义。

构式对动词的影响作用以及对整个句子的识解作用已经得到实验验证，比如，李和内格勒斯（Lee & Naigles，2008）发现，如果在不及物动词后面再加一个额外 NP 成分的话，中国小孩在动词习得的过程中就会把一价动词（框架 NV）当成二价动词（框架 NVN）用，表明句法引导（syntactic bootstrapping）假设对汉语学习是有效的[①]。这一实验结果暗示着句子框架/构式对动词的学习与习得产生影响。那么，这种影响是否也存在于正常成人的语言加工中呢？这是本实验试图探讨的问题。

具体说，本实验把一、二、三价动词纳入相同的句法框架（NP+V+NP）进行考察，通过比较其加工差异（体现在脑电反应上）来证明/证伪构式对动词的影响。结合实验一、实验二和国内外研究（一、二、三价动词的复杂性大致依次递增，二价动词是汉语中的典型动词，二价结构是汉语句子的典型结构），我们预期二价动词所在的句子加工起来最容易，三价动词所在的句子加工起来最难，一价动词所在的句子加工起来居中，即比二价动词句难但比三价动词句容易。

二、被试

参加实验三的被试也参加本实验，因此具体情况不再赘述。

三、实验材料与设计

实验四考察结构对一、二、三价动词的加工影响，即把不同价量的动词置于一个共同的二价结构 NP_1+V+NP_2 中来比较他们的 ERP 时程变化。前面理论部分已经证明，NP_1+V+NP_2 是典型二价结构，因而在语言实践中可以包容不同价量的动词进入其中。因此，该结构成为我们检测现代汉语中构式效应的最有效的（也许是唯一的）结构。

根据转换生成理论，动词对内部论元（NP_2）的影响更大，所以本实验对 NP_1 进行了控制——在选择实验句的时候把 NP_1 全部设计成具有强生命性的人名。这样，研究的重心就落到 V 和 NP_2 的考察上。由于一价动词不可能携带论元性名词，所以只能用表示处所、时间等的非论元性名词来填充 NP_2 位置。另外，为了便于比较，我们选取的三价动词都是"受事优先"的动词[②]，这样就确保了二价句和三价句中的 NP_2 具有可比性。

在确定目标句前，我们首先从《现代汉语词典》（第五版）中选取一、二、三

---

① 句法引导假说（syntactic bootstrapping hypothesis）认为，儿童应用动词出现的句法框架来约束（constrain）语境揭示的可能语义（Gleitman，1990）。但 Pinker（1994）对此表示质疑，主张语义引导（semantic bootstrapping）：儿童天生就会在语义范畴（如动作的施事）和句法范畴（如主动句的主语）之间建立联系；学习者然后应用世界/语境信息来辨识语义范畴，并将其引入句法。

② 根据双及物结构中的两个宾语能否独立充当动词宾语，这类三价动词可以区分为"受事优先"和"整体优先"的动词两类。"受事优先"的动词指删除间接宾语（与格宾语）不影响句子合格性的一类动词，如"租、借、买、递"等；"整体优先"的动词指删除任何一个宾语都会影响句子合格性的一类动词，如"给、卖、捐"等。需要指出的是，我们这里的"受事优先"的动词不同于胡学文（2012）中的"受事优先截取"动词，因为后者所承载的结构是"述宾补"结构，不是典型的双宾语结构。

价单音节动作动词 80 个，然后根据语料库和大众语感造出对应的 NP_1+V+NP_2 结构句，让在校大学生进行可接受性评定。评定的标准和筛选步骤同实验三。选定的句子可接受度都在 3.5 分以上，且三组句子的可接受度在总体分布上不存在显著差异。

三种类型的目标句各 40 句，共 120 句，都是句法、语义自足的合格句，每个句子的结尾词为助词"了"；匹配的填充句也是 120 句，都是句法、语义上有问题的以"了"结尾的句子，而且不做句法结构要求（可以是动宾结构，也可以是其他结构类型）。实验前对目标句和填充句进行伪随机排序处理。实验目标句样本见表 11-2，全部实验材料见附录六。

表 11-2　实验四的目标句（NP_1+V+NP_2）示例

句子类型	目标句举例
一价句	张军躺两天了。
二价句	高敏洗衣服了。
三价句	黄坚租房子了。

四、实验过程

实验操作环境和对被试的操作要求同实验三。

所有的实验目标句和填充句被混合进行伪随机编排。每个句子之前会首先呈现一个提示符"+"，呈现时间为 300 毫秒，提醒被试刺激即将出现，提示符消失后 200 毫秒短语开始呈现。所有句子逐词在计算机屏幕中央呈现，字形同样为 60 号宋体、白色，计算机显示器背景为银灰色。句子中单个词的呈现时间为 300 毫秒，屏与屏之间的时间间隔（即 SOA）为 700 毫秒。在句子呈现结束之后，要求被试根据句义又快又准确地进行正误判断，反应手（即按键所用的手）在被试中交叉平衡设计。前一个句子的句末词消失后 2200 毫秒，下一个句子的提示符开始出现。刺激呈现流程如图 11-5 所示。

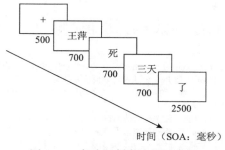

图 11-5　实验四刺激流程示意图

五、数据处理与分析

脑电记录的方式同实验三。随后，使用 Neuroscan 4.3 对采集的脑电进行离线分析处理。使用 DC 矫正去除脑电采集中慢电位漂移造成的伪迹，利用回归的方法去除眼电伪迹。为了比较一、二、三价动词在同一句法框架（NP_1+V+NP_2）中的加工差异，我们对动词和 NP_2 所诱发的 ERP 成分进行分别分析，以刺激呈现前（动词呈现结束）200 毫秒作为基线，至刺激呈现后 1400 毫秒结束。在这些分析时段里，波幅大于 ±100 微伏的伪迹信号被剔除，对所要考察的各类刺激的脑电数据进行叠加平均。为了能够更清楚地观测各类刺激的波形及相互之间的差异，对各类刺激总平均的 ERP 波形进行 30 赫兹的低通滤波，但是所有用于统计分析的数据都来自未被滤波的 ERP 成分。

根据 ERP 总平均波形图特征，在合适的分析时窗内对各类刺激所诱发的 ERP 的平均幅值进行统计分析，采用的统计方法为重复测量的方差分析。与实验三相同，为了考察各种刺激类型在左、右半球和前、后脑区上的差异，我们将大脑皮层按照左右维度（左半球、中线和右半球）和前后维度（左前部区、左后部区、右前部区和右后部区）分为 20 个兴趣区（ROIs），包括左前部区（AF3、C3、F1、F5、FT7）、左后部区（CP3、O1、P1、P5、TP7）、右前部区（AF4、C4、F2、F6、FT8）和右后部区（CP4、O2、P2、P6、YP8）。在进行方差分析之前，首先求出每个 ROI 内电极点波幅的平均值。采用 Greenhouse-Geisser 法对统计得到的 p 值进行校正。

六、实验结果

由于二价结构 NP_1+V+NP_2 中的 NP_1 都是专名，以该结构组成的句子都以助词"了"结尾，所以我们只对可能造成加工影响的 V 和 NP_2 两个成分的 ERP 平均值进行了计算，其中动词 V 的取值区间是 300～400 毫秒，名词 NP_2 的取值区间是动词呈现开始后的 860～1100 毫秒。动词类型不同的 NP_1+V+NP_2 在各脑区的 ERP 波形图，见图 11-6，动词类型不同的 NP_1+V+NP_2 在 Cz 位置的波形图，见图 11-7。

在动词部分，可以看到 300～400 毫秒的时窗，一、二、三价动词显示出负成分差异，N400 效应明显。而且，这一效应分为两阶段：300～350 毫秒为第一阶段，波幅由低到高；350～400 毫秒为第二阶段，波幅由高变低。总的趋势是三价句的波幅最大，二价句的波幅最小，一价句居中，可简单表示为三价句>一价句>二价句，该趋势在图 11-6 和图 11-7 中都很明显。但是，方差分析显示动词类型主效应在 300～350 毫秒时窗内不显著[$F_{(2, 26)}$=2.158，p=0.145>0.05]，在 350～400 毫秒时窗内也不显著[$F_{(2, 26)}$=0.243，p=0.774>0.05]。再考察动词类型与各脑区的交互作用，得到基本一致的结果，即交互作用在两个时段都不显著[$F_{(2, 26)}$=1.799，p=0.186＞0.05]。

再看动词后的名词部分。在 860～940 毫秒时段（即名词 NP$_2$ 开始呈现后的 160～240 毫秒），句子波形往正成分方向发展，显示出 P200 效应。总体趋势是二价句的波幅最大，一、三价句的波幅相差不大，可简单表示为二价句＞一/三价句，这在图 11-7 中表现明显，在图 11-6 中的部分脑区表现明显。对 860～900 毫秒和 900～940 毫秒时窗的两阶段方差分析显示，动词类型主效应不显著[分别是：$F_{(2, 26)}$=0.076，p=0.90＞0.05；$F_{(2, 26)}$=0.43，p=0.62＞0.05]，动词类型与加工脑区的交互作用不显著[分别是：$F_{(2, 26)}$=0.175，p=0.80＞0.05；$F_{(2, 26)}$=0.863，p=0.424＞0.05]。到了 1000～1100 毫秒时段（即动词后名词开始呈现的 300～400 毫秒阶段），N400 效应出现，三价句比一价句波幅大，一价句比二价句波

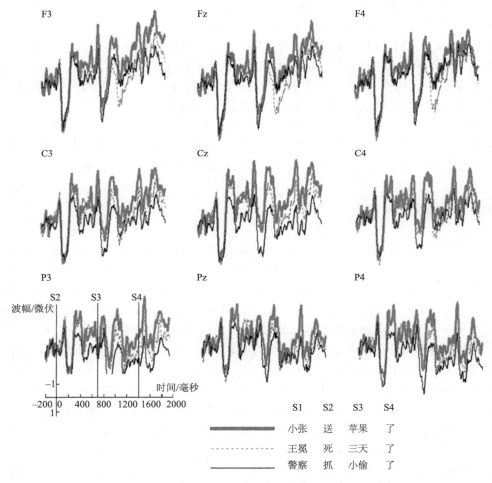

图 11-6　动词类型不同的 NP$_1$+V+NP$_2$ 结构在各脑区的 ERP 波形图

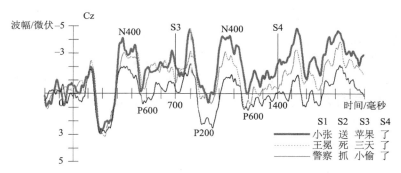

图 11-7　动词类型不同的 NP_1+V+NP_2 结构在 Cz 位置的 ERP 波形图

幅大，即三价句＞一价句＞二价句。两阶段（1000～1050毫秒和1050～1100毫秒）的方差分析显示，动词类型主效应不显著[分别是：$F_{(2, 26)}$=1.821，p=0.194＞0.05；$F_{(2, 26)}$=3.811，p =0.06＞0.05]，动词类型与加工脑区的交互作用不显著[分别是：$F_{(2, 26)}$=1.983，p=0.159＞0.05；$F_{(2, 26)}$=1.191，p=0.319＞0.05]。

七、分析与讨论

从理论视角看，如果说实验三的目的是检测基于动词中心论的题元角色等级，本实验的目的就是检验基于构式中心论的思想，看看构式到底如何影响价量不同的动词的加工。

根据前人的研究（如 Ahrens & Swinney，1995；Thompson et al.，2007b），动词论元的多少和题元角色的数量等因素影响动词的加工进程，复杂性越高的动词加工起来越慢。在牵涉短语和句子的理解加工中，这种影响性会波及动词后面的成分。实验四的研究结果表明构式确实影响动词配价的加工，虽然呈现的加工模式比较复杂，但反映出一个基本趋势：在二价结构（NP_1+V+NP_2）中，二价句的加工相对容易，其加工曲线（ERP 波嵧）大多沿基线附近分布；三价句往往远离基线，形成最大的波幅，加工难度最大；一价句比三价句加工容易，但比二价句加工难。这一结果与李和内格勒斯（Lee & Naigles，2008）从儿童语言习得的发现一致——汉语儿童在语言习得的初期倾向于把不及物动词用于及物动词框架（SVO）中，但跟动词及物性与其句法框架的匹配要求（Dede，2013）不一致——一价不及物动词偏向于匹配 SV 结构，二价及物动词偏向于匹配 SVO 结构，三价及物动词偏向于匹配 SVOO/SVOP 结构。这种不一致性可能归因于汉语固有的类型学特征，即汉语是一种显性形态标记欠缺的语言，无论在语言的表达还是理解中，说话人和听话人更多依靠语序和语境来建构与识解句子的意义。由于二价动词是一价动词和三价动词在形式经济性和信息丰富性之间的有效折中，所以汉语母语者便习惯于把二价动词视为一种"万能动词",把与之对应的典型二价结构(SVO:NP_1+V+NP_2)视为"万能结构",只要一、三价动词和与之匹配的名词性成分(NP_2)不出现语义冲突,这两类动词进入二价结构便被识解为"理所当然"。这个 ERP 实验结果正好与来自失语症(实验二)的结果一致,实现了汉语动词配价在线加工与离线加工之间的相互印证。由此可见,在现代汉语中二价动词是典型动词,二价结构是典型配价结构的观点得到了神经心理学的支持。

与实验三的情况一样,本实验虽然在统计分析上没有证明我们预期的结果达到显著差异(可能归因于句子的使用频率:实验心理学证明,高频的句子会抵消其固有的加工难度),但不可否认构式配价对动词配价的影响:在中国人的汉语认知中,动词自身的固有句法特征有时似乎被淡化了,更多依赖语义和语用信息来建构/解构句子结构,寻求一种常用的简单的构式(即典型配价结构)更为经济、高效,汉语配价结构的加工异变由此形成。这里,需要追问的问题是:是不是全部的汉语一、三价动词在认知加工中都存在类似特征?动词次范畴特征的变化在不同的句法框架中会有怎样的加工差异?这无疑应该成为心理语言学、神经语言学后续的研究思路和方向,以更全面揭示构式配价对动词配价的影响。

第十二章

动词配价的 fMRI 研究

第一节　实验方法与原理简介

　　fMRI 是一种非常先进的研究脑功能的非介入技术。这一技术的诞生让神经学家多年来一直追求的梦想成为可能，即以动态图像的形式展现人类大脑功能的解剖区域。fMRI 技术 1991 年首先由美国麻省总医院（Massachusetts General Hospital，MGH）的磁共振研究中心开始使用，用以生成反映脑血流变化的图像，现在已广泛应用于人类认知过程的研究，包括对感知觉、工作记忆、语言、注意、运动等方面的大脑功能的考察。fMRI 技术的最大优势是可以在无损伤条件下观察正常人脑在认知活动中各脑区生理功能的变化，具有精准的空间定位功能（空间分辨率达到 2 毫米），并且能以各种方式从不同维度对物体反复进行扫描。与 ERP 技术一样，fMRI 技术也能实时跟踪信号的改变（譬如记录在仅几秒钟内发生的思维活动或认知实验中信号的变化），只是时间分辨率不及前者（fMRI 的时间分辨率为 1 秒）。所以，在大多的认知神经科学（包括神经语言学）研究中，fMRI 技术往往和 ERP 技术结合使用，实现精确空间定位和精确时间定位的优势互补，为脑科学研究提供了一种新方法。

　　脑活动是快速的神经元生理和生化变化，是消耗大量能量的过程。脑活动的增加将伴随脑局部血流、血流容量和血氧消耗的增加。fMRI 信号的提取基于血氧水平依赖（blood oxygenation level dependent，BOLD）[1]的对比情况。因为血液中的顺磁物质脱氧血红蛋白（deoxyhemoglobin）比氧合血红蛋白（oxyhemoglobin）更具有顺磁性（paramagnetic）特征，所以它本身就有和组织一样的磁敏感性。因此脱氧血红蛋白可以看成是天然的对比剂。如果影响大脑的状态使氧摄取和血流

---

　　① BOLD 反映的是氧合血红蛋白和脱氧血红蛋白的磁化率有差异、神经活动引起的血流有变化、血氧浓度及代谢率有变化的综合机制，通常 BOLD 对比度比血流对比度更灵敏。

之间产生不平衡，并采用对磁场不均匀性敏感的 MRI 序列，就可以在脑皮层血管周围得到 MRI 信号的变化。神经元（也称神经细胞）是神经系统的基本组成单位。当神经元活动增加时，局部的血流、氧代谢、糖代谢都会产生相应的变化，fMRI 技术即是基于 MRI 的物理学原理，通过测量脑局部血流和代谢等神经元的刺激反应变化来了解该部位神经元的活动情况，从而实现脑的功能定位（杨唐峰、俞瑢，2011）。简而言之，fMRI 的基本原理就是利用磁振造影来测量神经元活动所引发的血液动力的改变，从而达到给目标刺激进行功能定位的目的。

fMRI 技术可以显示大脑各个区域内静脉毛细血管中血液氧合状态所引起的磁共振信号的微小变化。使用 fMRI 方法，可以在正常的活体（如人或动物）上无损伤地实现大脑活动的功能定位，虽然还无法准确描述具体是什么，但可以区分你所想的事物类型，比如是动物而不是蔬菜。比如你想象一根胡萝卜，再想象一头奶牛，这两段思维会激活大脑不同的区域，利用 fMRI 很容易辨别出来。现在研究人员已经将这个扫描精细到能分辨出不同区域所对应的事物类型，下一步研究工作就是微调扫描精度，以达到识别更为具体事物的目的。可能这些区域没有细化到代表胡萝卜还是小白菜，而是抽象归类为"蔬菜"，然后想到小白兔或奶牛时指向"动物"。

空间编码是磁共振成像的关键技术，其基本的原理是，在 X 轴、Y 轴和 Z 轴三个相互垂直的方向施加磁场梯度或者梯度脉冲，使得磁场中不同位置产生的磁共振信号能在频域中得以分辨。这样，频域中的不同位置就与空间中的不同位置形成了对应关系。根据 k 空间的填充方式不同可形成多种成像技术。平面回波成像（echo planar imaging，EPI）是一种超高速成像技术，并已成为当前 fMRI 研究的主选方法。

fMRI 技术有很多优势。首先，fMRI 技术的数据采集比较迅速，例如，用平面回波成像技术可以达到在 40 毫秒内完成一次平面扫描，而用正电子发射断层成像（positron emission tomography，PET）进行的研究中，图像取样的时间至少是40 秒。成像速度快的优势是能够更精确地追踪脑活动的快速变化，并且可以减少被试头部移动等现象导致的成像不够精确等问题。

其次，fMRI 技术能够获得高空间分辨率，从理论上可以达到 100 微米。但实际上有很多因素限制了 fMRI 的空间分辨率，目前在主视觉皮层可达到 1～2 毫米的分辨率。无疑，高空间分辨率可以提高信号的精确性。

另外，fMRI 技术在实施上较灵活，可以隔数天或数周后重复测量，对纵向研究或同一时段内进行多项研究比较方便。由于 fMRI 可以在同一研究时段里大量取样，因此可以做单个被试的分析，或者对被试间变量进行考察。同时，fMRI 可以得到结构像和功能像，这样解剖定位与功能定位的匹配更为精确。

但是 fMRI 也有自身的不足，例如，fMRI 的实验通常只是对感兴趣的大脑特定区域取几层切片（slice），由于 fMRI 是逐层取样的，取样层数的增多会导致取样时间的增加。另外，当前主要使用的 BOLD fMRI 方法并不提供直接的生理学参数，只是检测激活状态和基线（baseline）状态之间的信号变化。

目前 fMRI 技术已广泛应用于脑的基础研究和临床治疗，例如，利用静息 fMRI 还可以研究不同脑区之间的功能连接忹（functional connectivity），脑部在静息状态下自发的低频活动的同步化现象广泛存在于听觉、视觉和工作记忆系统内。随着 fMRI 和图像后处理技术的不断改进和完善、高场磁共振机的发展，能够使 fMRI 实验的可重复性和空间定位的准确性大大提高，在神经科学、认知和心理等方面的临床和基础研究中的应用将更加深入与广泛。

第二节　实验五　超词库特征对动词配价加工的影响

动词价语的数量和类型以及配价结构自身都属于词库特征的一部分，因而自然成为影响动词配价加工的因素，这在实验一至实验四已经部分佐证。然而，人类的语言是奇妙的、多变的，在语用匸影响交际（包括理解和表达）的因素并不仅限于词库自身的特征，通常还有一些超词库的方面，如生活常识、文化背景和个人信仰等。从认知神经科学的视角看，本书关心的问题是：这些超词库特征是否会影响动词配价的在线加工？为此，本实验意在通过 fMRI 技术考察汉语动词的常规性配价结构（反映现实世界的经常性或常规事件，大致相当于逻辑学中的必然性事件）与非常规性配价结构（反映现实世界的偶然性或非常规事件，即逻辑学中的或然性事件）是否存在不同的脑机制。

一、被试

14 名 23～26 岁的成年母语为汉语的在校研究生，平均年龄为 24.7 岁，其中男性 7 人，女性 7 人。通过利手测试（Synder & Harris，1993）被试全部为右利手，所有被试视力或矫正视力正常，均排除色盲、中风、脑损伤、神经和精神疾病、高血压、体内植入金属、心脏病、精神药物使用等。实验前请被试签署知情同意书，并在实验后获得一定报酬。

二、实验材料和程序

在现实世界中，人与人之间的社会关系遵循一种相对稳定的模式，形成一种程式化的事件或称常规事件。映射到动词配价中，这种事件就表现为价语之间往往与某个或某类动词相关联。譬如，名词成分"老师"和"学生"形成的常规事件一般是[+老师教育/教导/辅导学生]/[+老师批评/责备学生]，而非[+老师污蔑/纠缠学生]/[+老师欺负/殴打学生]之类，后者代表偶然性事件（非常规事件）。常规事件与非常规事件的对立是我们经验知识的一部分。为了甄别这种对立在我们人脑加工中的反应，本实验的实验材料采用 NP_1+V+NP_2 句子结构，通过变换动词 V 构造出两种常规性对立的句子，即常规句和非常规句。两类句子在动词词频（根据频率词典）和整句的可接受度（根据另 20 名不参加实验的研究生的评定结果，评定等级从"5-完全可以接受"到"1-完全不可以接受"）上进行了平衡匹配，具体的实验样本句和动词词频、句子可接受度的测评结果见表 12-1。

表 12-1　句子理解任务实验材料举例与评定结果

实验条件	例句	动词词频（SD）	句子可接受度评价
常规句	老师教育学生	2.4（0.7）	3.85
非常规句	老师污蔑学生	2.3（0.7）	3.74

实验任务是让被试躺在 fMRI 仪器里默读视觉呈现的句子，仪器同步自动进行头部扫描。句子类型分为常规句与非常规句两种，每种各 20 个，另包含 20 个语义违背的句子作为填充材料。实验材料以组块（block）的设计方式呈现，每类句子分成三个组块来呈现，不同类型的句子组块随机出现，每个组块时间为 30 秒。

三、功能成像的数据采集

fMRI 信号采用 1.5T 的西门子（Siemens）磁共振成像扫描仪，配有标准头部线圈。功能像采用 T2 加权梯度回波-快速平面回波成像序列，轴位 22 层，层厚 5 毫米，覆盖全脑，重复时间（TR）为 3000 毫秒，回波时间（TE）为 34 毫秒，采集视野（FOV）为 224 毫米×224 毫米，矩阵（matrix）为 64×64，采集视野翻转角 77 度。

四、数据分析

基于 CentOS 6.5 系统，fMRI 数据采用 FSL 5.0.8（http://fsl.fmrib.ox.ac.uk/fsldownloads/）进行分析。遵循磁共振成像技术处理的一般规范，对句子理解任务的功能像进行处理。第一步是预处理，包括头动校正、采集时间校正，第二步借助标准化到标准化空间模板完成高通滤波（high-pass filtering）128 赫兹，第三步进行空间平滑[①]（全宽半高值 full-width at half-maximum，FWHM=8 毫米），将预处理后的数据进行统计分析。在一般线性模型分析中，我们首先以两种句子类型和头动校正获得的六个头动参数进行建模。在建模中，采用血液动力学响应函数（hemodynamic response function，HRF）模型进行拟合。所有的显著激活区域均校正到 p 为 0.05 水平，校正前 p 值为 0.005，激活体素（voxel of activation）大于 60 个。

五、结果

非常规句与常规句出现显著差异的脑区为右侧额中回（与任务难度有关）布罗德曼（BA）10 区、左侧顶下小叶（与工作记忆有关）BA40 区。激活情况见表 12-2 和图 12-1（非常规句与常规句相关数据相减所得的脑区激活图）。

表 12-2　非常规句强于常规句的脑区激活情况

关联脑区	体素	Z 分数	X 轴	Y 轴	Z 轴
右侧额中回	97	3.21	−6	54	32
左侧顶下小叶	77	3.01	−58	−38	52

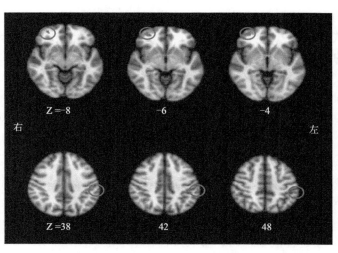

图 12-1　非常规句、常规句的激活脑区：右侧额中回和左侧顶下小叶

---

① 空间平滑（spatial smoothing）指以高斯平滑核进行空间卷积，目的是提高数据信噪比。该技术是 MRI 和 fMRI 数据分析中抑制随机噪音的常规程序。

六、分析与讨论

右侧额中回是与执行功能（executive function）相关的脑区，在抑制非目标语言或不恰当反应（inappropriate response）方面起着非常重要的作用（Wang et al., 2007）。克拉克和瓦格纳（Clark & Wagner, 2003）从形音转换的脑机制研究中发现，英语假词与英语真词相比，会引起右侧额中回等很多脑区的激活，而没有学过的外语单词与英语单词相比，会引起右侧额中回和包括左侧顶下小叶在内的顶叶区域激活（祁志强、彭聃龄，2010）。很多文献（如 Sandrini et al., 2004；Costanzo et al., 2012）报道，左侧顶下小叶与运算（尤其是数字的运算）有关，比如，科斯坦佐等（Costanzo et al., 2012）发现，对左侧顶下小叶进行高频重复经颅磁刺激（hf-rTMS）会提高非词（non-word）阅读的准确性（accuracy）。丝丽文斯加等（Sliwinska et al., 2015）从经颅磁刺激（transcranial magnetic stimulation，TMS）实验中证明，在视觉阅读任务中，左侧顶下小叶（包括角回和缘上回）对词认知产生影响：刺激角回会延迟对词义的反应，刺激缘上回会影响语音的反应。

在本实验中，无论常规句（如"老师教育学生"）还是非常规句（如"老师污蔑学生"）的加工都牵涉一个语言成分渐次整合的过程，即主语首先与谓语整合成主谓结构，主谓结构再与宾语整合成主谓宾结构，从而完成整个句子的加工。这个整合的过程既牵涉到句法运算（求证两个成分之间是否具有句法上的可匹配性，与后文要谈到的 C-选择相关），又牵涉到语义运算（求证两个成分之间是否具有语义上的可匹配性/适切性，与后文要谈到的 S-选择相关）。但因为动词的差别，两种句式的运算方式可能不一样，其脑加工也表现出不同：常规句因为反映了被试熟知的常规事件，符合认知预期，激活的脑区相对较弱，消耗的脑资源较少；非常规句则反映了被试陌生或感觉离奇的非常规事件，超越认知预期，所以与常规句相比有更强的激活脑区，如图 12-1。这一结果与克拉克和瓦格纳（Clark & Wagner, 2003）、祁志强和彭聃龄（2010）的情况类似，虽然他们的研究聚焦于真词、假词或熟悉词、陌生词之间的加工差异，而本实验聚焦于常规句、非常规句之间的加工差异，但二者具有跨范畴的共性，即无论词汇层面还是句法层面，都是基于刺激之间的预期性：符合预期的刺激激活脑区较弱，不符合预期的刺激激活脑区较强（周统权、周思若，2018）。但本实验没有出现类似世界知识违反引发的脑区激活，如荷兰的火车都是黄色的，当要求荷兰人加工"The Dutch trains are white."（违反世界知识）这样的句子时，荷兰人脑的左下前额皮质（left inferior prefrontal cortex）就会比"The Dutch trains are yellow."有更大、更强的激活（Hagoort et al., 2004）。这种不一致性可能归因于不同民族对现实事件的认知方式差异，也可能与动词的选择有关，具体原因还有待通过跨语言的比较实验才能确认。

本实验采用视觉呈现的模式，虽然考察的对象是句子加工，但无疑牵涉两方面的知识认知：一是单个词汇的认知，二是词汇之间的整合运算。从过往研究可知，词汇的辨识（如真词与假词，Clark & Wagner，2003）或从一种语言的词汇到另一种语言的词汇之间的转换（如 Wang et al.，2007）都与右侧额中回有关，右侧额中回是负责执行功能的重要脑区之一。在以动词为中心构建的事件句中，非常规句中动词的语义甄别比常规句中动词的语义甄别可能消耗更多的认知资源，因此在右侧额中回有更强的激活。词与词之间整合的最终目标是达成一个句子的正确语义解读，而达成目标的过程需要复杂的语义运算。在本实验中，目标句是 NP_1+V+NP_2 的二价结构句，被试在理解加工的过程中不仅要计算各个词的词汇特征，还要计算动词与两个价语（分别为内部论元和外部论元）的结构特征（如动词能否带宾语、生命性名词能否在宾语位置出现等），最后还要考虑结构组合的语用适切性，即符合句法-语义匹配的句子是否反映我们的经验和常识。此前已有很多实验证据（如 Costanzo et al.，2012；Sliwinska et al.，2015）表明，左侧顶下小叶与运算有关，但这种运算不限于数学运算，还包括新旧知识之间的比较、真假信息之间的辨识等方面。本实验中的非常规句与常规句相比，在运算方面需要消耗更多的认知资源，因此在左侧顶下小叶这一脑区显示出更强的激活。

在句法层面，本实验采用的常规句和非常规句具有完全相同的结构特征——有生命名词主语（animate noun as subject）+二价动词+有生命名词宾语（animate noun as object）；在语义层面，两类句式具有完全一致的构式义（施事对受事施加某种影响）。二者唯一的不同在动词上，但不是动词的一般词库特征，而是与动词相关的超词库特征，即我们的生活常识与文化体验：常规句反映的是我们经常感知的事件，所以"老师教育学生"的加工难度小，消耗的脑资源少，所涉脑区激活的强度低；非常规句反映的是我们很少经历或不大可能出现的事件，所以"老师污蔑学生"的加工难度大，消耗的脑资源多，比常规句在所涉脑区有更强的激活。

结合实验一至实验四可以看到，动词配价的加工不仅与动词词库的表征有关，而且与超词库的知识（如维系我们语言交流的文化常识和社会习惯）表征有关。按体验认知的思想，人是言语行为的主体，经过长期语用而固化的语言表达自然会凸显"唯人至上"的精神与观念，或者说这种观念已经成为语言的一部分。在语言交际中，这种观念会逐一被映射到配价结构中，成为语言内在的常规。当这种常规被打破，我们就会觉得新奇或不解；当听到或看到这类非常规句，我们的大脑就会"冥思苦想""绞尽脑汁"去解读说话人的意图，因为预料之外的言语事件比预料之中的言语事件需要更多的认知资源，这与来自其他语言中的行为实验结果一致（Altmann & Kamide，1999；McRae et al.，2005）。因此，构建完备的动词配价不仅要包括动词词库的句法、语义特征，还要包括与动词相关的事件知识表征。我们的动词配价理论不仅要描述基于文化共性的一般行为事件，还需要囊括发端于文化差异的特异性事件成分。为达成此目标，务必坚持从前语言的逻辑配价出发，在逻辑配价向语言配价映射的过程中按配价连续统的思想，从句法、语义和语用等不同维度对动词配价理论作出系统的描述和解释。

第十三章

动词配价的神经心理学分析

第一节　结果分析与讨论

按一般的说法，配价研究包括三个最基本的内容：价量（动词所必须携带的价语数目）、价质（价语体现为什么样的形式，即体词还是非体词，以及什么样的语义角色）和价位（价语在动词前后的什么位置出现/隐现，需不需要添加标记词）。本书的实验正是以此为目标设计的，期望能达到论证动词配价理论构想的主要思想之目的。从不同实验的结果分析，本书的理论预期基本实现。下面结合五个实验（失语症研究两个实验，ERP 研究两个实验，fMRI 研究一个实验）对实验结果从神经心理学和神经语言学的视角进行分析和讨论。

一、失语症研究

失语症患者测查主要考察了汉语动词配价的两个基本问题，即与动词同现的必有论元的数量、必有论元的类型（包括句法的和语义的）对配价结构加工的影响。本书把与前者相关的效应叫动词配价的量效应，把与后者相关的效应叫动词配价的质效应。

第一，汉语动词的价量效应。来自 fMRI 的研究表明，双侧颞上沟（superior temporal sulcus，STS）的激活水平与动词关联的题元角色/论元数量构成函项（function）关系（Ben-Shachar et al.，2003）。根据金姆和汤普森（Kim & Thompson，2000）、汤普森等（Thompson et al.，2010）的研究，一、二、三价动词的加工难度依次递增，题元角色多的动词比题元角色少的动词在角回位置有更强激活。这些研究结果证明，动词的价量效应是很多拼音文字的共同特征。在我们的失语症测查中，动词的价量差别同样在汉语中反映出来，说明价量效应不限于拼音文字，而是反映了自然语言的共性，可以看作是普遍语法的一部分。但是，一、二、三价动词之间的分界在语言加工中并不总是泾渭分明的，其难度等级也与英语等语言中的动词不尽一致，本书提出的价量连续统更能充分解释汉语中动词的价量效应。

第二，二价动词与二价结构的偏向性。实验结果的统计分析表明，二价动词在不同的测试项中表现出左右游移的趋势，或者与一价动词之间的差异性消失，或者向三价动词逼近，一起与一价动词形成对立。由此可见，"二价动词是动词中的典型，二价结构是动词的典型配价结构"具有一定的心理现实性。截至目前，这一现象在其他语言的失语症研究中尚不曾见到，但是否是汉语失语症患者的特异性言语表现还需要更多临床证据的检验。

第三，刺激通道是影响价量效应的一个重要因素。在实验中，由视觉刺激引起的言语加工明显比由听觉刺激引起的言语加工在正确率上要高得多，"语句复述和语句正误判断"中显示出的价量差别在"图画-言语匹配和言语-图画匹配"中被部分抹平。这似乎意味着视觉刺激起到了消解价量效应的作用，也可能与语句复述和句子判断的固有难度（相比图画-言语匹配和言语-图画匹配）较大有关。

第四，价语的语义类型影响配价加工。在语义加工方面，具体名词充当价语的语句比抽象名词充当价语的语句有更少的理解错误，论元性宾语比非论元性宾语加工起来更容易，出错概率也小得多。这与本书中篇部分的理论推导吻合：对一个有几个可选价语的动词而言，具体名词比抽象名词更基础，很多抽象名词与动词的匹配是价语隐喻化的结果，所以由前者构成的配价结构是典型配价结构，由后者构成的配价结构是不典型配价结构。同理，论元性宾语成分是动词逻辑语义的一部分，可以被视为动词的预设，所以包含这类价语的语句加工起来快、错误率低；非论元性宾语成分（如方式、处所、工具等）不是动词逻辑语义的构成成分，一般专司附加语之职——修饰或补充说明"动词事件"，占据宾语位置纯出于特别的语用目的（凸显附加语，而宾语位置作为传递信息的自然焦点所在正好满足该条件），所以被试在加工这类配价结构时犯错较多。由此可证论元宾语句比非论元宾语句加工难度小，亦证明把前者视为典型语义价、把后者视为不典型语义价具有心理现实性。语义价在本书上篇部分曾经介绍，已有语言心理学实验证明人们在语言加工的过程中，动词的出现可以引起其全部配价结构/论元结构的激活，从而形成对后续成分的预期[①]（Shapiro et al.，1987；Shapiro & Levine，1990；Lee et al.，2014）。本书的实验证实，当有多个配价结构时又以优选配价结构最先激活，论元先于非论元优先激活；而且，优选配价结构只能是典型配价结构而不可能是不典型配价结构。由此产生的结果就是：人们听到或看到"播种"

---

① 布罗德曼 47 区（BA47）是负责语义加工的脑区，预期加工与该区直接相关（参见 Lee et al.，2014）。

"卖"一类动词时,首先联想到的肯定是"水稻/玉米"(具体名词)、"水果/蔬菜"(论元性宾语)而不会是"希望"(抽象名词)、"高价/平价"(非论元性宾语)之类的词语(当然,词频差异也是其中的一个影响因素)。总之,典型语义价和不典型语义价的区分符合人脑的语言加工机制,有可靠的心理现实性。

第五,[±典型配价]的句法表现。在句法加工方面,无标记结构比有标记结构更容易加工,二者之间的判断错误率在失语组一方达到了非常显著水平($p < 0.01$),在对照组一方也达到了非常显著水平($p < 0.01$)。这一结果既证明了典型句法价与不典型句法价可以区分开来的认知合理性,同时又说明不同被试组的言语表现不同:失语组的语言功能受损,虽然保留了典型配价与不典型配价之间的辨识能力,但敏感度有所降低,所以出错多;对照组的语言功能正常,辨认配价的能力很强,所以在典型句法价上的错误数为 0,在不典型句法价上出错的概率也相应变小。其实,类似的组间差异在其他测试项中也很明显,只因这不是本书研究的重点所以不予强调罢了。无论失语组还是对照组都没有在"体词性宾语 vs. 非体词性宾语"的判断上显示出明显差异,这似乎证明"简单配价结构与复杂配价结构之间无差异",从而与幼儿先习得名词后习得动词的普遍规律(因此意味着动词比名词更难习得)相悖。但经过重新分析发现,这一结论可能为时过早,原因包括两条:第一,实验中对两类结构的语义变量控制不够;第二,"非体词性宾语句"只是"复杂配价结构中的一类",从单一样本得出的实验结果不一定反映了样本的整体状况,因此下结论时也不能以偏概全。从另一视角看,这种无差异性也可能暗示着我们人脑遵循类似的机制来处理价语,即动词的配价成分(论元)可以被识解为名词/名词短语,也可以被识解为映射事件的小句(Lee et al., 2014)。

二、ERP 研究

我们做了两个 ERP 实验,一是考察动词配价的典型性问题,二是考察结构(构式)对动词配价加工的影响。

实验三的结果表明,典型语义价(如擦玻璃)与不典型语义价(如擦口红)呈现不同的加工模式:在动词后价语出现的初期(160~240 毫秒),不典型语义价比典型语义价加工难,显示出 P200 效应。据前人研究,视觉 P200 成分起始于175 毫秒,在 275 毫秒结束,并在 200 毫秒达到峰值,主要分布在额中部和顶枕叶(Kong et al., 2012;Kong et al., 2010;Liu et al., 2003),主要与早期视觉特征的加工和匹配相关(Hsu et al., 2009)。在本书的实验中,两类不同属性的语义价诱发的脑电差异,在时窗和相关脑区上与经典的 P200 相似。这说明动词"擦"

的出现很快就能激活其典型价语/论元"玻璃",而当"口红"这类不典型配价成分不期而至时,大脑的句法分析器(parser)会启动再分析程序,从而消耗更多的认知资源,形成 P200 效应。在价语出现的后期(300~400 毫秒),典型语义价比不典型语义价显示出更大的负波,表现出 N400 效应,这可能与不典型配价结构的熟语性结构属性有关——"擦口红"这类结构虽然是不典型配价结构,但因为其搭配的固化特征和高频使用,已经具有熟语的性质,熟语一般是作为整体加工的,所以比对应的短语组合更容易加工(Tremblay et al., 2011;Underwood et al., 2004;陈万会,2008);与不典型配价相反,典型配价虽然在语义上与其支配动词高度契合,但在整合加工的过程中所消耗的认知资源更多。尽管实验结果有点超出我们的预期,但典型配价与不典型配价的区分具有可靠的神经心理机制已经是不可辩驳的事实,从而证明本书提出的逻辑配价理论对配价类型进行二分的合理性。

实验四的结果表明,构式本身确实影响动词配价的加工。在实验中,我们将一、二、三价动词放到一个统一的二价结构(NP_1+V+NP_2)中进行比较,尽管加工模式呈现出一个复杂的局面,但可以看到一个基本趋势:二价句的加工最容易,其 ERP 波幅大多沿基线附近分布;三价句远离基线,形成最大波幅,加工难度最大;一价句的情况居中,比三价句加工容易,但比二价句加工难。这一发现佐证了来自失语症研究的结果,说明中国人在进行汉语句子加工时似乎倾向于将典型事件视为由两个参与者构成的施为关系(即一个实体施为于另一个实体,对应于典型配价结构[$NP_1 \rightarrow V \rightarrow NP_2$]),当非典型事件(多于或少于两个参与者)出现时,加工难度就会增加。在认知上,类似这种现象可以从原型理论(Taylor, 2001)作出解释:一个范畴的中心成员/典型成员比与其相关的边缘成员/非典型成员更容易识别,加工的难度也更低。句法层面上的一、二、三价结构可以看作句法价这一范畴的不同成员,其中的二价结构被视为原型范畴,所以加工中出现的 ERP 波幅最小。鉴于汉语是一种语义驱动的语言(索绪尔,1980;徐通锵,1993),本实验的结果支持语义引导假说(semantic bootstrapping hypothesis, Pinker, 1994),而不支持句法引导假说(Gleitman, 1990)。

综上所述,ERP 实验也证明了本书提出的理论假设:二价动词是现代汉语中的典型动词,二价结构是现代汉语中最典型的配价结构。

三、fMRI 研究

以正常人(大学生)为被试的 fMRI 实验证明,超动词词库特征的因素(如社会常识)影响动词配价加工。广义上讲,这种词库外因素属于事件框架的一部分，也可以被视为语用价的一部分，包括文化、习惯、职业、信仰和社会层级等诸多方面。在本书的实验部分，以"老师污蔑学生"为代表的一类配价结构比以"老师教育学生"为代表的一类配价结构在大脑的右侧额中回（与词汇辨识等执行功能有关）和左侧顶下小叶（与数学计算等运算功能有关）有更显著激活，表明超词库特征的非预期信息比可预期信息会引起配价加工难度的增加。潜藏在这一结果背后的逻辑是：在诸如"学生-老师"的事件框架（菲尔墨，2002）中，中国人的社会经验和体验优先凸显以[+教育]这一行动为中心的动词配价结构，"教师教育学生"成为人人可期的常规言语事件（简称常规事件）；与此相反，同"污蔑"相关联的事件参与者可以是任何两个有生命的客体，将"学生-老师"纳入此框架中虽然具有理论上的可行性，但却违背社会层级规约性，即社会层级高的老师一般不会以社会层级低的学生作为污蔑的对象，"老师污蔑学生"因此成为非常规事件，在人们的预期之外，加工起来消耗的认知资源更多，难度也更大。预期性加工是语言加工的普遍属性（周统权、周思若，2018）。当听到一个动词时，听话人会根据该词的语义-句法信息提前预判即将出现的后续名词，即动词的价语。如果该价语与预期一致，整个配价结构的加工就相对容易，消耗的认知资源少，所涉脑区的激活程度就低；否则，如果该价语与预期不同，整个配价结构的加工就会变难，消耗的认知资源更多，所涉脑区就会有更大的激活。

这一实验结果给读者的启示是：动词配价在人脑中的表征不限于动词及其价语的一般词库（generalized mental lexicon）特征，还包括词库外的非语言成分。这些成分在理论语言学里一般被视为语用学的范畴，但从加工视角看，它们与词库特征具有相似的地位，共同影响着动词配价结构的输入（理解）与输出（表达）。因此，这类超词库特征理应成为动词配价构成的一部分，同时也表明动词配价理论应该以逻辑配价作为起点、以现实事件作为建构的中心。

第二节　动词配价的神经心理机制

一、汉语动词配价的脑区定位

人脑至少有三个重要的区域始终参与大脑的活动：第一个区域使大脑皮层保持清醒状态，并使各个选择活动持久不衰；第二个区域保证信息的接受、加工和储存；第三个区域则对进行中的活动编制程序起调整和控制作用（卢利亚，1987）。本书实验中的失语组被试和对照组被试多属第一个区域受损，第二和第三区域也有累及（参见前文失语症测查的受损脑区分布），但实际的言语受损情况与卢利亚的描述不完全一致①。所选的失语组被试大多表达较差，而理解相对较好，所以测试内容也多以理解为主。但这不足以说明患者多为布罗卡失语（或称语法缺失性失语），从整体情况看，将失语类型确认为混合性失语可能更切合实际（有一例 LMY 属典型布罗卡失语）。与此相关，自然也不能说动词的配价局限于某某脑区。以英语母语者为被试的神经影像学研究表明，外侧裂周区后部（posterior perisylvian region）负责与动词有关的论元结构信息，顶下区（inferior parietal area）显示增强的神经组织（neural tissue）与论元结构复杂性的增加有关（Thompson et al., 2007a）。近年来的研究发现，左侧的前颞叶（anterior temporal lobe，ATL）和角回被视为语义中枢（semantic hub），但前者主要负责基于特征的语义合成（semantic composition），后者与动词的特异信息表征（如动词蕴含的事件结构、题元关系）紧密相关（Boylan et al., 2015）。梅尔策-阿舍尔等（Meltzer-Asscher et al., 2013）也发现后部脑区（如角回）的激活强度与动词的论元数量相关，额叶中上部的激活（mid-superior frontal activation）强度与题元选择相关。本书的失语症研究显示，动词配价在人脑中的分布区域很广泛，既有皮层部位（如额叶、颞叶和顶叶）也有皮层下部位（如小脑、基底节区等）。实验五的 fMRI 实验证明，与动词配价相关的社会文化常规在我们的大脑中有专门的表征，打破这种常规的配价加工会引起右侧额中回和左侧顶下小叶的更强激活。

国外的失语症研究证明人脑中存在名词和动词双重分离（double-dissociation）现象，即左半球下额叶区（left inferior frontal region）受损的失语症患者提取动词困难而提取名词相对容易，前颞叶区（anterior temporal region）受损的患者则表现出名词提取困难而动词提取相对容易的趋势（Miceli et al., 1984）。汉语的失语症研究表明汉语中的名词、动词也存在分离的趋势，尽管汉语中的名词、动词没有显性形态差异（Bates et al., 1991）。以 ERP 和 fMRI 为实验手段的在线加工进一步证明汉语的名词、动词分离具有可靠的神经生理基础（杨亦鸣等，2002）。动词配价的生成与动词、名词紧密相关，但是不能说名词、动词的损伤脑区就是动词配价结构的脑区，这还有待更多更精细实验的证明。但即使证明如此（名词、动词的分布脑区本身就比较宽泛而且各学者意见不一），本书认为卢利亚的定位观更符合实际——将狭隘的"定位论"与极端的"反定位论"折中，在认同相对定位的同时坚持大脑神经网络的整体协同工作机制。

---

① 损伤第一区域的器官（脑干部分、脑内侧皮层或边缘皮层部分），可引起皮层紧张度非特异性降低，从而使选择性心理活动不可能进行或难以进行。损伤第二区域的器官（左颞叶的次生部分或顶枕叶部分），则会使接受和加工信息所必需的条件遭受严重破坏，而每一种损伤都能引起明显的特异感觉形态性（视觉、听觉、空间-运动觉）障碍。如果左半球这些器官损伤，就会严重阻碍借助语言加工相应的信息。最后，损伤第三区域的器官（大脑额叶），并不改变皮层的总紧张度，也不波及接受信息过程的主要条件，却使主动加工信息的过程严重破坏，影响形成意向、规划动作的过程，阻碍对动作的严格调节与控制（参见卢利亚，1975）。

二、动词配价典型性的神经心理机制

在动词配价结构中，动词与多少数量和什么类型的价语匹配都有明确的规定性。从原型理论的视角看，我们可以根据这种规定性对配价结构进行二分，即典型配价结构和不典型配价结构。这两类配价结构无论在句法上还是语义上都有明确的表达，前文介绍的失语症测查和 ERP 实验皆已证明[±典型句法价]和[±典型语义价]具有可靠的心理现实性，能得到神经学的支持。

来自其他语言的相关研究（见本章第一节）也表明，价语属性的不同、动词的类型不同，都会影响我们大脑对配价结构的认知加工（如 Ouden et al.，2009；Thompson et al.，2013），这表明动词配价的典型性与不典型性在配价理论建构中具有很大的合理性。来自实验四的证据说明，构式确实影响动词的加工，二价结构对非二价动词的加工具有调节作用，从而佐证配价在理论上区分为动词配价和构式（句式）配价，不仅具有很好的认知合理性，还具有可靠的神经生物学基础。所以从宏观上看，二价结构作为汉语中的典型句法结构是合理的，但这种合理性还需要更多实证研究的进一步论证。

三、基于视、听觉的动词配价结构研究

自法国神经病理学家布罗卡于 1861 年发现左脑存在负责语言的专门分区（左脑第三额回后部）以来，神经解剖学家、心理学家和语言学家在各自领域既有分工亦有合作，使得语言与大脑关系的研究不断走向深入。特别是伴随神经影像学和神经电生理学研究手段的问世，人们已经能够在线（on-line）观察到具体语言活动在人脑中的运作情况，从而为解释纷繁复杂的语言现象提供了可信的神经心理证据。但就现有的研究看，直接研究动词配价及其神经基础的文献极少。最近几年，开始涌现出一些论元结构神经基础相关的实证研究，与本书有较大关联性。下面先介绍前人的主要研究成果，再结合我们的系列实验进一步论证汉语动词配价理论的合理性和解释力。

在总结众多学者（生物学家、心理学家、哲学家和语言学家）研究的基础上，英国语言学者赫福德（Hurford，2003）把谓词视为语前概念，是动物（creature）对受注意的物体作出的判断，可以通过逻辑式表达出来。在不同的逻辑谓词中，一阶谓词 PREDICATE(x) 是最基础的构成，有相应的神经关联（neural correlate），因而成为表征（心理）事件的图式方式。更重要的是，无论在种系发生还是在个体发育上都能找到一阶谓词作为基元性（primitive）心理表征的证据，而这种表征已被证明是先于语言的。

　　基于视、听觉的研究表明，灵长类动物和人有两条独立的神经通路，一条通路将物体定位于以身体为中心的空间之中，另一条通路将颜色、形状之类的特征赋予物体。在视觉上，这两条通路叫背侧通路（或叫背侧流 dorsal stream）和腹侧通路（或叫腹侧流 ventral stream）。在听觉上，也有类似的"位置"（where）通路和"实体"（what）通路存在。PREDICATE（x）象征着大脑对两个传导过程的整合，一个是对所指物体处所（投射到顶骨皮层）的感知，另一个是对所指物体的特征进行分析。图 13-1 大体描述了基于视觉通道的传导过程（Hurford，2003）。

　　从全文看，赫福德（Hurford，2003）从视觉和听觉的运行机制出发重在论证一阶谓词 PREDICATE（x）具有不可辩驳的神经基础。但众所周知，一阶谓词只是逻辑谓词的一种，不能反映论元结构的全部。为了论证的自洽性，赫福德（Hurford，2003）进一步指出，人类语言比谓词论元结构包括的内容要丰富得多，但这一结构是其余一切建立的基础，复杂谓词（n-位谓词）是由一阶谓词扩展而来的。也就是说，从一阶谓词结构的神经机制可以推知多阶谓词结构的神经机制。不同的是，具有生物共性的 P/A（谓词/论元）结构对其他哺乳动物而言是感知性的（perceptual），而对我们人类，该结构是概念性的（conceptual），并在语言演化的早期映射为 LP/A（逻辑谓词/论元）结构（Luuk，2009）。

　　至此，就可以理出一个清晰的思路：谓词论元结构作为客观场景的心理描述确实具有先语言的至少是非语言的特质，心理变量（论元结构中分别由常量PREDICATE 和变量 x 充当）在人和动物的行为中表现出很大的相似性，否则，那些不能"言语"的动物不可能在行为中表现出与人类相似的行为——神经关联性（因为它们也需要辨别客体和客体特征，弄清楚客体的空间位置等）。联系到本书提出的动词配价理论，可以看到逻辑配价与赫福德的谓词论元结构具有相通之处，二者共同的先/前语言属性使得它们成为联系客观世界与主观世界的中介。因此，从逻辑配价出发研究动词配价理论不仅适合于汉语，同样适合于英语等其他人类语言。虽然人类语言的表层结构千差万别，但因为人类共有的语言知识是在神经元中实现的，所以不同民族之间具有跨语言交际的神经生理现实性。

　　尽管有学者在"一阶谓词结构是否是多阶谓词结构的基础"这一观点上存在分歧（如 Luuk，2009），赫福德（Hurford，2003）的研究还是给了我们重要的启示：自然语言中的论元结构首先是一种前语言结构，是人类的进化激发了论元结构的质变——从感知结构演变为具有明确语义信息的概念结构。这种感知结构具有视、听觉的神经生物学基础，语言中的动词谓词/论元结构（配价结构）不仅承继了这种基础，而且经历了漫长、多样的功能拓展，进而形成了人脑中复杂的语言神经网络。

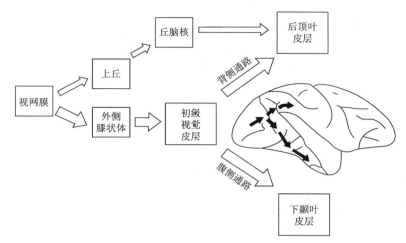

图 13-1　视网膜输入通达背侧、腹侧通路的主要路径

（Hurford，2003）

注：嵌入的脑图表示面向猕猴脑右半球的皮质投射情况

四、心理语言模型与动词配价

（一）基于动词配价的言语生成模型

从思想的形成到语言的产生一定有某种共同的机制支配着这一过程的有序发生。为了合理解释这一过程，心理语言学家在实验的基础上建构了各不相同的言语生成模型。与本研究的论题相联系，本节先介绍其中两个有影响的言语生成模型，即莱维特（Levelt，1989）的言语表达模型和加勒特（Garrett，1975）的话语表达模型，再以此为基础建构基于动词配价的言语生成模型。

莱维特（Levelt，1989）的言语表达模型（图 13-2）包括三部分：概念形成器（conceptualizer）、言语构成器（fcrmulator）和发音器（articulator）。其中，概念形成器负责对言语前的动机（意图）进行加工，加工结果是输出语前信息（preverbal message）；语前信息进入言语构成器，分两步进行言语编码——语法编码（由语法编码器完成）和音位编码（由音位编码器完成）；语法编码和音位编码合一的结果形成语音计划，最后曰发音器发出语音。在这个模型里，动词论元信息即本书的动词配价信息，属于言语构成器中的语法编码对象，即莱维特所谓的词注（lemma）信息（语法、语义特征的合一）的一部分。词注信息由概念激活，并成为加工语句句法形式的基础。更具体说，语句句法形式的生成分两步：第一步围绕动词给词注指派题元角色，第二步将第一步的表征信息转换成表层句法结构（桂诗春，2000；崔刚，2001）。

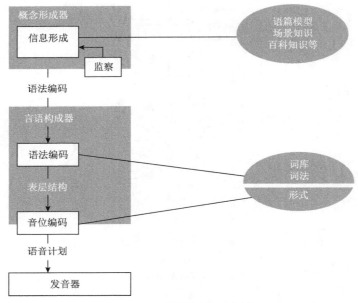

图 13-2　莱维特的言语表达模型

资料来源：转译自崔刚（2001：5）

　　这种"两步走"的语句生成过程已经得到很多实验的证明。最早的证据来自加勒特（Garrett，1975）从 20 世纪 70 年代以来所作的自然言语失误（speech error）研究。他把研究结果绘制成一个如图 13-3 所示的流程图，以表达言语生成的全过程。该图由四个层次构成，第一层叫信息层（message level），代表说话人欲表达的语前概念（prelinguistic concept）；第二层叫功能层（functional level），包括类似题元角色一类的语义信息，相当于莱维特（Levelt，1989）模型中语句生成的第一步；第三层叫位置层（positional level），是一个产生句法结构并进行词汇的音位插入的层次，相当于莱维特（Levelt，1989）模型中语句生成的第二步；第四层叫语音层（phonetic level），负责对语音作出音节规定；语音特征经过肌动编码（即语音特征映现为肌动命令），传到声道肌肉最后发出语音（桂诗春，2000；崔刚，2001）。

　　虽然加勒特和莱维特的言语（或话语）表达模型代表了不同的心理语言模型类型（前者属于串行模型，后者属于并行模型），但不难发现二者之间有不少相通之处："概念形成器"和"信息层表征"都负责语前信息（即交际意图/思想）的加工，语句生成都经过"语义→句法"的先后步骤，最后通过音位编码发出语音。这两个模型都建立在言语事实的基础上，因此在很大程度上反映了言语生成的真实心理过程，这也许就是学者们在探讨言语加工的心理机制时总不忘提及它们的原因（也包括批评意见）。

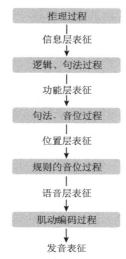

图 13-3　加勒特的话语表达模型
资料来源：转译自崔刚（2001：16）

　　再回顾本书前面的"基于逻辑配价的汉语动词配价生成结构图"（图 4-2），可以看到该图与上述两模型在基本理念上可谓不谋而合。逻辑配价是客观事件的象征，代表了说话人意欲表达的语前信息（概念），大致属"概念形成器"和"信息层"加工的对象；从逻辑配价到语言层面的静态配价的投射分两步完成，第一步逻辑配价经过语义投射形成语义价，第二步语义价再经过句法投射形成句法价——有语义内容的抽象句法结构，这个投射过程类似"言语构成器"和"功能层→位置层"的加工过程。但通过比较又可以发现，两个模型主要反映了静态抽象语句的生成过程，没有设定对语用因素进行加工的位置，可以说是模型的共同缺憾；图 4-2"基于逻辑配价的汉语动词配价生成结构图"反映了语用因素，却又没有语音生成器这部分，自然也不完美。

　　语义价和句法价是语句生成的基础。本书的实验已经证明逻辑配价在向语义价、句法价投射的过程中还会遇到更复杂的情况——语义价和句法价内部还有投射先后顺序的问题，这也是要把动词配价从总体上区分为典型配价与不典型配价的原因所在。加工过程中，典型语义价比不典型语义价优先激活，典型句法价比不典型句法价优先激活。失语症患者因为语言功能受损，在表达和理解上自然反映出不典型语义价不及典型语义价保留好，不典型句法价不及典型句法价保留好，这符合"先进后出"的语言缺失规律[1]。没有失语的脑损伤患者的总体情况比失语

---

[1] 儿童习得语言的规律是一般先易后难，即容易的项目或内容早期习得，复杂的项目或内容晚期习得。失语症患者的语言缺失规律正好与此相反，最先遗失的语言知识是晚期习得的知识，最后遗失的知识才是早期习得的知识，该规律在学界称作"先进后出"规律。这一规律也可以视为"先进后出"原则（一种管理学原则）在语言学领域的转喻性借用。

症患者好，原因在于他们的语言机能没有遭到破坏。但是，他们在部分测试中也反映出与失语症患者类似的典型与不典型效应，这可能归因于脑损伤引起的认知能力的降低——语言能力是最高级的认知能力，认知缺陷在语言上有所反映在预期之中。

无论加勒特的模型还是莱维特的模型，都没有考虑到动词配价的典型与不典型之分，这或许是他们模型设计中的不足。类似的问题在本书实验之前已有人发现，比如，在加勒特原来的模型中，功能层表征的表达以谓词论元结构的形成为中心；对非论元的表征方式没有作出解释。马丁和布洛瑟姆-施塔赫（Martin & Blossom-Stach，1986）则认为处于功能层的论元与非论元有区别，以论元优先加工（Webster et al.，2001）。

为了解决言语生成模型已发现的问题，本书尝试以加勒特、莱维特的模型为基础，结合图 4-2 所反映的动词配价思想设计一个新的言语生成模型，借以说明以逻辑配价为起点的动词配价理论能体现言语生成的心理过程，模型如图 13-4 所示。图 13-4 中的"语前概念"表示说话人的言语意图（思想），体现为非言语的逻辑配价；逻辑配价经过语义投射形成语义价，在语义价内部有先后之别，一般是先投射为典型语义价，后投射为不典型语义价；语义价经过句法投射形成句法价，句法价内部的投射顺序与语义价相同，按先典型后不典型的顺序进行；语义价和句法价都是词库中分属于词注的内容，词注经过语用投射，完成语用编码；语用编码的结果通过内部言语完成语音编码，最后通过肌动编码由发音器发出语音，即生成现实的语句——语用价。

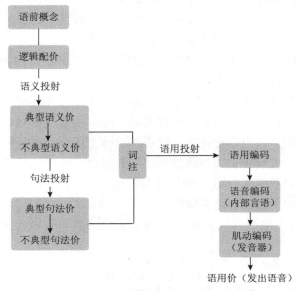

图 13-4　基于动词配价的言语生成模型

这个模型的建构秉承"语义先于句法"的认知原则，与言语发生的时间顺序一致：先有思想，再从记忆中提取词汇，然后把词汇嵌入/带入某种句法格式中，从而形成有意义的成分序列，最终通过发音器转换成长度不一的句子。如果是视觉输出（即通过书写的方式转换成句子），其他步骤完全一样，只有最后两步不同——语音编码替换为语型编码（orthographic encoding），肌动编码不是通过发音器而是通过骨骼肌协调完成，最终输出线性序列的句子。

　　动作和行为状态是事件的中心，映射事件的动词因此成为语言的中心。动词中心论的思想观念在动词配价结构中可以得到最充分的体现，这从过往的研究和本书的系列实验中得到了验证。但是，从逻辑配价投射而来的动词配价结构并非现实事件（physical event）的完美表达，原因是动词配价结构的生成主要依据词库信息（information in the mental lexicon），而没有兼顾到超词库的语用特征（实验五考察的是这类特征之一）。譬如，动词的类型和句中修饰语（如状语）的界性特征（包括有界性和无界性特征，[±TELICITY]）对句子加工产生影响，像 John stepped into a pool every hour/*for an hour（有界动词，带*号的部分表持续时间状语）和 John watched a pool for an hour/*every hour（无界动词，带*号的部分为频率状语）这样的句子，带*号的状语因为属性与动词不匹配，导致句子的加工时间更长，凸显出更高的加工难度（Townsend，2018）。在本书的言语生成模型中，这方面的信息没有纳入考虑的范围，但确实是影响言语加工的因素之一。

（二）基于动词配价的语言理解模型

　　语言理解是将不断输入（听到或看到）的语言信息通过词汇识别、句法-语义整合，最终完成语义通达的过程。在这一过程中，语言成分的句法、语义关系识解成为语言理解达成的关键。以此为出发点，心理语言学界逐渐形成了两类彼此对立的理解模型：一种叫句法优先模型（syntax-first model），主张句法先于语义信息进行自动加工，代表模型如弗里德里奇（Friederici，2002）提出的三阶段（词类识别—形态句法、词汇语义和题元角色指派—多重信息整合）神经认知加工模型[①]；另一种叫交互模型（interactive model）或约束满足模型（constraint-satisfaction model），主张在理解的各阶段，不同类型的信息交互作用，代表模型如玛尔斯伦-

---

　　① 弗里德里奇（Friederici，2002）提出的模型是基于句法优先的模型，即句法结构建构先于语义加工，然后才出现交互作用。其中，第一阶段为词类范畴加工（这类违反诱发 ELAN）；第二阶段为基于语义和句法形态信息的题元角色指派（又称题元指派，thematic assignment）加工[句法性（syntactic gender）这类形态句法违反诱发 LAN，语义异常诱发 N400]；第三阶段为语义、句法信息发生交互时的晚期修正（P600 的波幅作为语义、句法的函项呈现出变化）。听理解的神经解剖功能区位于双侧颞-额叶网络（temporo-frontal network），其中左颞区支持语音、词汇和结构成分的识别加工，左颞皮层牵涉结构、语义和题元关系的排序和构成（sequencing and formation）加工，右侧颞区负责韵律参数（prosodic parameter）识别，右侧额叶与句子旋律（sentence melody）的加工相关。

威尔逊和泰勒（Marslen-Wilson & Tyler，1980）。与动词配价最为相关的模型是论元依存模型（argument dependency model，ADM）（Bornkessel，2002）和扩展的论元依存模型（extended argument dependency model，eADM）（Bornkessel & Schlesewsky，2006），这两个模型都是从弗里德里奇（Friederici，2002）的思想拓展而来的。按照ADM（Bornkessel，2002），人脑在进行语言理解时遵循两条不同的论元加工路径——句法加工路径（syntactic processing route）和题元加工路径（thematic processing route），而且两类加工并非同步进行：当一个句子的论元带有无歧义的形态标记信息时，执行题元加工路径；只有当题元加工路径受阻（即遇到歧义性的论元成分）时，才寻求句法加工路径。无论句法加工路径还是题元加工路径，都是为了达成同一目标——在句子的不同论元之间建立起层级依存关系（hierarchical dependency），再投射到一个语义表达（semantic representation）式中以确认句中 who is doing what to whom（谁对谁做了什么事）。eADM 是 ADM 思想的进一步深化，不仅涉及论元的加工，也包括动词自身的加工（ADM 不包括这部分），因为动词及其论元都是句子中的核心成分，亦即本书所说的配价结构（动词及其价语）。跟 ADM 一样，eADM 也把句子的加工分成三个阶段：第一阶段是基于词类范畴的成分结构建构（constituent structure building），此阶段不发生论元解释（argument interpretation），生成单纯的句法结构；第二阶段是建立各种关系，包括形式-意义间的映射关系、论元间的关系和动词-论元间的关系；第三阶段是核心关系与非核心关系/特征（如世界知识、修饰语挂靠、解释等）的广义映射（generalized mapping），从而对句子的合格性（well-formedness）做出评价、给出修正（如果需要的话）。这几个模型有两个共同点：一是秉承句法优先，二是只考虑句子核心成分的加工，而不管可能在句中出现的其他成分，如非必有论元（non-obligatory argument）和其他环境成分（像表达时间、空间等范畴的附加语）。

上述认知神经模型虽然基于具体的几种语言建构，但都旨在揭示语言理解的普遍规律，因此在很大程度上具有跨语言的普适性。但仔细分析不难发现上述模型也存在不足：①模型的建构主要以德语等格标记丰富的语言为研究对象，没有（充分）兼顾形态标记欠缺的语言（如汉语）的情况，因而模型的普适性存疑；②只考虑了二价动词的句子理解情况，没有把一、三价动词纳入其中，基于动词中心论的句子理解模型存在系统性欠缺；③构式作为不可再分的形-义结合体，是句子理解加工中的重要一环，没有在模型中得到体现。

为此，我们在上述模型的基础上尝试建构基于汉语动词配价的句子理解认知模型，如图 13-5 所示。

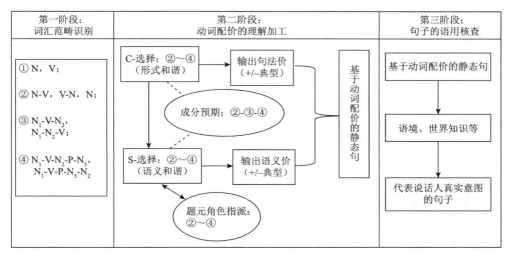

图 13-5　基于汉语动词配价的句子理解认知模型

　　这个语言理解模型也由三大部分（阶段）组成——形式层、句法-语义层和语用层，其中，形式层代表第一阶段，指来自视、听觉的词汇信息输入，与 eADM 等模型中的词类范畴信息识别一致。句法-语义层代表第二阶段，与哈霍尔特（Hagoort et al.，2004）提出的 U（unification，"联合"）[①]相关，相当于 eADM 中的第二阶段和部分第三阶段的内容，囊括动词的配价结构信息，在进行理解加工时按以下节点依次加工：①通过词汇间的 C-选择（范畴-选择）对已输入的词汇串（如 VN、NV）进行功能匹配（基于短语结构规则）；②通过 S-选择（语义-选择）对已输入的词汇串进行语义匹配；③以动词为中心并结合已输入的词汇串预期后续可能出现的成分；④后续成分出现，与前现成分进行句法-语义整合或再分析，构式单位在此阶段得到处理；⑤输出句法-语义合格的静态句。第三阶段是语用层，功能类似于"记忆+联合+控制"（Memory，Unification，Control，MUC）模型中的 C（control），负责对句法-语义层的输出结果进行语用核查，确认语句是否反映了说话人的意图。这部分将基于动词配价的静态句与当前语境（如上下文、交际双方的关系、时空等）和世界知识（如民族信仰、文化特异性等）的结合（其实就是一种语用核查），做出最终的语义解释。

　　根据这个模型，我们可以结合实验结果对一、二、三价结构的句子理解分别做出解释。由于第一阶段的加工属性相同（辨识词类特征）、第三阶段属于语用的范畴，下面主要描述第二阶段，即动词配价的理解加工。

　　一价句的理解：一价动词象征着一个事件只有唯一的事件参与者，对应的句

[①] unification 是语言加工（包括表达和理解）中的三个核心组件之一，主要负责将单个词连接成话语的短语结构，但 unification 操作不仅出现在句法层，也出现在语义层和音系层。与 unification 相关的脑区为 LIFC（left inferior frontal cortex，左侧下额叶皮层）（Hagoort et al.，2004）。

法结构（核心成分）包括两种：NP+V 和 V+NP。当感知到（听到或看到）第一个成分为动词（V）时，人们就会预期后续出现的成分，如果后续成分（即第二个成分）与预期的一致，就会促进加工，否则需要进行再分析，从而增加加工难度；如果第一个成分为名词或名词短语（NP），则预期性较低，因为后面出现动词或其他词类的可能性广泛存在，即后续成分存在很大的不确定性。当第二个成分（V 或 NP）出现时，大脑首先会经过 C-选择，判断二者是否形式匹配[基于短语结构规则（phrase structure rule）]，若形式匹配，就会立即进行 S-选择，同步完成题元角色指派。从句法层面看，NP+V 代表一价动词的典型句法价，V+NP 代表一价动词的不典型句法价。从语义层面看，典型句法价映射典型语义价[AV]，不典型句法价最终也需要映射到典型语义价[AV]（因为逻辑配价是共享的），但务必进行再分析（如是否经历了成分的移位操作）。所以，典型配价（NP+V 与[AV]的配对）比不典型配价（V+NP 与[AV]的配对）加工容易，譬如"客人来了"比"来客人了"的加工容易（除了配价自身的因素外，这两句中的"客人"还存在[限定性]方面的差别，前者是有定的，后者是无定的）。由于一价动词包括两类不及物动词，这里论及的是非宾格动词（对应 NP+V 和 V+NP 两种句法价），而非作格动词只对应唯一的句法价 NP+V，所以非宾格动词句比非作格动词句加工难度更大（Meltzer-Asscher et al.，2013）。

二价句的理解：二价动词在语义上关联两个事件参与者（映射为典型语义价[AVP]），对应典型句法价 NP_1+V+NP_2，其不典型句法价包括六类结构 NP_1+NP_2+V，NP_1+把 NP_2+V，NP_1+PP+NP_2+V，NP_2+NP_1+V，NP_2+被（NP_1）+V，NP_2+V+NP_1。根据 C-选择，二价句的理解首先需要辨识与动词同现的核心成分是不是 NP（或具有 NP 属性的其他成分，如名词性小句）、听到或看到的同现序列是如何配置的（典型序列就解码为典型句法价，不典型序列就解码为不典型句法价）。C-选择之后开始 S-选择，即确定不同类型的句法价是否满足语义和谐的条件（依然遵循先典型配价后不典型配价的顺序），如反映典型句法价的句子"小王打了酱油"vs."*小王打了洪水"，两句都满足 C-选择，但只有前句满足 S-选择，而后句因为"洪水"不能成为"打"的对象，违反了 S-选择，所以被识解为不合格句。不典型句法价的情况要复杂一些，不同的动词类型对应的不典型句法价数目也不一样，像具体动词（如"发动"对应三个不典型句法价）就比抽象动词（如"提高"对应一个不典型句法价）拥有更多不典型句法价，因此在 ERP 理解加工时会在左半球诱发更负向的脑电波（Zhang et al.，2006），说明前者的理解难度更大。这也就是打破"典型施事作主语，典型受事作宾语"题元等级规则（Dowty，1991）会诱发更大的 P600 效应（Kuperberg，2007）的原因：题元等级原则代表动词给宾语赋格的常规，不典型句法价的出现打破了常规，因此增加了认知负荷。

三价句的理解：三价动词在语义上关联三个事件参与者（映射为典型语义

价[AVPD]），根据动词类型的不同，对应两类典型句法价 $NP_1+V+NP_2+NP_3$ 和 $NP_1+PP+NP_2+V+NP_3$，不典型句法价包括：NP_1+ 把 $+NP_3+V+NP_2$，NP_3+ 被 NP_1+V+NP_2，$NP_3+NP_1+V+NP_2$，$NP_3+NP_1+PP+NP_2+V$，NP_1+V+NP_3+给 NP_2。与二价句相比，三价句增加了一个价语 NP，所以在进行 C-选择和 S-选择的时候，需要考虑该价语与另外两个价语之间的匹配和谐性。跟二价句的情况一样，三价句中价语之间的配位和动词（或介词）对价语的赋格（assign case）是句法价向语义价投射的关键，投射的顺序也是先典型配价结构后不典型配价结构。从理论语言学出发（如袁毓林、郭锐，1998；张伯江，1999），一般把"给予"类动词视为典型三价动词，其他类型的动词视为不典型三价动词（这样的处理在本书的上篇部分已做理论说明），但由此可能出现一种现象：某个动词因为是不典型三价动词，也就没有上面所说的典型句法价。其实，从加工视角看，句法价的典型性只是一个相对的概念，不同类型的动词，因为次范畴特征不同、使用频率不一样，优先选择的句法框架也有差别。这种优选的句法框架就代表该类动词的典型句法价，在理解加工中也就比该动词的其他句法结构（不典型句法价）加工更容易（如"小王在桌上放了一个苹果"vs."小王放了一个苹果在桌上"vs."小王把一个苹果放桌上了"）。

由于汉语没有类似西方语言（如德语、俄语、意大利语等）中显性的语法形态标记，句中各价语（即充当论元的名词性成分）的语义角色不仅受动词（和部分介词）支配，也受制于价语的相对位置及其词汇特征（如[±生命性]），所以句法价在汉语的句子理解中显得尤为重要。伴随语言单位的不断输入，句法模块不断形成，紧接着与大脑中的语义模块进行匹配，从而完成对配价静态句的解读。在此过程中，若出现非组构性语言单位（如习语或俗语），C-选择和 S-选择的常规机制便会让位于特殊机制（如把某几个成分构成的序列看作一个整体句法-语义模块），从而作出符合非常规配价机制的解释。可见，在理解加工中，坚持先句法后语义的加工原则更符合汉语句子的加工顺序，与马克库恩和麦克法兰（McKoon & Macfarland，2002）提出的"句法达意"（meaning through syntax，MTS）[①]思想一致。

在现实话语实践中，由于一价动词和三价动词都有采用二价结构（汉语中的典型配价结构）的语用倾向，在配价加工的第二阶段需要根据动词的配价属性才能确认出现的句子是真二价句还是一价动词、三价动词的"二价表达"，最终在第三阶段确认其语用适切性。

---

① MTS 意味着"动词表达的有些意义是通过动词所在的句法结构来表达和反映的"，即通过考察句法结构可以了解动词意义。"事件模板"（event template）是与句法结构相关的动词意义的一部分，对句子理解起着重要作用。根据 MTS，事件模板中的动词意义表征把动词句法行为的解释与其在句子理解中的意义和角色又联系起来（McKoon & Macfarland，2002）。

近年来，有学者试图将语言的表达和理解统一到一个合成的模型（Pickering & Garrod，2013），实现二者的相互贯通（interwoven），从而有效地预期言语者（包括说者和听者）的言语表现。事实上，语言的表达和理解既是互逆的又是相互关联的加工过程，说者在输出言语的过程中要实时监控（monitor）输出的结果是否与表达的意图（即本书所说的逻辑配价）相匹配，这就离不开"自我理解"，言语交流中经常出现的各类修正（repair）就是基于"自我理解"的反馈；听者为了准确无误地获取输入的听觉信息，往往会不自主地通过内部言语（inner speech）"同步模拟"表达的内容。来自神经生物学的研究证据也表明，表达与理解二分的经典模型[如基于字词加工的"韦尼克-利什特海姆-格施温德模型"（Wernicke-Lichtheim-Geschwind model）]存在不足，二者在核心部分具有共享的神经回路（shared neural circuitry）（Hagoort，2013）。尽管如此，因为表达与理解是互逆的过程，从语义到句法和从句法到语义的模型建构思路正好与此相匹配，也符合从上至下和从下至上交互作用的语言认知机制。

当然，语言理解不只是一个简单运算的过程，意义也不只是通过组构的方式派生形成的。语言加工有时只是部分的，语义表征通常是不完整的，但这并不影响听话人或读者的语言理解，这就是费里拉等（Ferreira et al.，2002）提出的"语言理解的刚刚好表征理论"（Good-Enough Representation to Language Comprehension）的基本思想——人们在理解句子时倾向于不完全依赖于句子结构和词汇意义的组合，而更倾向于语境和既有的个人语言经验，只有当这种方式的理解发生偏差时才通过句法手段进行再分析，由此可以解释为什么 The man was bitten by the dog 却比 The dog was bitten by the man 出错多。在图 13-5 的模型中，这类非组构方式衍生的意义在第三阶段完成，更体现出话语理解者的言语识解主动性。

第一节　研究总结

　　话语的生成是语言中词汇单位的聚合和组合关系互动的产物，动词配价理论侧重研究动词与其他词汇单位（主要是名词性单位）之间的组合关系。根据卢利亚（1987：37-38），从思想到言语的形成包括四个阶段："1）起始于某种动机与总的意向（主体从一开始就概括地知道这总的意向）；2）经过内部言语阶段，此阶段可能以语义表象格式及其潜在的联系为基础；3）形成深层句法结构，而后4）扩展成为以表层句法结构为基础的外部言语。"实验证明，本书提出的动词配价理论与这四个阶段基本一致：第一节阶段对应于语前阶段的现实事件；第二阶段对应于逻辑配价；第三阶段对应于从非语言层面到语言层面的语义投射；第四阶段对应于经过语用处理的现实话语（句子表达）。尽管语言的表达和理解具有部分共享的神经机制，但二者作为互逆的言语行为过程是不争的事实。因此，本书在实验的基础上尝试设计了基于逻辑配价的言语表达模型和语言理解模型，试图对语言的输出和输入过程做出合理的解释。

　　从配价结构/论元结构在语言中的地位考察，可以发现动词配价处于两个重要的交汇点上，一个是词法与句法的交汇点，另一个是语义和句法的交汇点。所以，一方面，动词配价反映了动词在词库中的规定性，包括价量、价质和价位，而在实际应用中动词又往往会表现出词库中所没有的属性，如变价所带来的句法、语义改变（如不及物动词带宾语现象）；另一方面，动词配价在本质上首先体现为一种语义属性，来自国外的生物学、心理学和解剖学方面的证据表明，这种属性最初源于先于语言的心理表征（如在灵长类动物身上有类似的表征），句法表达是这种语义属性的外在实现形式，是后天人类语言发展进化的需要。因此，动词配价研究从语前的逻辑配价出发逐次深入到语言的语义、句法和语用层面是合理的，这种合理性无论在种系发生还是个体发育上都能找到可靠的生物学证据。同样，本书的实验证明：动词配价无论从输入还是输出方面都有可靠的神经、心理基础，基于逻辑配价的理论假设因此得到最基本的论证。

本书沿着从理论思辨到实验验证的研究路径，探讨现代汉语动词配价的理论建构和认知加工问题，现在把所做的主要工作和思想概括如下。

第一，在现有动词配价研究的基础上，提出了一个理论假设"基于逻辑配价的汉语动词配价理论"，期望能从动词配价的角度合理解释从思想（概念）形成到言语发生的全过程。

第二，从几个全新的视角论证了理论的合理性。这具体表现在：从逻辑配价出发研究汉语动词配价切实可行，而且必要；动词配价有动态和静态之分，研究的路径是从静态立足，坚持"静、动"结合；动词配价有典型与不典型之分，这种二分的属性在语义、句法上都充分体现出来；二价动词是现代汉语中的典型动词，二价结构是典型配价结构，三价结构是两个简单配价结构合并的结果，因此真正的三价结构不存在；动态配价受配价连续统规律制约，价量、价质和价位在话语中常表现出非离散的特性，但这种非离散性不等于任意性。

第三，结合汉语中的具体语言事实阐释了动词配价理论的解释力。譬如，运用逻辑配价可以合理解释学界关于零价动词与一价动词之争的问题，提出的配价合并机制可以有效地处理简单配价与复杂配价的关系；配价分解原则从主观和客观相结合的角度发掘了句子可以"同义异形"的深层动因；配价的缺省是普遍现象，但省略与隐含并不总是界限分明的。

第四，应用失语症测查和 ERP 实验对构拟的动词配价理论的主要思想进行了论证。依据实验结果的统计分析，可以发现价量、价质与价位差异在汉语的动词配价中反应明显，因而说明配价规律是带有普遍性的语言规律。但是，普遍性不能否定语言特殊性的存在，汉语中的动词价量效应与英语中的动词价量效应不尽相同即是证明。失语组和对照组在实验中所反映出的语义、句法差别说明典型配价与不典型配价的区分是客观存在的，这种区分在 ERP 实验中得到进一步证明——不典型语义价比典型语义价消耗更多的认知资源。可见，典型配价与不典型配价的区分具有可靠的神经心理机制。

第五，对照前人的神经影像学结果和失语症被试的病灶定位，发现动词配价在人脑中的分布区域很广泛，既有皮层部位也有皮层下部位（如小脑、基底节区等）。虽然动词配价主要与名词和动词相关，但不能简单地说，动词、名词的脑区定位就是动词配价的定位，更何况动词、名词本身的脑区比较宽泛并且意见不一。国外的研究表明，动词配价结构与大脑的视觉、听觉神经通路（即背侧流和腹侧流）紧密相关，而这两条通路在大脑中的区域很广。因此，坚持拒绝狭隘的"定位论"和极端的"反定位论"，选择折中的整体论更能合理地解释动词配价与神经元的关联性——任何知识的表征都是在神经元中实现的。

　　第六，来自 fMRI 的实验结果表明，通过动词配价表征的非常规事件比常规事件在加工上需要消耗更多的脑资源。与此相关联，非常规句因为突破动词词库的规定特征从而使得动词与价语（本实验中主要是内部论元）的整合加工变得困难，所以在右侧额中回和左侧顶下小叶两个脑区比常规句有更显著的激活，从而进一步佐证了语言加工的"预期性效应"——加工预期之外的语言刺激比加工预期之中的语言刺激需要更多的认知资源。

　　第七，以国外的言语生成模型和语言理解模型为基础并结合本书动词配价实验的结果，尝试设计了基于动词配价的言语生成模型和基于动词配价的语言理解模型，以期对语言发生、发展的全过程作出合理的心理学、神经学解释。

第二节　本书的主要创新点

　　本书的汉语动词配价研究旨在从外在论和内在论相结合的视角来描述、解释各种不同类型的动名组配关系，并通过不同的实验手段检验理论思辨的结果是否具有认知上的心理现实性和相关的神经基础。与过往研究进行比较，本书主要在以下四个方面做出了有益的尝试，亦即本研究的创新之处。

　　理论创新：理论假设具有原创性。本书在前人研究的基础上提出了一个全新的汉语动词配价理论假设，并从多方面进行了阐释，其中的"配价研究以逻辑配价为起点""动词配价可分为典型配介与不典型配价""语用中的动词配价表现为连续统""二价动词是汉语中的典型动词，二价结构是典型配价结构"等观点代表了本书在动词配价理论研究中所作的新探索。

　　方法创新：研究方法具有突破性。本书应用实验病理学方法（失语症测查）、神经电生理学（ERP 实验）和神经影像学（fMRI 实验）方法对构拟的配价理论的主要思想进行了验证。研究结果表明，本书提出的理论假设有可靠的神经心理学基础，因此可信度较高。

　　模型创新：建构的语言加工模型具有新颖性。参照国外有关动词中心论视角下的语言认知模型，并结合本书的实验结果，分别设计了基于动词配价的言语生成模型和基于动词配价的语言理解模型，以期对话语生成的心理过程作出更合理的描述。尽管在一些细节方面可能还存在不足，但至少形成了一个清晰的加工路径，有助于拓展汉语研究在神经/心理语言学中的学科地位。

　　视角多元：理论阐释具有多元性。本书在理论分析上不拘于一家之说，在行文上力图集各派之长，走形式和功能相结合的道路，综合多学科知识从不同视角对理论假设和实验结果做了比较全面的论证和分析。

第三节　研究展望

本书首先采用演绎法提出"基于逻辑配价的汉语动词配价理论"，并结合汉语语言事实论证了该理论的合理性，然后应用实验法验证了该理论的主要思想，结果证明该理论具有广泛的心理现实性和可靠的神经机制。但是，因为各种主客观原因，本书亦存在诸多有待完善的方面，为此提出以下几方面的研究展望。

（1）本书在理论上只涉及了与动词配价相关的主要问题，有些细节尚未涉足，如：逻辑配价是否可以进一步形式化（表示为更基础的基元性特征）？从逻辑配价出发是否可以给汉语中的动词作出一个明确的事件分类？等等。

（2）理论本身还有待完善。国外的研究表明，体貌是影响动词配价的一个重要因素，本书没有尝试这方面的研究。要真正使配价理论能够全面解释话语的生成情况，这是一个不可忽视的因素。

（3）ERP 和 fMRI 技术为动词配价研究提供了更有效、更可靠的在线研究手段，但如何合理设计实验、把理论假设的思想通过实验充分表达出来还是一个需要深思的问题。本书的实验三至实验五存在统计数据方面的非显著性，其中一个可能的原因就是实验变量（如结构频率）的控制问题，也可能是材料之间的对比性不够强。

（4）理论是为实践服务的，动词配价理论还应考虑到具体的应用问题，如中文信息处理、语言教学和语言习得、言语康复训练等。因种种原因，这些问题在本书还未涉及，在后续的研究中应该有比较深入的思考。

作为应用语言学大家庭中的一员，神经语言学在西方基本发展成熟，而在我国则起步较晚，动词配价的神经语言学研究尚属首次尝试。然而，社会的发展已经把神经语言学摆在了不可或缺的位置：信息处理尤其人工智能的发展要求语言理论能够充分揭示人脑的语言加工机制，以使计算机达到对人脑的真正模拟，我国每年几百万的失语者对语言康复提出了迫切要求，诸如此类，不一而足。神经语言学是一门多学科的交叉科学，涉及解剖学、生物学、心理学、计算机科学、病理学、社会学和语言学。对于从事神经语言学研究的人而言，不仅要掌握相关的领域知识，还要有一种不辞辛苦、乐于为科学奉献的精神，否则工作便难以持久。纵观国内的研究现状，可以看到我国的神经语言学无论在理论构建上还是在研究方法的探讨上都还有很长的路要走，需要更多的学者投身到神经语言学的研究中来。不过令人欣慰的是，我国与世界同步已经把脑科学研究列为中国未来优先发展的重大公关课题之一，我们坚信：神经语言学必定在不久的将来迎来属于中国的学术春天。

参 考 文 献

陈昌来. 2002a. 现代汉语动词的句法语义属性研究. 上海: 学林出版社.

陈昌来. 2002b. 关于零价动词及相关问题的思考//中国语文杂志社. 语法研究和探索(十一). 北京: 商务印书馆: 93-109.

陈平. 1994. 试论汉语中三种句子成分与语义成分的配位原则. 中国语文, (3): 161-168.

陈万会. 2008. 词块的心理现实性及其特征. 外语学刊, (6): 60-62.

程工. 1995. 评《题元原型角色与论元选择》. 国外语言学, (3): 29-33, 39.

崔刚. 1998. 语言学与失语症研究. 外语教学与研究, (1): 21-28.

崔刚. 2001. 失语症患者的口语表达障碍研究. 北京: 航空工业出版社.

戴维·克里斯特尔. 2000. 现代语言学词典. 沈家煊译. 北京: 商务印书馆.

范晓. 1991. 动词的"价"分类//中国语文杂志社. 语法研究和探索(五). 北京: 语文出版社: 144-158.

范晓. 1993. 关于句子合语法和不合语法问题//范晓. 范晓语法论文选集. 上海: 复旦大学出版社: 4840-4898.

范晓. 1996. 动词的配价与句子的生成. 汉语学习, (1): 3-7.

范晓. 2000. 动词配价研究中的几个问题//沈阳. 配价理论与汉语语法研究. 北京: 语文出版社: 77-95.

费尔迪南·德·索绪尔. 1980. 普通语言学教程. 高名凯译. 北京: 商务印书馆.

冯胜利. 2011. 韵律句法学研究的历程与进展. 世界汉语教学, 25(1): 13-31.

冯志伟. 1983. 特思尼耶尔的从属关系语法. 国外语言学, (1): 63-65, 57.

冯志伟. 1999. 现代语言学流派. 西安: 陕西人民出版社.

傅承德. 1993. 《词汇映射理论》评介. 国外语言学, (1): 18-25.

高素荣. 1993. 失语症. 北京: 北京医科大学、中国协和医科大学联合出版社.

顾阳. 1994. 论元结构理论介绍. 国外语言学, (1): 1-11.

顾阳. 1999. 双宾语结构//顾阳, 徐烈炯. 共性与个性: 汉语语言学中的争议. 北京: 北京语言文化大学出版社: 60-90.

顾阳. 2000. 论元结构及论元结构变化//沈阳. 配价理论与汉语语法研究. 北京: 语文出版社: 141-155.

桂诗春. 2000. 新编心理语言学. 上海: 上海外语教育出版社.

郭锐. 1995. 述结式的配价结构与成分的整合//沈阳, 郑定欧. 现代汉语配价语法研究. 北京: 北京大学出版社: 168-191.

郭锐. 2002. 语法的动态性. http://chinese.pku.edu.cn/bbs/index.php[2022-10-08].

郭曙纶. 2003. 谈动词的逻辑配价. 语言研究, (1): 107-111.

韩万衡. 1997. 德国配价论主要学派在基本问题上的观点和分歧. 国外语言学, (3): 12-20, 31.

韩宗义, 吕勇, 白学军. 2007. 句法加工的 ERP 研究综述. 心理学探新, (2): 50-53.

胡学文. 2012. 动词的截取与汉语双宾句式. 山东外语教学, (4): 37-41.

胡裕树, 范晓. 1985. 试论语法研究的三个平面. 新疆师范大学学报, (2): 7-15, 30.

纪云霞, 林书武. 2002. 一种新的语言理论: 构块式语法. 外国语, (5): 16-22.

贾红霞, 李福印. 2021. 《构建构式家族: 分析视角和理论挑战》述评. 外语教学与研究, 53(3): 468-472.

金立鑫. 2000. 语法的多视角研究. 上海: 上海外语教育出版社.

金立鑫. 2002. "把"字句的配价成分及其句法结构. 现代中国语研究, (4): 14-26.

靳光瑾. 2001. 现代汉语动词语义计算理论. 北京: 北京大学出版社.

李洁. 1986. Kalevi Tarvainen 的《从属关系语法导论》. 国外语言学, (3): 106-109.

李洁. 1987. 德语配价理论的发展及成就. 外语教学与研究, (1): 35-41, 79-80.

李晋霞. 2004. 论动词的内部构造对动词直接作定语的制约. 语言教学与研究, (3): 22-29.

李晋霞. 2005. 论典型性对定中"V 双+N 双"结构构成的影响. 语言研究, 25(4): 54-59.

李宇明. 1995. 儿童语言的发展. 武汉: 华中师范大学出版社.

李宇明. 2003. 语言学习与教育. 北京: 北京广播学院出版社.

廖秋忠. 1984. 现代汉语中动词的支配成分的省略. 中国语文, (4): 241-248.

刘大为. 1998. 关于动宾带宾现象的一些思考(上). 语文建设, (1): 22-26.

刘文正. 2009.《太平经》动词及相关基本句法研究. 长沙: 湖南师范大学博士学位论文.

刘文正. 2012. 汉语动词配价研究的回顾和前瞻. 汉语学习, (1): 62-70.

刘燕妮, 舒华. 2003. ERP 与语言研究. 心理科学进展, (3): 296-302.

刘源, 梁南元, 王德进, 等. 1990. 现代汉语常用词词频词典(音序部分). 北京: 宇航出版社.

刘正光, 刘润清. 2003. Vi+NP 的非范畴化解释. 外语教学与研究, (4): 243-250, 321.

鲁川. 2001. 汉语语法的意合网络. 北京: 商务印书馆.

陆俭明. 1991. 现代汉语不及物动词之管见//中国语文杂志社. 语法研究和探索(五). 北京: 语文出版社: 159-173.

陆俭明. 2004. 词语句法、语义的多功能性: 对"构式语法"理论的解释. 外国语, (2): 15-20.

吕叔湘. 1942. 中国文法要略. 上海: 商务印书馆.

吕叔湘. 1979. 汉语语法分析问题. 北京: 商务印书馆.

吕叔湘. 1982. 中国文法要略. 北京: 商务印书馆.

吕叔湘. 2002. 从主语宾语的分别谈国语句子的分析//黄国营, 吕叔湘. 吕叔湘选集(二十世纪现代汉语语法"八大家"). 长春: 东北师范大学出版社: 513-544.

吕叔湘, 黄国营. 2002. 吕叔湘选集. 长春: 东北师范大学出版社.

马庆株. 1998. 动词的直接配价和间接配价//袁毓林, 郭锐. 现代汉语配价语法研究(第二辑). 北京: 北京大学出版社: 288-292.

满在江. 2003. 生成语法理论与汉语双宾语结构. 现代外语, (3): 233-240, 232.

潘海华. 1997. 词汇映射理论在汉语句法研究中的应用. 现代外语, (4): 3-18.

祁志强, 彭聃龄. 2010. 语音加工的脑机制研究: 现状、困惑及展望. 北京师范大学学报(社会科学版), (4): 40-47.

任鹰. 2007. 动词词义在结构中的游移与实现——兼议动宾结构的语义关系问题. 中国语文, (5): 419-430, 479-480.

荣晶. 2000. 汉语语序研究的理论思考及其考察. 语言文字应用, (3): 25-30.

沈家煊. 1999. "在"字句和"给"字句. 中国语文, (2): 94-102.

沈家煊. 2000a. 说"偷"和"抢". 语言教学与研究, (1): 19-24.

沈家煊. 2000b. 句式和配价. 中国语文, (4): 291-297, 381.

沈家煊. 2001. 语言的"主观性"和"主观化". 外语教学与研究(外国语文双月刊), (4): 268-275, 320.

沈阳. 1994. 动词的句位和句位变体结构中的空语类. 中国语文, (2): 139-148.

沈阳. 2000. 配价理论与汉语语法研究. 北京: 语文出版社.

沈阳, 郑定欧. 1995. 现代汉语配价语法研究. 北京: 北京大学出版社.

沈阳, 何元建, 顾阳. 2001. 生成语法理论与汉语语法研究. 哈尔滨: 黑龙江教育出版社.

石毓智. 2001. 语法的形式和理据. 南昌: 江西教育出版社.

舒华, 储齐人, 孙燕, 等. 1996. 移动窗口条件下阅读过程中字词识别特点的研究. 心理科学,
    (2): 79-83, 127.

束定芳. 2000. 隐喻学研究. 上海: 上海外语教育出版社.

宋文辉. 2004. 补语的语义指向为动词的动结式的配价. 河北师范大学学报(哲学社会科学版),
    (3): 94-99.

苏晓军, 张爱玲. 2001. 概念整合理论的认知力. 外国语, (3): 31-36.

陶红印. 2000. 从"吃"看动词论元结构的动态特征. 语言研究, (3): 21-38.

王洪磊. 2015. 基于失语症患者的汉语动词配价实证研究. 外语研究, 32(6): 42-47.

王静, 王洪君. 1995. 动词的配价与被字句//沈阳, 郑定欧. 现代汉语配价语法研究. 北京: 北京
    大学出版社: 90-118.

王寅. 2002. 语义外在论与语义内在论——认知语言学与 TG 语法在内在论上的分歧. 外国语,
    (5): 23-30.

魏景汉, 罗跃嘉. 2010. 事件相关电位原理与技术. 北京: 科学出版社.

魏培泉. 2003. 上古汉语到中古汉语语法的重要发展//何大安. 古今通塞: 汉语的历史与发展.
    台北: "中央研究院"语言学研究所筹备处: 76-106.

文炼. 1982. 词语之间的搭配关系. 中国语文, (1): 17-22.

文炼, 袁杰. 1990. 谈谈动词的"向"//华东师范大学中文系《汉语论丛》编委. 汉语论丛. 上海:
    华东师范大学出版社: 11-23.

吴为章. 1982. 单向动词及其句型. 中国语文, (5): 328-337.

吴为章. 1985. "成为"类复合动词探讨. 中国语文, (4): 251-260.

吴为章. 1993. 动词的"向"札记. 中国语文, (3): 171-180.

吴为章. 2000. 汉语动词配价研究述评//沈阳. 配价理论与汉语语法研究. 北京: 语文出版社:
    53-76.

邢福义. 1991. 汉语里宾语代入现象之观察. 世界汉语教学, (2): 76-84.

徐峰. 1998a. "交互动词配价研究"补议. 语言研究, (2): 48-52.

徐峰. 1998b. 现代汉语置放动词配价研究. 语言教学与研究, (3): 86-101.

徐杰. 2001. "及物性"特征与相关的四类动词. 语言研究, (3): 1-11.

徐烈炯, 沈阳. 1998. 题元理论与汉语配价问题. 当代语言学, (3): 1-21.

徐通锵. 1993. 徐通锵自选集. 郑州: 河南教育出版社.

杨成凯. 1986a. Fillmore 的格语法理论(上). 国外语言学, (1): 37-41.

杨成凯. 1986b. Fillmore 的格语法理论(中). 国外语言学, (2): 76-83.

杨成凯. 1986c. Fillmore 的格语法理论(下). 国外语言学, (3): 110-120.

杨宁. 1986. 三价动词及其句型. 上海: 复旦大学硕士学位论文.

杨宁. 1990. 现代汉语动词的配价. 上海: 复旦大学博士学位论文.

杨唐峰, 俞璐. 2011. 国内基于 ERP 和 fMRI 技术的语言研究综述. 东华大学学报(社会科学版), 11(1): 15-20.

杨亦鸣, 梁丹丹, 顾介鑫, 等. 2002. 名动分类: 语法的还是语义的——汉语名动分类的神经语言学研究. 语言科学, (1): 31-46.

袁毓林. 1987. 关于动词对宾语褒贬选择. 汉语学习, (3): 8-9.

袁毓林. 1992. 现代汉语名词的配价研究. 中国社会科学, (3): 205-223.

袁毓林. 2004. 论元结构和句式结构互动的动因、机制和条件——表达精细化对动词配价和句式构造的影响. 语言研究, (4): 1-10.

袁毓林. 2005. 汉语动词的配价研究. 南昌: 江西教育出版社.

袁毓林, 郭锐. 1998. 现代汉语配价语法研究(第二辑). 北京: 北京大学出版社.

张伯江. 1999. 现代汉语的双及物结构式. 中国语文, (3): 175-184.

张国宪. 1993. 谈隐含. 中国语文, (2): 126-133.

张国宪. 1994. 有关汉语配价的几个理论问题. 汉语学习, (4): 20-25.

张国宪. 2002. 三价形容词的配价分析与方法思考. 世界汉语教学, (1): 28-33, 114-115.

张国宪, 周国光. 1997. 索取动词的配价研究. 汉语学习, (2): 3-9.

张辉. 2003. 熟语及其理解的认知语义学研究. 北京: 军事谊文出版社.

张辉, 卢卫中. 2010. 认知转喻. 上海: 上海外语教育出版社.

张家骅. 2003. 莫斯科语义学派的配价观. 外语学刊, (4): 27-35, 110.

张谊生. 1997. 交互动词的配价研究. 语言研究, (1): 15-30.

张云秋. 2002. 现代汉语受事宾语句研究. 上海: 复旦大学博士学位论文.

郑定欧. 1995. 法国句法配价语法二十年//沈阳, 郑定欧. 现代汉语配价语法研究. 北京: 北京大学出版社: 1-5.

郑定欧. 2005. 配价语法与词汇-语法//全国第八届计算语言学联合学术会议(JSCL-2005)论文集: 108-113.

周国光. 1993. 动词"给"的配价功能及其相关句式发展状况的考察. 南京师大学报(社会科学版), (1): 103-107.

周国光. 1995. 确定配价的原则与方法//沈阳, 郑定欧. 现代汉语配价语法研究. 北京: 北京大学出版社: 6-19.

周国光, 黎洪. 2001. 现代汉语制作动词的配价研究. 安徽师范大学学报(人文社会科学版), (1): 99-104.

周统权. 2004. 现代汉语动词配价理论及其神经心理机制研究. 武汉: 华中师范大学博士学位论文.

周统权. 2007. 动词配价的量效应与质效应——来自失语症研究的证据. 语言文字应用, (1): 102-110.

周统权. 2011. 动词配价连续统——汉语动词配价的语用规律. 华中师范大学学报(人文社会科学版), (5): 73-81.

周统权, 周思若. 2018. 从语言加工的预期性到定中结构加工的预期性. 当代外语研究, (2): 18-24.

周长银. 2017. "单线加工"还是"多线加工"?——语义 P600 研究的争议与最新进展. 外国

语, (6): 98-107.

朱德熙. 1978a. "的"字结构和判断句(上). 中国语文, (1): 23-27.

朱德熙. 1978b. "的"字结构和判断句(下). 中国语文, (2): 104-109.

朱景松. 1992. 与工具成分有关的几种句法格式——兼谈加工制作义动词"价"的分析. 安徽师范大学学报(人文社会科学版), (3): 346-356.

朱琳. 2011. 汉语使役现象的类型学和历时认知研究. 上海: 学林出版社.

朱小雪. 1989. Gerhard Helbig 的价语法理论及其实用语法模式. 国外语言学, (1): 1-11.

朱晓亚. 2001. 现代汉语句模研究. 北京: 北京大学出版社.

菲尔墨 C J. "格"辨. 胡明扬译. 北京: 商务印书馆, 2002.

卢利亚 A P. 1987. 神经语言学. 赵吉生, 卫志强译. 北京: 北京大学出版社.

夏普 V F. 1990. 社会科学统计学. 王崇德译. 北京: 科学技术文献出版社.

В. Н. Ярцева, 等. 1990. 语言学百科词典(*Лингвистический энциклопедический словарь*). 莫斯科: 苏联百科全书出版社.

Ahrens, K. & Swinney, D. 1995. Participant roles and the processing of verbs during sentence comprehension. *Journal of Psycholinguistic Research*, 24(6): 533-547.

Altmann, G. T. M. & Kamide, Y. 1999. Incremental interpretation at verbs: Restricting the domain of subsequent reference. *Cognition*, 73(3): 247-264.

Assadollahi, R. & Rockstroh, B. 2008. Representation of the verb's argument-structure in the human brain. *BMC Neuroscience*, 9: 69.

Balogh, J. E. & Grodzinsky, Y. 2000. Levels of linguistic representation in Broca's aphasia: Implicitness and referentiality of arguments. In R. Bastiaanse & Y. Grodzingsky (Eds.), *Grammatical Disorders in Aphasia: A Neurolinguistic Perspective*. London: Whurr: 107-122.

Bates, E., Chen, S., Tzeng, O., et al. 1991. The noun-verb problem in Chinese aphasia. *Brain and Language*, 41: 203-233.

Ben-Shachar, M., Hendler, T., Kahn, I., et al. 2003. The neural reality of syntactic transformations: Evidence from functional magnetic resonance imaging. *Psychological Science*, 14: 433-440.

Benson, D. F. 1988. Classical syndromes of aphasia. In F. Boller, J. Grafman, G. Rizzolatti (Eds.), *Handbook of Neuropsychology*, Vol. 1. New York: Elsevier Science: 267-306.

Bicknell, K., Elman, J. L., Hare, M., et al. 2010. Effects of event knowledge in processing verbal argument. *Journal of Memory and Language*, 63: 489-505.

Boland, J. E. 1993. The role of verb argument structure in sentence processing: Distinguishing between syntactic and semantic effects. *Journal of Psycholinguistic Reserach*, 22(2): 133-152.

Bookheimer, S. 2002. Functional MRI of language: New approaches to understanding the cortical organization of semantic processing. *Annual Review of Neuroscience*, 25: 151-188.

Bornkessel, I. 2002. *The Argument Dependency Model: A Neurocognitive Approach to Incremental Interpretation*. PhD Thesis, Max Planck Institute of Cognitive Neuroscience.

Bornkessel, I. & Schlesewsky, M. 2006. The extended argument dependency model: A neurocognitive approach to sentence comprehension across languages. *Psychological Review*, 113(4): 787-821.

Bornkessel, I., Schlesewsky, M. & Friederici, A. D. 2003. Eliciting thematic reanalysis effects: The role of syntax-independent information during parsing. *Language & Cognitive Processes*, 18(3): 269-298.

Bornkessel, I., Zysset, S., Friederici, A. D., et al. 2005. Who did what to whom? The neural basis of argument hierarchies during language comprehension. *NeuroImage*, 26: 221-233.

Boylan, C., Trueswell, J. C. & Thompson-Schill, S. L. 2015. Compositionality and the angular gyrus:

A multi-voxel similarity analysis of the semantic composition of nouns and verbs. *Neuropsychologia*, 78: 130-141.

Bresnan, J. & Kanerva, J. M. 1989. Locative inversion in Chicheŵa: A case study of factorization in grammar. *Linguistic inquiry*, 20(1): 1-50.

Brown, W. S., Lehmann, D. & Marsh, J. T. 1980. Linguistic meaning-related differences in evoked potential topography: English, Swiss-German and imagined. *Brain and Language*, 11(2): 340-353.

Caramazza, A. & Berndt, R. S. 1978. Semantic and syntactic processes in aphasia: A review of the literature. *Psychological Bulletin*, 85(4): 898-918.

Chatterjee, A., Southwood, M. H. & Basilico, D. 1999. Verbs, events and spatial representations. *Neuropsychologia*, 37(4): 395-402.

Clark, D. & Wagner, A. D. 2003. Assembling and encoding word representations: fMRI subsequent memory effects implicate a role for phonological control. *Neuropsychologia*, 41(3): 304-317.

Collina, S., Marangolo, P. & Tabossi, P. 2001. The role of argument structure in the production of nouns and verbs. *Neuropsychologia*, 39(11): 1125-1137.

Cook, V. & Newson, M. 2000. *Chomsky's Universal Grammar: An introduction*. Beijing: Foreign Language Teaching and Research Press, Blackwell Publishers Ltd.

Costanzo, F., Menghini, D., Caltagirone, C., et al. 2012. High frequency rTMS over the left parietal lobule increases non-word reading accuracy. *Neuropsychologia*, 50(11): 2645-2651.

Coulson, S. 2001. *Semantic Leaps: Frame-shifting and Conceptual Blending in Meaning Construction*. New York: Cambridge University Press.

Dalrymple, M. 2001. *Lexical Functional Grammar* (Syntax and Semantics volume 34). New York: Academic Press.

Dede, G. 2013. Verb transitivity bias affects on-line sentence reading in people with aphasia. *Aphasiology*, 27(3): 326-343.

den Ouden, D-B., Fix, S., Parrish T. B., et al. 2009. Argument structure effects in action verb naming in static and dynamic conditions. *Journal of Neurolinguistics*, 22: 196-215.

Dowty, D. 1991. Thematic proto-roles and argument selection. *Language*, 67(3): 547-619.

Druks, J. 2002. Verbs and Nouns—A review of the literature. *Journal of Neurolinguistics*, 15: 289-315.

Embick, D., Marantz, A., Miyashita, Y., et al. 2000. A syntactic specialization for Broca's area. *Proceedings of the National Academy of Sciences of the United States of America (PNAS)*, 97(11): 6150-6154.

Engel, U. 1996. Tesnière mißverstanden. In G. Gréciano & H. Schumacher (Eds.), *Lucien Tesnière— Syntaxe Structurale et Opérations Mentales*. Tübingen: Max Niemeyer Verlag: 53-61.

Ferreira, F., Bailey, K. G. & Ferraro, V. 2002. Good-enough representations in language comprehension. *Current Directions in Psychological Science*, 11(1): 11-15.

Ferretti, T. R., McRae, K. & Hatherell, A. 2001. Integrating verbs, situation schemas, and thematic role concepts. *Journal of Memory and Language*, 44(4): 516-547.

Friederici, A. D. 2002. Towards a neural basis of auditory sentence processing. *Trends in Cognitive Sciences*, 6(2): 78-84.

Friederici, A. D. & Frisch, S. 2000. Verb argument structure processing: The role of verb-specific and argument-specific information. *Journal of Memory and Language*, 43(3): 476-507.

Friederici, A. D. & Weissenborn, J. 2007. Mapping sentence form onto meaning: The syntax-semantic interface. *Brain Research*, 1146: 50-58.

Friederici, A. D., Pfeifer, E. & Halne, A. 1993. Event-related brain potential during natural speech processing: Effects of semantic morphological and syntactic violations. *Cognitive Brain Research*, 1(3): 183-192.

Fromkin, V. A., Curtiss, S., Hayes, B. P., et al. 2000. *Linguistics: An Introduction to Linguistic Theory*. Malden: Blackwell Publishers Inc.

Garrett, M. F. 1975. The analysis of sentence production. *Psychology of Learning and Motivation*, 9: 133-177.

Givón, T. 2015. *The Diachrony of Grammar*. Amsterdam & Philadelphia: John Benjamins.

Gleitman, L. 1990. The structural sources of verb meanings. *Language Acquisition*, 1(1): 3-55.

Goldberg, A. E. 1995. *Constructions: A Construction Grammar Approach to Argument Structure*. Chicago: University of Chicago Press.

Goldberg, A. E. 2003. Constructions: A new theoretical approach to language. *Trends in Cognitive Sciences*, 7(5): 219-224.

Goldberg, A. E. 2006. *Constructions at Work: The Nature of Generalizations in Language*. Oxford: Oxford University Press.

González, A. Á. & Navarro, Í. 2017. *Verb Valency Changes: Theoretical and Typological Perspectives*. Amsterdam/Philadelphia: John Benjamins Publishing Company.

Grimshaw, J. 1990. *Argument Structure*. Cambridge: MIT Press.

Grodzinsky, Y. 1986. Language deficits and the theory of syntax. *Brain and Language*, 27(1): 135-159.

Grodzinsky, Y. 1990. *Theoretical Perspectives on Language Deficits*. Cambridge: MIT press.

Gruber, J. 1965. *Studies in Lexical Relations*. PhD dissertation, MIT.

Hagoort, P. 2013. MUC (memory, unification, control) and beyond. *Frontiers in Psychology*, 4: 1-13.

Hagoort, P., Hald, L., Bastiaansen, M., et al. 2004. Integration of word meaning and world knowledge in language comprehension. *Science*, 304(5669): 438-441.

Herbst, T. & Götz-Votteler, K. 2007. *Valency: Theoretical, Descriptive and Cognitive Issues*. Berlin & New York: Mouton de Gruyter.

Hoeks, J. C. J., Stowe, L. A. & Doedens, G. 2004. Seeing words in context: The interaction of lexical and sentence level information during reading. *Cognitive Brain Research*, 19(1): 59-73.

Hsu, C. H., Tsai, J. L., Lee, C. Y., et al. 2009. Orthographic combinability and phonological consistency effects in reading Chinese phonograms: An event-related potential study. *Brain and Language*, 108(1): 56-66.

Hurford, J. R. 2003. The neural basis of predicate-argument structure. *Behavioral and Brain Sciences*, 26(3): 261-283.

Inubushi, T., Lijima, K., Koizumu, M., et al. 2012. Left inferior frontal activations depending on the canonicity determined by the argument structures of ditransitive sentences: An MEG study. *PLoS ONE*, 7(5): e37192.

Jackendoff, R. 1972. *Semantic Interpretation in Generative Grammar*. Cambridge: MIT Press.

Jackendoff, R. 1990. *Semantic Structures*. Cambridge: MIT Press.

Jones, E. V. 1984. Word order processing in aphasia: Verb semantics. In F. C. Rose (Ed.), *Advances in Neurology: Progress in Aphasiology*. New York: Raven Press.

Jonkers, R. 2000. Verb-finding problems in Broca's aphasics: The influence of transitivity. In R. Bastiaanse & Y. Grodzingsky (Eds.), *Grammatical Disorders in Aphasia: A Neurolinguistic Perspective*. London: Whurr: 15-31.

Kemmerer, D. K., Castillo, J. G., Talavage, T., et al. 2008. Neuroanatomical distribution of five semantic components of verbs: Evidence from fMRI. *Brain and Language*, 107(1): 16-43.

Kemmerer, D. K., Miller, L., MacPherson, M. L., et al. 2013. An investigation of semantic similarity judgements about action and non-action verbs in Parkinson's disease: Implications for the embodied cognition framwork. *Frontiers in Human Neuroscience*, 7: 1-19.

Kim, M. & Thompson, C. K. 2000. Patterns of comprehension and production of nouns and verbs in agrammatism: Implications for lexical organization. *Brain and Language*, 74(1): 1-25.

Kiparsky, P. 1987. *Morphology and Grammatical Relations*. PhD dissertation, Stanford University.

Kiss, K. 2000. Effects of verb complexity on agrammatic aphasics' sentence production. In R. Bastiaanse & Y. Grodzinsky (Eds.), *Grammatical Disorders in Aphasia: A Neurolinguistic Perspective*. London: Whurr.

Koenig, J-P., Mauner, G. & Bienvenue, B. 2002. Class specificity and the lexical encoding of participant information. *Brain and Language*, 81(1-3): 224-235.

Kong, L. Y., Zhang, B., Zhang, J. X., et al. 2012. P200 can be modulated by orthography alone in reading Chinese words. *Neuroscience Letters*, 529: 161-165.

Kong, L. Y., Zhang, J. X., Kang, C. P., et al. 2010. P200 and phonological processing in Chinese word recognition. *Neuroscience Letters*, 473(1): 37-41.

Kuperberg, G. R. 2007. Neural mechanisms of language comprehension: Challenges to syntax. *Brain Research*, 1146: 23-49.

Lakoff, G. & Turner, M. 1989. *More than Cool Reason: A Field Guide to Poetic Metaphor*. Chicago: University of Chicago Press.

Lambert, S. 1999. A lexical account of noun incorporation in Chukchi. ESSLLI student papers.

Larson, R. 1988. On the double object construction. *Linguistic Inquiry*, (3): 335-392.

Lee, D., Pruce, B. & Newman, S. D. 2014. The neural bases of argument structure processing revealed by primed lexical decision. *Cortex*, 57: 198-211.

Lee, J. N. & Naigles, L. R. 2008. Mandarin learners use syntactic bootstrapping in verb acquisition. *Cognition*, 106(2): 1028-1037.

Levelt, W. J. M. 1989. *Speaking: From Intention to Articulation*. Cambridge: MIT Press.

Levin, B. & Rappaport, M. 1995. *Unaccusativity: At the Syntax-lexical Semantic Interface*. Cambridge: MIT Press.

Liu, Y., Perfetti, C. A. & Hart, L. 2003. ERP evidence for the time course of graphic, phonological, and semantic information in Chinese meaning and pronunciation decisions. *Journal of Experimental Psychology: Learning Memory, and Cognition*, 29(6): 1231-1247.

Luuk, E. 2009. The noun/verb and predicate/argument structures. *Lingua*, 119(11): 1707-1727.

Mack, J. E., Ji, W. & Thompson, C. K. 2013. Effects of verb meaning on lexical integration in agrammatic aphasia: Evidence from eyetracking. *Journal of Neurolinguistics*, 26: 619-636.

Marslen-Wilson, W. & Tyler, L. K. 1980. The temporal structure of spoken language understanding. *Cognition*, 8(1): 1-71.

Martin, R. C. & Blossom-Stach, C. 1986. Evidence of syntactic deficits in a fluent aphasic. *Brain and Language*, 28(2): 196-234.

Mauner, G., Fromkin V. & Cornell T. 1993. Comprehension and acceptability judgments in agrammatism: Disruption in the syntax of referential dependency. *Brain and Language*, 45(3): 340-370.

McKoon, G. & Macfarland, T. 2002. Event templates in the lexical representations of verbs. *Cognitive Psychology*, 45(1): 1-44.

McRae, K., Hare, M., Elman, J. L, et al. 2005. A basis for generating expectancies for verbs from nouns. *Memory and Cognition*, 33(7): 1174-1184.

Meltzer-Asscher, A., Schuchard, J., den Ouden, D. B., et al. 2013. The neural substrates of complex argument structure representations: Processing "alternating transitivity" verbs. *Language and Cognitive Processes*, 28: 1154-1168.

Miceli, G., Silveri, M., Villa, G., et al. 1984. On the basis for the agrammatic's difficulties in producing main verbs. *Cortex*, 20: 207-220.

Neville, H., Nicol, J. L., Barss, A., et al. 1991. Syntactically based sentence processing classes: Evidence from event-related brain potentials. *Journal of Cognitive Neuroscience*, 3 (2): 151-165.

Oldfield, R. C. 1971. The assessment and analysis of handedness: The Edingburgh inventory. *Neuropsychologia*, 9 (1): 97-113.

Osterhout, L., Holcomb, P. J. & Swinney, D. A. 1994. Brain potentials elicited by garden-path sentences: Evidence of the application of verb information during parsing. *Journal of Experimental Psychology: Learning, Memory, and Cognition*, 20 (4): 786-803.

Paczynski, M. & Kuperberg, G. R. 2011. Electrophysiological evidence for use of the animacy hierarchy, but not thematic role assignment, during verb-argument processing. *Language and Cognitive Processes*, 26 (9): 1402-1456.

Pickering, M. J. & Garrod, S. 2013. An integrated theory of language production and comprehension. *Behavioral and Brain Sciences*, 36 (4): 329-347.

Pinker, S. 1989. *Learnability and Cognition: The Acquisition of Argument Structure*. Cambridge: MIT Press.

Pinker, S. 1994. How could a child use verb syntax to learn verb semantics? *Lingua*, 92: 377-410.

Polinsky, M. 2016. Antipassive. In J. Coon, D. Massam & L. Travis (Eds.), *The Handbook of Ergativity*. Harvard: Harvard University Publishing House: 1-51.

Radford, A. 1997. *Syntax: A Minimalist Introduction*. London: Cambridge University Press.

Radford, A. 2000. *Transformational Grammar: A First Course*. London: Cambridge University Press.

Raettig, T., Frisch, S., Friederici, A. D., et al. 2010. Neural correlates of morphosyntactic and verb-argument structure processing: An EfMRI study. *Cortex*, 46: 613-620.

Sandrini, M., Rossini, P. M. & Miniussi, C. 2004. The differential involvement of inferior parietal lobule in number comparison: A rTMS study. *Neuropsychologia*, 42: 1902-1909.

Shapiro, L. P. & Levine, B. A. 1990. Verb processing during sentence comprehension in aphasia. *Brain and Language*, 38 (1): 21-47.

Shapiro, L. P., Zurif, E. & Grimshaw, J. 1987. Sentence processing and the mental representation of verbs. *Cognition*, 27 (3): 219-246.

Shapiro, L. P., Gordon, B., Hack, N., et al. 1993. Verb-argument structure processing in complex sentences in Broca's and Wernicke's aphasia. *Brain and Language*, 45 (3): 423-447.

Sliwinska, M. W., James, A. & Devlin, J. T. 2015. Inferior parietal lobule contributions to visual word recognition. *Journal of Cognitive Neuroscience*, 27 (3): 593-604.

Synder, P. & Harris, L. J. 1993. Handedness, sex, familial sinistrality effects on spatial tasks. *Cortex*, 29 (1): 115-134.

Taylor, J. R. 2001. *Linguistic Categorization: Prototypes in Linguistic Theory*. Beijing: Foreign Language Teaching and Research Press.

Teubert, W. 1979. *Valenz des Substantivs*. Düsseldorf: Schwann.

Thompson, C. K. 2003. Unaccusative verb production in agrammatic aphasia: The argument structure complexity hypothesis. *Journal of Neurolinguistics*, 16: 151-167.

Thompson, C. K., Bonakdarpour, B. & Fix, S. F. 2010. Neural mechanisms of verb argument structure processing in agrammatic aphasic and healthy age-matched listeners. *Journal of Cognitive Neuroscience*, 22 (9): 1993-2011.

Thompson, C. K., Bonakdarpour, B., Fix, S. C., et al. 2007a. Neural correlates of verb argument structure processing. *Journal of Cognitive Neuroscience*, 19(11): 1753-1767.

Thompson, C. K., Dickey, M. W., Cho, S., et al. 2007b. Verb argument structure encoding during sentence production in agrammatic aphasic speakers: An eye-tracking study. *Brain and Language*, 103: 24-26.

Thompson, C. K., Lange K. L., Schneider, S. L, et al. 1997. Agrammatic and non-brain-damaged subjects' verb and verb argument structure production. *Aphasiology*, 11: 473-490.

Thompson, C. K., Riley, E. A., den Ouden, D. B., et al. 2013. Training verb argument structure production in agrammatic aphasia: Behavioral and neural recovery patterns. *Cortex*, 49(9): 2358-2376.

Townsend, D. 2018. Stage salience and situational likelihood in the formation of situation models during sentence comprehension. *Lingua*, 206: 1-20.

Tremblay, A., Derwing, B., Libben, G., et al. 2011. Processing advantages of lexical bundles: Evidence from self-paced reading and sentence recall tasks. *Language Learning*, 61(2): 569-613.

Underwood, G., Schmitt, N. & Galpin, A. 2004. The eyes have it: An eye-movement study into the processing of formulaic sequences. In N. Schmitt (Ed.), *Formulaic Sequences: Acquisition, Processing, and Use*. Amsterdam/Philadelphia: John Benjamins Publishing Company: 153-172.

Wang, Y., Xue, G., Cheng, C., et al. 2007. Neural bases of asymmetric language switching in second-language learners: An ER-fMRI study. *NeuroImage*, 35: 862-870.

Webster, J., Franklin, S. & Howard, D. 2001. An investigation of the interaction between thematic and phrasal structure in nonfluent agrammatic subjects. *Brain and Language*, 78: 197-211.

Wechsler, S. 1995. *The Semantic Basis of Argument Structure. Stanford*: CSLI Publications.

Williams, E. 1981. Argument structure and morphology. *The Linguistic Review*, 1: 81-114.

Zhang, Q., Guo, C., Ding, J., et al. 2006. Concreteness effects in the processing of Chinese words. *Brain and Language*, 96: 59-68.

附录一

实验一的测试材料（失语症测查：动词配价的量效应）

被试姓名：　　　性别：　　　年龄：　　　出生年月：　　　文化程度：

利手：　　　入院时间：

CT 或 fMRI 报告：　　　家庭住址及联系电话：

第一部分：言语表达

（一）语句复述（共 15 个句子，其中一、二、三价动词各 5 个。）

主试指令：下面我读一句，您读一句。注意要先听清楚，再跟着读。现在开始！（每个句子前的括号用于主试标记被试的跟读结果"对/错"。）

1. （　　）老大爷起床了。
2. （　　）大爷/大妈早上出去了。
3. （　　）门口停着一辆汽车。/别大声叫！
4. （　　）朱小艳在北京工作。/火车从桥上过去了。
5. （　　）徐州昨天下雨了。/暴风雨来了。
6. （　　）您在等谁？
7. （　　）小李吃了水饺。/他见过客人了。
8. （　　）我们学过了文件。/他们设计好了图纸。
9. （　　）大家都羡慕小李。
10. （　　）他们缓和了矛盾。
11. （　　）他给我一封信。/他让我去北京。
12. （　　）大家叫他老李。
13. （　　）医生问我一个问题。
14. （　　）我向领导说明情况。
15. （　　）你把书放桌上吧！

（二）图画-言语匹配

主试向被试呈现一张图画，让被试用一句话或几个词描述图画的意思。主试根据被试的描述在下面相应的（　　　）里打上√或×。

第一幅图：（　　　）打雷了。/（　　　）下雨了。

第二幅图：（　　　）小女孩哭了/笑了。

第三幅图：（　　　）炊壶（里的水）开了。

第四幅图：（　　　）女孩在吃苹果。/（　　　）一男一女在看电视。

第五幅图：（　　　）一个男的在打电话。/（　　　）一个男的在摔杯子。

第六幅图：（　　　）一个男孩在洗脚。

第七幅图：（　　　）一个女同学（女生）在回答老师的问题。

第八幅图：（　　　）男孩给了女孩一个苹果。

第九幅图：（　　　）小男孩向妈妈认了错（承认了错误）。

第二部分　言语理解

（一）言语-图画匹配：主试向被试同时呈现两张略有差异的图画，让被试根据主试的言语表达从中选取正确的一张。主试根据被试的选择结果在下面相应的（　　　）里打上√或×。

1. （　　　）他家来了两个客人。◄──► 爷爷、奶奶回家来了。

2. （　　　）下雪了。◄──► 下雨了。

3. （　　　）老头朝木房子走去。◄──► 老头离开了木房子。

4. （　　　）戴眼镜的女孩举（起）了手。◄──► 一个女孩举（起）了手。

5. （　　　）那个罪犯理了光头。◄──► 那个男人理了光头。

6. （　　　）一个男人正用棍子（棒子）打一个女人。◄──► 一个女人正用棍子（棒子）打一个男人。

7. （　　　）小明和小军交换了杯子。◄──► 小明和小军交换了礼物。

8. （　　　）小狗送给小猫一件礼物。◄──► 小猫送给小狗一件礼物。

9. （　　　）学生向老师承认了错误。◄──► 学生向老师报告了情况。

（二）语句正误判断：主试清楚读出下列语句让被试判断，并在下面相应的（　　　）里打上√或×。（目标：考察遇到人为增加"论元"时，被试的反应是否显示出与价量的明确关联——动词价量越大，被试判断失误越多？）

举例：（×）昨晚我们看见电视看得很晚。

1. （　　　）他病了自己三天了。→（　　　）他病了三天了 。

2. （　　　）桃花开过徐州了。→（　　　）徐州桃花开过了。

3. （　　　　）他在学校工作学生。→（　　　　）他在学校工作。

4. （　　　　）我们没下雨了。→（　　　　）外边没下雨了。

5. （　　　　）我们把太阳落山了。→（　　　　）太阳落山了。

6. （　　　　）大哥对我很关心弟弟。→（　　　　）大哥很关心我的弟弟。

7. （　　　）《西游记》被我看过电视剧。→（　　　　）我看过电视剧《西游记》。

8. （　　　）那个男孩一个人在打架。→（　　　　）那个男孩在和同学打架。

9. （　　　）他们制造我们飞机。→（　　　　）他们制造飞机。

10. （　　　　）课文我读了两遍英语。→（　　　　）我读了两遍英语。/课文我读了两遍。

11. （　　　　）他送了我们一些书给学生。→（　　　　）他给学生送了一些书。

12. （　　　　）小许一个人讨论问题。→（　　　　）小许在和老师讨论问题。

13. （　　　　）王老板自己商量过这件事。→（　　　　）王老板和我们商量过这件事。

14. （　　　　）姐姐给弟弟介绍了小张一个女朋友。→（　　　　）姐姐给弟弟介绍了一个女朋友。

15. （　　　　）我请他小李吃饭。→（　　　　）我请小李吃饭。

实验二的测试材料（失语症测查：动词配价的质效应）

被试姓名：　　　　　性别：　　　　　年龄：　　　　　出生年月：　　　　　文化程度：
利手：　　　　　入院时间：
CT 或 fMRI 报告：　　　　　家庭住址及联系电话：

第一部分　典型语义价与不典型语义价

A. 具体名词 vs. 抽象名词
要求：句子/短语的正误判断。
操作方法：主试说出一句话让被试作出判断。
目标：考察价语的性质对判断准确性的影响，在判断的反应时上有什么差异。

1. （　　　）小王在流泪（　　　）a. 山河在流泪（　　　）b. 土地在流泪
2. （　　　）月亮出来了（　　　）a. 方案/结果出来了（　　　）b. 心情出来了
3. （　　　）他们过去了（　　　）a. 时间过去了（　　　）b. 北京过去了
4. （　　　）出了一身汗（　　　）a. 出了一口气（　　　）b. 出了一张嘴
5. （　　　）你死了一条狗吧（　　　）a. 你死了这条心吧（　　　）b. 你死了一口气吧
6. （　　　）小明想爸爸（　　　）a. 小明想问题（　　　）b. 小明想周末
7. （　　　）他偷走了我的钱（　　　）a. 他偷走了我的心（　　　）b. 他偷走了我的耳朵
8. （　　　）这个人毁了我的庄稼（　　　）a. 这个人毁了我的名誉（　　　）b. 这个人毁了我的进步
9. （　　　）种下玉米（　　　）a. 种下祸根（　　　）b. 种下错误
10. （　　　）我在等老师（　　　）a. 我在等通知（　　　）b. 我在等后天
11. （　　　）我现在把字典转给你（　　　）a. 我现在把意见转给你（　　　）

b. 我现在把思想转给你

12.（　　）张三向单位要了一个电脑（　　）a. 张三向单位要了一个指标（　　）b. 张三向同学要了一个想法

13.（　　）临走时舅舅送给我们一箱苹果（　　）a. 临走时舅舅送给我们几句话（　　）b. 临走时舅舅送给我们很多想法

14.（　　）我和小李交换了手表（　　）a. 我和小李交换了意见（　　）b. 我和小李交换了错误

15.（　　）他没把那本书放在桌上（　　）a. 他没把那本书放在心上（　　）b. 他没把那本书放在天上

B. 论元宾语 vs. 非论元宾语

目标：考察患者听觉辨识（a）和（b）的正确率和反应时。

指令：下面我们继续做一个句子的辨别练习，平时可以说的句子就说"对"/点头，平时不大说而又听起来别扭的就说"错"/摇头。下面我们开始！

	（a）	（b）	（a'）	（b'）
1.（他们在刷）	窗户	油漆	操场	耳朵
2.（儿子在写）	大字	毛笔	图画	颜色
3.（我吃）	米饭	大碗	啤酒	大锅
4.（爸爸喝）	啤酒	大杯	红薯	水桶
5.（妈妈在包）	饺子	肉馅	米饭	场面
6.（哥哥捆好了）	行李	绳子	米饭	操场
7.（不应该骂）	邻居	脏话	街道	嘴巴
8.（她天天卖）	水果	高价	汗水	声音
9.（妹妹在听）	音乐	耳机	报纸	钢笔
10.（姐姐在教）	学生	大学	死人	超市

第二部分　典型句法价与不典型句法价

A. 无标记句法结构 vs. 有标记句法结构

要求：句子/短语的正误判断。

操作方法：主试说出一句话让被试作出判断，不能说话者以点头或摇头表示。

目标：考察被试对无标记句法结构 vs. 有标记句法结构的判断在准确性上有无差异，在判断的反应时上有什么差异。

1.（　　）我一个杯子碎了（　　）a. 我碎了一个杯子（　　）b. 一个杯

子碎了我

2.（　　　）他爷爷死了（　　　）a. 他死了爷爷（　　　）b. 爷爷死了他

3.（　　　）他家来客人了（　　　）a. 他家客人来了（　　　）b. 客人他家来了

4.（　　　）小周很多梨烂了（　　　）a. 小周烂了很多梨（　　　）b. 很多梨烂了小周

5.（　　　）我们班 15 名学生走了（　　　）a. 我们班走了 15 名学生（　　　）b. 15 名学生走了我们班

6.（　　　）他知道了这件事（　　　）a. 这件事他知道了（　　　）b. 这件事知道了他

7.（　　　）儿子做完了作业（　　　）a. 儿子把作业做完了（　　　）b. 作业做完了儿子

8.（　　　）三个人喝一瓶酒（　　　）a. 一瓶酒喝三个人（　　　）b. 一瓶酒喝他们

9.（　　　）我们看过了《西游记》（　　　）a.《西游记》我们看过了（　　　）b.《西游记》看过了我们

10.（　　　）扬平在北京住了三年（　　　）a.（在）北京扬平住了三年（　　　）b. 北京住了扬平三年

11.（　　　）刘老师送了我一本书（　　　）a. 那本书刘老师送给了我（　　　）b. 我刘老师送了一本书

12.（　　　）老高递（给）了他一张报纸（　　　）a. 老高递了一张报纸给他（　　　）b. 老高递给了一张报纸他

13.（　　　）我把书放桌上了（　　　）a. 书被我放桌上了（　　　）b. 书放到我桌子上了

14.（　　　）他借给了我一把雨伞（　　　）a. 这把雨伞他借给了我（　　　）b. 这把雨伞他我借给了

15.（　　　）我（为）这道数学题花了半天时间（　　　）a. 这道数学题花了我半天时间（　　　）b. 我花了这道数学题半天时间

B. 体词性论元 vs. 非体词性论元

要求：句子/短语的正误判断。

操作方法：主试说出一句话让被试作出判断，不能说话者以点头或摇头表示。

目标：考察被试对体词性论元 vs. 非体词性论元的判断在准确性上有无差异，在判断的反应时上有什么差异。

1.（　　　）小张正准备晚饭（　　　）a. 小张正准备下班（　　　）b. 小张正准备我们

2. （　　　）小朋友想妈妈（　　　）a. 小朋友想回家（　　　）b. 小朋友想明天

3. （　　　）他知道我的意思（　　　）a. 他知道做得不对（　　　）b. 他知道红色毛巾

4. （　　　）我怕他打我（　　　）a. 我怕他爸爸（　　　）b. 我怕时间

5. （　　　）爱美术（　　　）a. 爱画画（　　　）b. 爱天气

6. （　　　）学英语（　　　）a. 学开车（　　　）b. 学出发

7. （　　　）影响视力（　　　）a. 影响工作（　　　）b. 影响笑话

8. （　　　）他说广州话（　　　）a. 他说不同意（　　　）b. 他说好道理

9. （　　　）你管孩子（　　　）a. 你管吃住（　　　）b. 你管下雪

10. （　　　）他向我们表示歉意（　　　）a. 他向我们表示道歉（　　　）b. 他向我们表示大话

11. （　　　）我告诉你一件事情（　　　）a. 我告诉你下午开会（　　　）b. 我告诉下午你们开会

12. （　　　）老王在教儿子英语（　　　）a. 老王在教儿子画画（　　　）b. 老王绘画在教儿子

实验三的测试材料（ERP 实验：配价典型性）

配价典型性	
不典型语义价	典型语义价
骂脏话	骂小孩
画素描	画鸡蛋
寄快递	寄包裹
打长途	打电话
织平针	织毛衣
剃光头	剃胡子
存定期	存美元
写楷书	写名字
叠方块	叠衣服
绑死扣	绑小偷
裁花边	裁衣服
抄行书	抄文章
唱高音	唱红歌
编号码	编词典
卖高价	卖家电
踢中锋	踢足球
喝大杯	喝白酒
洗冷水	洗衣服

配价典型性	
不典型语义价	典型语义价
刷油漆	刷皮鞋
扇扇子	扇炉子
扎丝带	扎头发
涮火锅	涮羊肉
糊糨糊	糊盒子
抽烟斗	抽香烟
捆草绳	捆行李
擦口红	擦玻璃
粘胶水	粘邮票
锁铁锁	锁箱子
拦黄线	拦行人
吃大碗	吃苹果
钉钉子	钉箱子
舔舌头	舔骨头
缠纱布	缠手指
掸掸子	掸衣裳
补补丁	补裤子
搓双手	搓衣服

实验四的测试材料（ERP 实验：构式与配价）

构式与配价		
一价句	二价句	三价句
王萍死三天了。	张辉打儿子了。	钟山教数学了。
孙悦跑两圈了。	周伟吃米饭了。	王潇递毛巾了。
张军躺两天了。	罗胜踢足球了。	钱钧送手机了。
舒淇站门口了。	李俊取行李了。	孙通寄卡片了。
莫胜醉三回了。	王石挖水沟了。	陈哲买机票了。
张桥走前面了。	嫂子种小麦了。	熊燕欠工资了。
毛彪病两天了。	周萍听京剧了。	毛宁借钢笔了。
妹妹醒半天了。	毛娜办工厂了。	黄坚租房子了。
涂燕歇一周了。	高敏洗衣服了。	汉娜喂牛奶了。
董卓伤两次了。	谭锐背弟弟了。	刘东付定金了。
宋波瞎半年了。	萧丽抱孩子了。	郝雯捐衣服了。
蒋正逛半天了。	朱军喝白酒了。	罗永认干爹了。
向阳咳半月了。	徐勇拆房子了。	骆军派任务了。
梁雨来三回了。	李平抄笔记了。	肖梅捎口信了。
李雪坐客厅了。	刘涛扔垃圾了。	齐胜缴党费了。
路遥笑几次了。	张颖织毛衣了。	袁野收押金了。
吴强待家里了。	覃凯穿袜子了。	陈红敬白酒了。
姜洁哭半天了。	屈贞催稿子了。	傅丽骗东西了。

续表

构式与配价		
一价句	二价句	三价句
江娟饿肚子了。	陈成读英语了。	文斌偷电脑了。
王伟到几天了。	郑智戴帽子了。	徐泉问问题了。
夏涛睡三楼了。	王勇啃骨头了。	余波邮包裹了。
晓军跳水里了。	吴霞丢钱包了。	高苏罚点球了。
晓娜溜两回了。	陆川改文章了。	冯蓓摆酒席了。
王君转十圈了。	王蒙盖房子了。	洪松扣奖金了。
肖明摔地上了。	舒鹏喊口号了。	李密娶媳妇了。
周宇住二楼了。	李冰哄小孩了。	彭雪夸同学了。
王真跪半天了。	马超画飞机了。	王维选院长了。
冯波逃国外了。	马莉换床单了。	熊丽给奖金了。
华少游长江了。	向群扫树叶了。	王征发资料了。
王浩输几次了。	李华煎中药了。	杨柳回电话了。
孙强瘫半年了。	赵刚审罪犯了。	于戈还相机了。
刘畅赢几回了。	郑伟救孩子了。	曾敏嫁军人了。
李娜胜几场了。	雅舍开商店了。	王霞免学费了。
王娟叫几遍了。	老杨砍木头了。	陈瑶交作业了。
夏丹扭两回了。	叶群考英语了。	郭燕献鲜花了。
陈琳栽三次了。	秦明写文章了。	蒋亮赚外汇了。
张强躲一夜了。	刘彪杀敌人了。	杨芬夺玩具了。
刘云去北京了。	侯文捡贝壳了。	尚婷抢书包了。
陈华晕两次了。	刘刚捉昆虫了。	甘琼卖房子了。
王军跌两回了。	乌娜拦汽车了。	江帆省经费了。

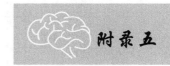

实验五的实验材料（fMRI 实验：超词库特征与配价）

超词库特征与配价	
常规句（NP$_1$+V$_1$+NP$_2$）	非常规句（NP$_1$+V$_2$+NP$_2$）
老师教育学生	老师污蔑学生
老公疼爱老婆	老公误解老婆
学生推荐代表	学生联系代表
保安殴打商贩	保安帮助商贩
校长看望教授	校长看见教授
乘客威胁司机	乘客得罪司机
男孩追求姑娘	男孩嘲笑姑娘
父母心疼孩子	父母监督孩子
歌手拥抱歌迷	歌手感谢歌迷
门卫阻拦商贩	门卫询问商贩
教练指导球员	教练选拔球员
经理批评员工	经理见到员工
刑警抓捕特务	刑警遇到特务
司令任命军官	司令会见军官
总理接见代表	总理表扬代表
裁判处罚球员	裁判挑选球员
排长掩护战友	排长关心战友
群众拥护干部	群众原谅干部
领导提拔干部	领导接待干部
牧民饲养奶牛	牧民驱赶奶牛